Winter
Whisky für die Engel

Frank Winter

Whisky für die Engel

Schottland-Krimi mit Rezepten

OKTOBER VERLAG
Münster in Westfalen

Haftungsausschluss: Die Rezepte dieses Buchs wurden von Verlag und Herausgeber sorgfältig erwogen und geprüft. Dennoch kann eine Garantie nicht übernommen werden. Die Haftung des Verlags bzw. des Herausgebers für Personen-, Sach- und Vermögensschäden ist ausgeschlossen.

© 2015 Oktober Verlag, Münster
Der Oktober Verlag ist eine Unternehmung der
Verlagshaus Monsenstein und Vannerdat OHG, Münster
www.oktoberverlag.de

Alle Rechte vorbehalten
Satz: Henrike Knopp
Umschlag: Thorsten Hartmann
unter Verwendung eines Fotos von Batareykin/istockphoto.com
Rezepte: Frank Winter
Herstellung: Monsenstein und Vannerdat
gedruckt in der EU

ISBN: 978-3-944369-35-8

Inhalt

Die Personen ... 7
Zwei Glaswegians im Clinch ... 11
Qualen für den Feinschmecker ... 21
Die Highlands rufen ... 45
Auf großer Fahrt ... 55
Pitlochry im Frühling ... 69
Kuriose Begegnungen ... 81
Keine Ruhe für den Master Blender ... 93
Ein Stück Geschichte ... 107
Kleines Clantreffen ... 127
Im Herzen einer Destillerie ... 143
Verdeckte Ermittlung ... 157
Unangenehme Wahrheiten ... 177
Wer ist der Täter? ... 195
Neues Lösegeld ... 209
Abschied von Pitlochry ... 229
Feuertaufe für den Jahrhundertwhisky ... 243
Nahezu ohne Sorgen ... 259

Rezepte ... 271
Highland-Frühstück ... 273
Luxusporridge ... 275
Pochiertes Ei ... 276
Barley Bannocks (Gerstenbrötchen) ... 277
Bitterorangenmarmelade ... 278
Highland-Menü ... 279
Herzhafte Wildsuppe mit Rind ... 281
Saftige Lachsfilets ... 282

Tattie Scones (Kartoffelplätzchen) 283
Feiner Käsekuchen 284
Whisky-Drinks 287
Atholl Brose 289
Het Pint 290
Hot Toddy 291
Auld Man's Milk (Seniorentrunk) 292

Glossar schottischer und whiskyhafter Begriffe 293
Wahrheit und Fiktion / Über den Ursprung dieses Buches 299

Die Personen

Angus Thinnson MacDonald
Für seinen neuen Fall kann der große Gourmet wieder einmal seinem Steckenpferd nachgehen: in eine wunderbare Whiskyregion Schottlands reisen.

Alberto Vitiello
Er nimmt sich kurzerhand frei, weil Angus ohne ihn (natürlich!) aufgeschmissen wäre. Außerdem entkommt er so seinem Hotelgast Popow, der ihn mit seiner Passion für wilde Tiere an den Rand eines Nervenzusammenbruchs manövriert.

Alastair Carnegie
Der beste Master Blender des Landes arbeitet für die renommierte Whiskyfirma McVicar and Whitelaw in Glasgow. Wie Angus ist der *Glaswegian* Mitglied der Keepers of the Quaich, einer Gesellschaft, die schottischen Whisky würdigt und repräsentiert.

Malcolm MacDonald
Angus' Vater war noch nie im Leben krank. Zweieinhalb Flaschen Whisky pro Woche machen es möglich.

Miss Armour
Die resolute Ernährungsberaterin brachte bislang noch jeden ihrer Zöglinge zum Abnehmen. Doch in den MacDonald-Männern findet sie ihre Meister.

Thomasina Armour
Tochter von Miss Armour und zeitweilige Mitbewohnerin MacDonalds.

Karen Miller
Ohne es sich einzugestehen, nutzt Frau Doktor jede Möglichkeit, eine Weiterbildung außerhalb Edinburghs zu machen, denn Angus wird ohne seinen gewohnten Speiseplan sehr ungemütlich.

Boris Smirnof
Ein russischer Milliardär, der bereits zum Frühstück zwei Unternehmen verspeist. Geht es ums Geschäft, kann er sehr ungemütlich werden.

Mrs Yarrow
Sie kontrolliert bei McVicar and Whitelaw die Finanzen und macht ihrem Kollegen Carnegie das Leben schwer.

Fletcher Turnbull
Für einen Chefkoch hat er eigentümliche Interessen und grämt sich auch, weil niemand sein Genie würdigt.

Roderick Callander
Der Master Distiller aus Pitlochry kann Alastair Carnegie, den »Schnösel aus der Stadt«, nicht ausstehen.

Garry Rough
Als engagierter Whiskyblogger und -podcaster will Rough unbedingt Keeper of the Quaich werden.

Katherine MacRitchie
Sie ist eine Nachfahrin des berühmten Antarktisreisenden und besitzt einen kleinen Laden mit Kunsthandwerk.

Doktor Naughtie
Erst behandelt der schrullige Arzt Alastair Carnegie und dann den vermeintlich kranken MacDonald.

… sowie weitere Personen in Pitlochry, Edinburgh und Glasgow.

»*Mit Whisky trotzen wir dem Satan!*«

Robert Burns (1759-1796), Nationaldichter Schottlands

Zwei Glaswegians im Clinch

Wie stark konnte man einen Menschen wegen derselben Sache bedrängen, bis er zu toben begann? Zehnmal, elfmal? Es hing vermutlich von der Robustheit des Opfers ab, dachte sich Alastair Carnegie, der wie immer proper gekleidet war: dunkler Anzug, weißes Hemd sowie Krawatte und Einstecktuch in dezentem Gelb. Er saß im Sampling Room im hohen Haus von McVicar and Whitelaw in Glasgow und schüttelte den Kopf über seine Kollegin. Als Master Blender hatte er eine verantwortungsvolle Position inne, kreierte sämtliche *Blended Scotch Whiskys* des Hauses, und das seit über dreißig Jahren. Dank seines Knowhows waren die Elixiere edel und erfolgreich. Nicht alle Menschen wussten das zu schätzen. Und die Dame vom Controlling war die Schlimmste. Wie eine lästige Stechmücke umschwirrte sie ihn und wenn er sich freute, sie losgeworden zu sein, surrte sie aufs Neue, übler noch als zuvor. Obwohl durch und durch ein Gentleman, ertappte er sich gelegentlich bei dem Gedanken, sie mit einem beherzten Schlag wegzuklatschen. Mit Kritik konnte er umgehen, sofern sie fundiert war. Aber dieses Entchen, so nannte er die junge Frau wegen ihres nervösen Geschnatters insgeheim, hatte keinen Schimmer von der Materie.

»Sind Sie sicher, dass es so viele sein müssen, Mister Carnegie?«

Hätte er für diese Frage jedes Mal ein Pfund bekommen, wäre er ein reicher Mann. »Absolut sicher, Mrs Yarrow!«

In den guten alten Zeiten standen ihm 40 Maltwhiskys für das Blenden zur Verfügung. Heute waren es gerade einmal 25 bis 30, mitunter auch nur 15! Hinzu kamen einige *Grain Whiskys*. Weil die Konkurrenz in der Branche groß war, wurden die Lagerbestände zänkisch gehütet. Verschwender konnte man ihn weiß Gott nicht schimpfen, doch ein Blend mit weniger als 50 Prozent Maltanteil war eine Schurkerei! Ein heftiger Schmerz mäanderte durch seinen Magen. Er musste sich beruhigen. »Aufregung ist schlecht für die Gesundheit«, salbaderte der Arzt bei seinem letzten Check-up. »Lieber in Schottland bleiben, statt so viel durch die Welt jetten!«

»Sie haben leicht reden«, erwiderte er, »die Patienten kommen zu Ihnen in die Praxis.«

Reisen war er gewohnt, hielt er doch an gut 150 Tagen weltweit Vorträge. Das zusätzliche Pensum in den letzten Monaten forderte jedoch seinen Tribut. Die Arznei lehnte er wegen der vielen Nebenwirkungen ab, nahm stattdessen seine Vitamine und stand die Magenschmerzen durch. Eine Erkältung dagegen konnte er sich in seinem Beruf nicht leisten. Katastrophal, wenn ihn der Geschmackssinn oder die Nase verließe. Er atmete tief ein und aus und ließ den Blick durch den langen Raum schweifen. Der Boden ist der teuerste in ganz Großbritannien, erzählte er bei Interviews gerne. Man sah es dem Parkett kaum an. Kostspielig war auch nicht das helle Holz, sondern die spezielle Pinkertonsche Imprägnierung: Er goss ein Quantum Whisky ein, schwenkte es hin und her und schüttete es dann in weitem Bogen aufs Parkett. Nur so konnte er sicher sein, dass dem Glas keine Gerüche anhafteten. In den Vortragsräumen aller Kontinente war er dafür gefürchtet, denn hin und wieder bekam ein Zuhörer eine dieser hochprozentigen Miniduschen ab und jammerte. Das Reinigungspersonal im Firmengebäude hatte sich hingegen längst in sein Los gefügt. Carnegie glich den erhöhten Aufwand der Damen mit großzügigen Weihnachtsgeschenken aus. Am Ende des Probierraumes spendete eine Fensterfront freundliches Licht. Rechts folgten der Länge des Zimmers Vitrinen mit sämtlichen Erzeugnissen McVicars and Whitelaws. Auf der linken Seite gab es drei Ebenen. Im unteren Bereich vermittelten Kabinette mit zweckmäßigen Türen das Ambiente einer Küche. Ganz oben: ebenfalls Glasvitrinen, mit frühen Single Malts, dann antike Flaschen aus dunklem Glas, denn der Whisky war ehemals oft trübe, und schließlich die Kollektion *Andrew Usher*, Erfinder des Blendens. In der Mitte eine Arbeitsfläche, die ein Alchemist nicht verschmäht hätte. Unzählige *Nosinggläser* hingen, mit den Köpfchen nach unten zeigend, an schmalen Stangen aus Edelstahl und warteten auf ihren Einsatz. Davor thronte eine Armada von Halbliterflaschen, rechteckig und von Hand beschriftet. Jede Flasche hatte vor sich ein stehendes Gläschen zum Partner. Der Blender saß an einem großen Tisch in der Mitte des Raumes. So manchen Freund schottischen Whiskys hätte es enormen Willen gekostet, bei den Kostbarkeiten nicht über die Stränge zu schlagen. Alastair Carnegie besaß diese Stärke, meistens noch. Natürlich half es auch, dass er einen Whisky zu 95 Prozent mit der Nase bewertete. Nur wenn er bezüglich des Charakters unsicher war, höchst selten also, kostete er davon. Heute würde er eine Ausnahme machen und seinen neuesten Schatz ein letztes Mal testen. Dieser Whisky war ein Fenster in die Vergangenheit. Und er übertrieb nicht, wenn er ihn als die Krönung seiner Karriere bezeichnete. Die kleine Pfütze auf dem Boden bewies, dass das Glas bereit war. Umsichtig goss er sich einen Dram ein. Gerade als er daran schnuppern wollte, zeigte ihm das Unheil sein berufsmäßiges Grinsen. Ohne das viele Make-up hätte Mrs Yarrow fast ein gefälliges Aussehen gehabt! Die dicke Schicht ähnelte einem Schutzpanzer. Wie immer hatte sie sich verschwenderisch mit Parfüm eingenebelt.

»Hallo, Mister Carnegie. Wollte Ihnen nur ein kleines Besüchchen abstatten. Ihr Telefon war besetzt. Nun sehe ich weshalb. Der Hörer liegt auf dem Tisch und der Maestro kippt ein Gläschen oder auch zwei.«

Kein Grund, auf das Witzchen einzugehen. Schon beim ersten Mal zeugte es nicht von kultiviertem Humor. »Was kann ich für Sie tun, Mrs Yarrow?«

»Sie kommen gleich zum Punkt. Das liebe ich. Es geht um Ihre Besüchchen in Neuseeland, Mister Carnegie.«

»Bei Ihnen klingt das wie eine launische Stippvisite bei Verwandten.«

»Haben Sie denn viel gearbeitet im überseeischen Gebiet?«

»Was soll die Frage? Sie wissen ebenso gut wie ich, dass Werbung zum Geschäft gehört. Es war nicht mein Einfall, ans Ende der Welt zu fliegen, um drei Whiskyflaschen entgegenzunehmen. Unsere Marketingabteilung kam darauf.«

»Mit der anstrengenden Arbeit in Ihrem Labor kann man die Reise aber doch nicht vergleichen, oder?«

»Sampling Room, Gnädigste. Ich bin kein Chemiker. Ich erklärte Ihnen das bereits.«

»Richtig, Sie sind eher ein Künstler, der …«

»Mrs Yarrow, ich wiederhole meine Frage: Wie kann ich Ihnen helfen?«

»Handschellen sind das Stichwort.«

Schon wieder ging es um die Handschellen! Mittlerweile glaubte er, dass sie sich zu ihnen hingezogen fühlte. »Ja? Was ist damit?«

»Sie haben während des gesamten Rückfluges welche getragen?«

»Wie ein Delinquent, wollen Sie suggerieren? Nein, nur an einem Handgelenk. Das andere Ende war an die Kiste gekettet.«

»Finden Sie das nicht etwas … sonderbar?«

»Nein, denn die drei Originalflaschen wurden uns vom New Zealand Antarctic Heritage Trust nur geliehen. Solch eine kostbare Fracht konnte ich natürlich nicht einen Moment aus den Händen geben.«

»Erwogen Sie nicht, ein simples Strickchen zu verwenden?«

»Ebenfalls zweckmäßig, aber die Publicity wäre sehr viel geringer ausgefallen.«

»Und wir lieben doch die Publicity! Richtig?«

»Exakt, wir von McVicar and Whitelaw, vor allem die Marketingabteilung, sind Spektakulärem im Dienste der Sache nicht abgeneigt.«

»Webster sagt, die Geschichte mit den Handschellen sei in Ihrem Dunstkreis entstanden.«

Er führte das Gläschen zum Gesicht und versenkte die Nase darin, erst den linken Nasenflügel, dann den rechten.

»Stimmt etwas nicht, Mister Carnegie? Sie sind ja auf einmal weiß wie ein Geist.«

»Nein, nein. Alles in bester Ordnung. Mister Webster hat völlig recht. Ich dachte mir, dass die Presse mich bei meiner Ankunft in Glasgow stürmisch empfangen würde, sodass sich die Ausgabe lohnte.«

»Okay, aber warum mussten Sie die ... Dinger denn vom historischen Museum ausleihen? Die haben uns ein Vermögen berechnet.«

»Genauigkeit, Mrs Yarrow. Wenn wir einen Whisky wie aus alter Zeit vermarkten wollen, muss jedes Detail stimmen. Ich konnte schwerlich mit einem funkelnagelneuen Exemplar hantieren.«

»Hätten Sie nicht ein gebrauchtes Pärchen nehmen können?«

»Wo bitteschön hätte ich dieses auftreiben sollen? Im East End?« Kaum hatte er den Namen des Viertels ausgesprochen, bedauerte er es auch schon. Mrs Yarrow war dort aufgewachsen. Trotz ihrer schlechten sozialen Ausgangsposition hatte sie studiert und nach dem Examen sofort eine Anstellung bekommen, unglücklicherweise bei McVicar and Whitelaw! Ihre Vorgängerin war der Firma fast vierzig Jahre treu ergeben gewesen. Man hätte erwarten dürfen, dass wieder eine versierte Kraft eingestellt wurde und nicht eine Berufsanfängerin. Aber auch beim Personal sparte das Management natürlich!

»Ich glaube kaum, dass die Gangster dort Handschellen verkaufen«, antwortete sie schnippisch. »Sie sehen nicht gut aus, Mister Carnegie. Soll ich wirklich keinen Arzt rufen?«

Er wischte die Bemerkung mit aufgerichteter Hand weg. »Danke, nein. Mir geht es gut!« Dass ihm in Wahrheit ein wenig blümerant zumute war, würde er ihr nicht anvertrauen. Nur sollte sie endlich gehen, mit ihrem penetranten Parfüm!

»Ist er das?«, fragte sie mit lüsternem Blick zu seinem Nosingglas.

»Wenn Sie sich auf unser zukünftiges Flagschiff beziehen, lautet die Antwort ja.«

»Sehr aufregend! Ich bin ja so gespannt, wie der Jahrhundertwhisky schmecken wird. Ganz zu schweigen vom Absatz.«

Die plumpe Aufforderung, sie davon kosten zu lassen, ließ er im Raum stehen. So leicht würde er es ihr nicht machen.

»Meinen Sie, es wäre möglich, daran zu schnuppern?«

»Wenn Sie unbedingt wollen.« Er reichte ihr das Gläschen. Übertrieben mondän nahm sie es entgegen und machte ein Geräusch wie ein Staubsauger, aggressiv und monströs. »Nun?«, fragte er.

»Bezaubernd.«

Das war alles? Wochen um Wochen hatte er experimentiert, gegrübelt und wieder getestet, um dem Original zu entsprechen. Und diese Frau bewertete seine Arbeit wie ein Paar neue Schuhe mit dem Adjektiv bezaubernd!

»Jetzt sind Sie dran«, antwortete sie und streckte ihm den Whisky entgegen.

»Wie darf ich das verstehen?«

»Ich bin eine Expertin für Geld und alles, was damit zusammenhängt. Ihre Expertise liegt im Gebiet des Scotch Whisky. Sagen Sie mir also bitte, wonach ihre Kreation riecht.« Ihre übertriebene Devotheit kam ihm suspekt vor. Sie lächelte ihn an. »Wenn es jemand wissen sollte, dann der Master Blender.«

»Ja, ja«, meinte er unterkühlt, führte den Scotch zur Nase, roch daran und sah auf seine Armbanduhr.

»Sie haben eine wichtige Verabredung, Mister Carnegie?«

Nein, zufällig hatte er keinen Termin! Doch die genaue Uhrzeit wollte er sich merken. Sie konnte für sein weiteres Leben von Bedeutung sein. »Das nicht, nur schrecklich viel Arbeit. Würden Sie mich nun bitte entschuldigen?«

»Sie sind mir noch Ihre Geruchsexpertise schuldig ...«

»Ein anderes Mal ja! Ich habe wirklich viel zu tun!«

Mrs Yarrow war so verblüfft über das forsche Benehmen des Mannes, den sie als vollendeten Kavalier kannte, dass sie sich aus dem Zimmer schieben ließ. Draußen vor der Tür konnte sie sich ein Lächeln nicht verkneifen. Es hatte sich gelohnt, ihn zu drängen. Eingehüllt in ihre chemische Duftwolke stöckelte sie davon.

Ein Gutes hatte ihr Eindringen immerhin gehabt: Nun wusste er genau, dass etwas nicht mit ihm stimmte! Er musste für Purifikation sorgen, an einem vertrauten, schönen Ort. Wenn das keinen Erfolg zeitigte, konnte nur ein Mann ihm helfen.

»Mäßigung sollte die eiserne Regel sein. Neun oder zehn Whisky sind durchweg eine vernünftige Erfrischung. Alles andere artet in Trinkerei aus.«

Schottisches Sprichwort

Qualen für den Feinschmecker

Angus Thinnson MacDonald drückte sich das plüschige Daunenkopfkissen auf die Ohren, bis sie schmerzten. Dennoch wanderten die seltsamen Brunftschreie aus dem Garten in sein Schlafzimmer. Schallwellen des Unfriedens! Eine Woche ging das nun schon so. Am ersten Morgen hatte er einen Hirsch auf Brautschau im Verdacht gehabt. Mit leidlichem Mitgefühl versuchte er, noch eine Weile zu dösen, bis er dann zum Fenster taumelte. Aber besagte Waldbewohner hatten vier Beine und trugen keine Polyacrylpullover wie Miss Armour, die forsche Ernährungsberaterin! Karen, seine Leibärztin, hatte sie ihm verordnet, weil er angeblich zu wenig Disziplin beim Abnehmen zeigte. Deshalb weilte die ... Dame – das Faktum, dass sie einen leichten Oberlippenbart hatte, verwirrte ihn immer wieder aufs Neue – nun in seinem Haus in Dean Village und wachte über seinen Speiseplan. Nicht einmal das Anrecht des übelsten Delinquenten, eine Henkersmahlzeit, hatte man ihm gewährt:

»Aber Karen, bedenken Sie bitte, dass ich von Berufs wegen mit gastronomischen Glückseligkeiten zu tun habe. Und ausgerechnet ich soll mit leerem Magen in diese Diaspora schreiten?«, klagte er.

Sie lächelte nur, zauberhaft und erbarmungslos zugleich. Selbst die lange Liste von amerikanischen Schwerverbrechern, die er aufsagte, konnte sie nicht erweichen.

»Angus, das ist ja gerade der Punkt. Sie denken zu viel ans Essen. Irgendwann müssen Sie aber, wie versprochen, mit Ihrer Atkins-Diät beginnen. Es würde nicht gerade helfen, wenn Sie sich unmittelbar zuvor den Bauch vollschlagen.«

Was für eine grässliche Formulierung! Machte er doch bei der Nahrungsaufnahme nichts weiter, als Körperumfang und Hungergefühl zu berücksichtigen. Dann auch noch das frühe Aufstehen, dachte er grummelnd! Und dieser Radau! Zustände wie in der Vorhölle! Was sollten bloß die Nachbarn denken. Eine fremde Frau zog bei ihm ein und begann jeden Tag mit Atemübungen, die selbst ein ausgewachsenes Rhinozeros in die Flucht schlagen würden! Von seiner ursprünglichen Idee, Handzettel über die Sachlage in die Briefkästen zu werfen, nahm er wieder Abstand. Miss Armour bezeichnete ihre Übungen als maßgeschneidertes Aerobic und hatte ihn schon zweimal aufgefordert, doch bitteschön mitzumachen. Ja nun, das hätte gerade noch gefehlt, dass er sich noch mehr zum Gespött machte. Die Aufsicht händigte ihm auch einen Trinkplan aus! Und der sah – abgesehen von wenig Weißwein – keinen Alkohol vor. Bier und Hochprozentiges, Whisky vor allen Dingen, waren ihm strengstens untersagt. Er warf seinen Bademantel über, zurrte den Gürtel fest und schlüpfte in die Pantoffeln. Angesichts der drakonischen Zustände war es nur ein schaler Trost, dass er zum Erkenntnisgewinn beitrug: Miss Armour und die Kollegen einer Projektgruppe der Universität Edinburgh untersuchten die Langzeitwirkung der Atkins-Diät auf das Abnehmen. Aber er hatte ebenfalls zu forschen! Ständig kamen neue Whiskys auf den Markt, die degoustiert und besprochen werden wollten. Keine der Damen hatte ihm die Frage beantwortet, ob dieser Zweig seiner Profession in die Binsen gehen sollte. Die Antwort lag freilich auf der Hand: keine Proben, keine Artikel. Mit seinen Restaurantbesprechungen konnte er eine Weile kürzer treten. Auch hatte er für die BBC gegenwärtig keine neue TV-Serie zu drehen. Doch seine in Jahrzehnten aufgebaute Position als versierter Whiskyjournalist war stark gefährdet! Also hatte er sich vor vier Tagen einen Tresor angeschafft. Die Angestellten des Fachgeschäftes reagierten auf seinen Wunsch, ausreichend Platz für stehende Whiskyflaschen zu haben, etwas überrascht, womit er natürlich gerechnet hatte. »Meine Herren, bestimmt haben Sie schon von wertvollen Weinen gehört, solchen, die man sammelt, aber niemals trinkt. So verhält es sich auch im Lande des Scotch. Wir müssen uns vor Baron Rothschild weiß

Gott nicht verstecken.« Am nächsten Morgen wurde – während Miss Armours Übungseinheit – die Gerätschaft geliefert. Alberto brachte ihm heimlich nach und nach die neuen Flaschen, die an seine Adresse in Fountainbridge gingen. Alle früheren Bestände hatten die Damen weggesperrt. Nur die Aufsicht besaß den Schlüssel zu diesem Schrank. So kam es, dass er jeden Morgen in den Keller stieg, Diktiergerät und Nosingglas in den Bademanteltaschen. In der Küche sah er ein letztes Mal aus dem Fenster, denn kurz vergaß die Armour, ein gequältes Tier zu mimen: Keine Gefahr, sie schlug ein Rad. Eine gewisse Beweglichkeit konnte man ihr nicht absprechen. Den Tresor hatte sie als habituell misstrauische Person natürlich kritisiert. Worauf er seine Trumpfkarte zog und Karen anrief, die kurzfristig in England an einem Medizinertreffen teilnahm:

»Frau Doktor!«, sagte er und sie wusste ob der förmlichen Anrede gleich, dass er wegen etwas verärgert war, »das geht entschieden zu weit! Ich muss die Möglichkeit haben, wichtige Geschäftspapiere wegzuschließen.«

»Natürlich, Angus, das ist doch klar«, hatte sie erwidert. »Ich werde mit Miss Armour reden.«

Er gab die Kombination, Geburtsdatum und Namen seiner verstorbenen Mutter, ein und die Tür des Bodyguards, so hieß das Modell, schnappte mit einem freundlichen Klicklaut auf. Hier standen sie, seine Schätze, und warteten darauf, gewürdigt zu werden. Er legte das Diktiergerät auf den Tresor und zog sein Gläschen aus der anderen Tasche. Die Arbeit konnte beginnen! Mit einem kleinen Pensum *Bruichladdich*, den er testen musste, reinigte er das Glas und schüttete jenes in ein Schüsselchen, das er im Bodyguard aufbewahrte. Zusammen mit den anderen Flaschen und – das schlug dem Fass den Boden aus! – einem Mundspray. Für den Fall, dass er nicht rechtzeitig fertig würde und die Aufsicht ihn ertappte. Er hob das Gläschen, erst zum linken Nasenloch, dann zum rechten und atmete tief ein. Ein paar Mal machte er das, um dem edlen Tropfen Respekt zu erweisen und schickte sich gerade an zu kosten, als es an der Haustür klingelte. Das war doch jetzt hoffentlich nicht Alberto mit der neuen Lieferung! Sie hatten sich für den frühen Nachmittag verabredet, aber bei seinem Freund war man nie vor Überraschungen sicher. So konnte es nicht weitergehen! Er stopfte Glas und Diktiergerät in die Taschen und ging nach oben. Vor dem Frühstück, in einem Zustand leichter Unterzuckerung, dauerte das eine kleine Weile. Auf den letzten beiden Stufen vernahm er einen dramatischen Wortwechsel.

»So war es meinerseits nicht aufzufassen. Ich fragte ganz neutral, ob Mister MacDonald zugegen sei.«

»Ich will immer noch wissen, was Sie mit ihm zu tun haben. Und Ihre Gnädigste bin ich auch nicht.« Miss Armour war offenkundig in ihrem liebsten Element, dem Schimpfen.

»Mit Verlaub, was ich mit ihm zu tun habe, wie Sie es zu formulieren geruhen, ist für andere Menschen nicht von Belang.«

»Da bin ich anderer Meinung!«

»Wenn Sie es sagen. Kann ich nun bitte eintreten?«

»Auf keinen Fall.«

»Nicht zu fassen! Ich gehe!«

»Gut, entfernen Sie Ihre Benzinschleuder.«

Patsch! Sie hatte die Haustür zugeschmettert.

»Das reicht jetzt, Miss Armour! Sie überschreiten Ihre Kompetenzen!«, rief der Herr des Hauses erzürnt. »Öffnen Sie sofort wieder die Tür und entschuldigen Sie sich bei meinem Besucher.« Mein Gott, dieser Damenbart!

Die Ernährungsberaterin ordnete ihr Handtuch über der Schulter. »Nein! Ich gehe nach draußen und beende mein Fitnessprogramm. Machen Sie nächstes Mal selbst auf.«

»Jawohl, Sir«, hätte MacDonald gerne gesagt. Aber warum ein loderndes Feuer noch reizen? »Hoffentlich kann ich meinen Besucher noch einholen!«

»Sie zeigen sich der Öffentlichkeit im Bademantel?«

»Ja, warum denn … selbstverständlich nicht.«

»Lugt da etwa ein Glas aus Ihrer Tasche?«

»Zahnputzbecher«, improvisierte er. »Viel Spaß noch mit Ihren Übungen. Ich möchte Sie nicht aufhalten.«

»Also schön! Ich glaube Ihnen. Wir sehen uns beim Frühstück.«

»So ist es. Auf Wiedersehen, Madame.« Ihre pestidizierte Flugananas konnte sie alleine essen! Er öffnete die Tür einen Spalt und sah hinaus. Niemand zu sehen. Hoffentlich war der Gentleman nicht bereits auf und davon. Solch eine Behandlung hatte weder Mensch noch Tier verdient. Einen Moment, hatte die Armour nicht den garstigen Ausdruck Benzinschleuder verwendet? Schräg gegenüber stand ein Jaguar. Keines der putzig kurzen Modelle von heute, sondern ein richtig schöner, langer Wagen. MacDonald duckte sich, um besser ins Innere des Fahrzeugs sehen zu können. Ja, es saß ein Herr darin, in Anzug und Krawatte. Sein alter Freund aus Glasgow.

»Alastair«, rief er, »hier drüben.«

Es hatte keinen Zweck. Carnegie konnte ihn aus der Entfernung nicht hören, startete den Wagen und fuhr davon. MacDonald eilte zum Telefon und tippte seine Telefonnummer ein.

»Hier spricht Alastair Carnegie. Ich bin im Moment nicht erreichbar. Hinterlassen Sie bitte eine Nachricht.« Sein Freund besaß ebenso wenig wie er eine Freisprecheinrichtung. Den Mitteln der modernen Technik gewährten sie nur spärlichen Eintritt in ihr Leben. Wenn Alastair ihn an einem Arbeitstag besuchte, noch dazu am Vormittag, musste er ein gewichtiges Problem haben. Und MacDonald hoffte – sich seiner Selbstsüchtigkeit ein wenig schämend –, dass mit dem Jahrhundertwhisky alles zum Besten bestellt war.

»Es geht Ihnen nicht gut, Mister Vitiello?«, fragte Popow einfühlsam.

Alberto nahm an, dass sein Gast es nicht böse meinte. Vermutlich lag es an seinen Genen. Er musste ihm einfach auf den Wecker gehen. Sonst wäre er zusammengebrochen oder hätte eine unheilbare Krankheit bekommen. Popow wollte wilde schottische Tiere sehen. Er ging davon aus, dass in Schottland Wölfe, Bären, vielleicht sogar Dinosaurier durch die Gegend zogen. Lebte der Mann ohne Internet? Gab es im russischen Fernsehen keine realistischen Reportagen über andere Länder? Auf Reisen trug Popow einen braunen Anorak, ausgeblichene Jeans und ein Paar ausgetretene Turnschuhe. Mit sich führte er stets einen Rucksack sowie einen roten Plastikkamm. Wenn er sich unbeobachtet fühlte, zog er das Utensil flink aus der Tasche und brachte sein Haar in Ordnung. Gegenwärtig saß er im Diningroom mit eigens für ihn angeschafftem russischem Tee. Seine Mundwinkel suggerierten höfliches Interesse. Das taten sie in wachem Zustand ständig, ganz gleich, ob über ein Erdbeben oder sein aktuelles Ausflugsziel parliert wurde.

»Sie sind ganz sicher, dass ich wilde Tiere dort sehen werde, Mister Vitiello?«

Alberto hatte ihm den Edinburgher Zoo nahegelegt. Insgeheim hoffte er, dass man irgendeine Verwendung für Mister Popow finden würde, und bemühte sich deshalb, ihm die Exkursion schmackhaft zu machen. Denn auch ein Guest House-Besitzer hatte ab einem bestimmten Zeitpunkt das Recht, in Frieden gelassen zu werden. Es war ein Gebot, das unmittelbar aus der Magna Carta abgeleitet werden konnte. Warum konnte der Herr, der ihn mit seinen zahlreichen Fragen in den letzten Tagen fast in Grabesnähe gebracht hatte, keine Ruhe geben? Alberto klopfte sich auf die Brust, um zu demonstrieren, dass er reiflich überlegt hatte, und deklamierte:

»Ja, ich halte es für eine gute Idee, wenn Sie heute unseren Zoo aufsuchen. Die wilden Tiere dort empfinden alle Besucher als Bereicherung.«

Sein Gast griff glückselig in seinen Rucksack, förderte eine überdimensionale Stadtkarte zutage und breitete sie auf dem Frühstücksgeschirr aus. Alberto wusste, dass ein günstiger Moment gekommen war, um das Weite zu suchen. Er strahlte übers ganze Gesicht und sagte:

»Ich räume schnell den Tisch für Sie ab? Dann können Sie Ihre Karte besser studieren. Was meinen Sie?«

Mister Popow war hocherfreut und nickte. »Oh ja, bitte ich darum, Mister Vitiello. Freundlich von Ihnen.«

Alberto bugsierte das Geschirr mit atemberaubender Geschwindigkeit auf das Tablett und sauste in Richtung Küche. Dort stellte er Teller, Tasse und Besteck in den Spülkasten, drehte den Hahn auf und genoss das beruhigende Plätschern des Wassers. Mit seiner Lieblingsspülbürste entfernte er Fett- und Speisereste und räumte alles in die Spülmaschine. Dann füllte er den Kessel auf. Eine heiße Tasse Tee besänftigte die Nerven und teilte den Tag in sinnvolle Etappen. In kleinen Schlucken Früchtetee trinkend, hatte er sein unangenehmes Erlebnis fast schon vergessen, als er durch die Scheibe der Wohnzimmertür Popow ausmachte, die Karte von Edinburgh mit beiden Händen vor sich tragend wie ein mittelalterlicher Krieger sein Schild. Es konnte sich nur noch um Sekunden handeln und er würde die Rezeptionsglocke malträtieren. Also rannte Alberto geistesgegenwärtig in die Küche zurück, drehte die Sicherung heraus und wartete. Jahrzehntelange Erfahrung als Guest House-Besitzer hatte ihn gelehrt, dass nach ein bis zwei Minuten Frieden einkehrte. Bei Mister Popow war es gleichwohl ratsam, einen zusätzlichen Moment zu verharren. Endlich stieg er die Treppe hoch, in Richtung seines Zimmers, um sich auf die viertelstündige Busreise vorzubereiten. Der Italiener zögerte nicht und flüchtete im Eilschritt in den Garten. Wie hätte er ahnen können, dass Popow, um seinen Wissensdurst zu stillen, durch das Wohnzimmer geradewegs ins Freie marschierte? Alberto ließ fast einen Blumentopf plumpsen.

»Was zum Teufel ... ah, Mister Popow! Darf ich fragen, was Sie in meinem Garten suchen?«

»Lieber Mister Vitiello, bin ich auf der Suche nach einer Antwort.«

»Sind wir das nicht alle?«, sagte Alberto verzweifelt.

»Habe ich noch eine Frage zum städtischen Zoo.«

»Sehr gut, aber lassen Sie uns doch ins Haus zurückkehren. Drinnen ist es sehr viel angenehmer«, sagte Alberto, zog ihn hinter sich her und hielt erst vor der Wohnzimmertür wieder an. »Mister Popow.«

Sein Gast blickte ihn leutselig an. »Ja, Mister Vitiello?«

»Sehen Sie das Schild an der Tür?«

»Das tue ich.«

»Was steht da?«

»Privat.«

»Und die Bedeutung davon ist?«
»Sind es privat genutzte Räume?«
»Nun ist der Groschen gefallen. Es steht auf der Tür, weil ich hier vergleichsweise privat leben kann, denn eine komplette Abgeschiedenheit hat der Guest House-Besitzer in Großbritannien nur, wenn er die Radieschen von unten erblickt.«
»Ich fürchte, verstehe ich nicht ...«
»Die Radieschen von unten sehen bedeutet, dass man tot ist, Mister Popow. Mausetot. Man ringt nicht mehr nach Luft. Finito! Alles hat ein Ende. Keine Telefongebühren und Elektrizitätsrechnungen, ein paradiesischer Zustand. Zweite Möglichkeit: Ich befinde mich in einer verfänglichen Situation.«
»Sie haben Pflanzen vertopft?«
»Essato!«
»Muss ich Ihnen etwas mitteilen, Mister Vitiello.«
Sein Landlord konnte nicht antworten, war vollauf damit beschäftigt, seine geballten Fäuste hinter dem Rücken zu verstecken.
»Habe ich den Verdacht, dass Ihre Klingel kaputt ist.«
»Mister Popow, Sie sehen sehr müde aus! Ich denke, es wäre eine gute Idee, wenn Sie sich ein wenig aufs Ohr hauen.«
»Soll ich wen schlagen?«
»Schlafen, Mister Popow. Wie wäre das?«
Ob solch großer Fürsorge lächelte der Russe dankbar. »Bin ich in der Tat von Frühstück ermüdet.«
Alberto nahm ihn an der Hand, führte ihn zum Flur und zeigte ihm die erste Treppenstufe. »Da oben, verehrter Gast, erwartet Sie Ihr persönliches Glück. Kein Mensch wird kommen und Sie stören. Dafür verbürge ich, Alberto Vitiello, mich höchstpersönlich. Ist das nicht eine herrliche Aussicht?«
»Mister Vitiello, was ich würde bloß ohne Sie tun?«
»Keine Ursache. Gehen Sie einfach nach oben. Stöpseln Sie den Wasserkocher ein und UNSER Tag ist gerettet!«

Als sein Handy auf dem Beifahrersitz klingelte, steuerte Carnegie eine Tankstelle an. Angus hatte auf das Band gesprochen und gebeten, ihm doch bitte umgehend die Ehre zu erweisen. Dem Himmel sei Dank, dass sein Freund zu Hause war! Auf dem Rückweg würde er einen Strafzettel für überhöhte Geschwindigkeit bekommen, aber das war ihm egal. Zehn Minuten später parkte er seinen Jaguar ein. Man konnte nur hoffen, dass diese ... Dame in der Zwischenzeit das Anwesen verlassen hatte. Er stieg aus und klingelte.

»Hallo, Alastair. Wie ich sehe, hast du meine Nachricht erhalten?«

»Mein Freund, schön, dich zu sehen. Ja, so ist es.«

MacDonald betrachtete ihn gefällig: Wenn nur alle Menschen sich so exquisit anzögen! Er konnte sich nicht erinnern, den Glaswegian jemals in etwas anderem als einem dunklen Zweireiher gesehen zu haben. Die standen ihm derart gut, dass MacDonald fast schon darüber nachdachte, den Schneider zu wechseln und ebenfalls in der Savile Row in London einzukaufen. Eine der gemeinsamen Eigenschaften von Engländern und Schotten war Understatement. Man sah der Kleidung die Qualität an, protzte aber nicht mit dem Preis. Alastairs exquisiter Haarschnitt passte sehr gut dazu.

»Du schaust so wunderlich, Angus?«

»Alles in bester Ordnung. Tritt doch bitte ein.«

»Ist deine, äh, Bekannte noch zugegen?«

»Meine ... es ist nicht so, wie du denkst.«

Carnegie zog fast unmerklich eine Augenbraue hoch. »Verzeihung. Das geht mich nichts an. Ich habe auch ganz andere Probleme.«

Weil die Armour noch immer brunftig schrie, führte MacDonald ihn ins Arbeitszimmer, wo sie nicht so deutlich zu hören war.

»Leider kann ich dir nichts Alkoholisches anbieten. Soll ich uns Tee kochen?«

»Sehr liebenswürdig, aber nein danke. Bist du wohlauf, Angus?«

»Gut, gut. Wie kann ich dir helfen?«

»Es handelt sich um unseren neuen Blend und ...«

»Der Jahrhundertwhisky«, unterbrach MacDonald ihn leidenschaftlich. »Pardon, erzähl bitte weiter.«
»Woher zum Henker weißt du, dass es darum geht?«
Verwenden wir nun die Gossensprache?, dachte MacDonald, schwieg aber. In seinen jungen Jahren hatte er noch den Drang gehabt, alles zu kommentieren. Doch das ließ immer mehr nach. Alastair stand unter immenser Anspannung. Da konnte auch ein Gentleman einmal die Beherrschung verlieren.
»Es war nur so eine Vermutung.«
»Uärrrrrh!!!«
»Was ist das denn jetzt?«
»Meine Ernährungsberaterin«, antwortete MacDonald in salomonischer Gelassenheit.
»Fühlt die äh ... Dame sich nicht wohl?«
»Es spielt keine Rolle. Später kann ich dir gerne davon berichten. Mein Lieber, in den letzten Monaten habe ich noch mehr als üblich über dich in den Zeitungen gelesen. Nur der genaue Name deines neuen Babys ist mir unbekannt.«
»Whisky für die Engel.«
»Frei nach dem *Angels' Share* also. Ich zolle dir meinen höchsten Respekt. Einfach und genial zugleich. War es deine Idee?«
»Ja, dieses Ruhmesblatt darf ich mir anheften. Ob ich es verdient habe, bleibt abzuwarten.«
»Ich kann dir leider nicht folgen.«
»Dann mache ich es kurz. Der Geruchssinn kam mir abhanden.«
»Aber das ist ja eine Katastrophe!«, entfuhr es MacDonald.
Carnegie sah ihn fasziniert an. Manchmal erleichterte es das eigene Gemüt, wenn ein anderer die Wahrheit aussprach.
»Verzeih bitte, Alastair. Wie lange leidest du schon?«
»Gut eine Woche. Es ist grauenhaft, wenn man nichts mehr riecht.«
»Eine Erkältung eventuell?«
»Das wäre das beste Szenario für mich. Dazu passen allerdings die Magenschmerzen nicht.«
»Warst du schon beim Arzt?«

»Ja, natürlich.«

»Was sagt er?«

Carnegie ließ sich mit seiner Antwort etwas Zeit. »Du weißt doch, wie die Quacksalber sind. Plappern einfach heraus, was ihnen durch den Kopf geht. Ich halte mich im Allgemeinen von ihnen fern und nehme meine Vitamine ein.«

»Kannst du nicht zu einem anderen Doktor gehen? In Glasgow praktizieren doch genügend Kollegen.«

»Ich war in einer Praxis in Pitlochry.«

»Hast du im Moment Urlaub?«

»Nein, doch fuhr ich in die Highlands, weil ich hoffte, dass die gute Bergluft meine Nase wiederherstellen würde. Es half jedoch nichts.«

»Niemand kann erwarten, dass du ständig gesund bist. Sorgst du dich, den Whisky nicht rechtzeitig kreieren zu können?«

»Der ist fertig, Angus. Die Premiere findet bereits in drei Wochen statt. Es wundert mich, dass du noch keine Einladung erhalten hast. Nein, was ist, wenn ich beim Blenden schon Probleme mit der Nase hatte?«

»Aber du hättest doch gemerkt, wenn du nichts mehr riechst?«

»Sicher, aber vielleicht war ja der Geruchssinn mehr und mehr eingeschränkt und ich gewöhnte mich an mein Unglück. Mein Ruf steht auf dem Spiel! In unserem Gewerbe ist die Konkurrenz groß und die Meuchler lauern überall. Schon ein Gerücht würde genügen, um mich gewaltig in die Bredouille zu bringen und den Verkauf unseres Jahrhundertwhiskys zu gefährden.«

»Wer weiß denn davon?«

»Außer dir nur der Arzt in Pitlochry. Ich könnte mich ohrfeigen, ihn überhaupt konsultiert zu haben.«

»Hat er dir überhaupt nichts verschreiben können?«

»Er erwähnte nur traditionelle Hausmittel, wie zum Beispiel die Nase mit Salzwasser zu spülen. Beunruhigend ist allerdings auch, dass ich seit meinem Besuch in der Praxis erpresst werde.«

Wie immer war Mister Popow der Erste beim Frühstück. Als Maria ihm seinen Tee brachte, konnte sie ihm die Enttäuschung vom Gesicht ablesen.

»Ihr werter Gatte fühlt sich nicht wohl?«, fragte er betrübt.

»Aber nein, Alberto ist okay. Er bereitet Ihr Frühstück zu. Bacon and Egg wie immer, Mister Popow?«

»Mit dem größten Vergnügen!« Er sah seine Landlady treuselig an. »Ist es nur so, dass ich mit Mister Vitiello etwas Wichtiges zu besprechen habe.«

Maria nickte verständnisvoll. »Ich werde sehen, was ich machen kann. Trinken Sie doch in der Zwischenzeit eine Tasse Tee.«

Als sie in die Küche trat, schaute Alberto aus dem Fenster. »Sag es mir nicht. Ich möchte raten. Er hat gefragt, warum ich ihm nicht das Frühstück bringe. Ja?«

»Richtig, außerdem ...«

»Moment! Ich kann hellsehen. Er hat etwas sehr Bedeutsames mit mir zu besprechen. War es so?«

»Genau.« Maria lachte. »Du solltest im Fernsehen auftreten.«

»Ich habe ihn gestern in den Zoo geschickt. Heute müssen wir seinen Erlebnistag in allen Details durchgehen. Das kann ich kaum erwarten!«

»Alberto, wie oft habe ich dir schon gesagt, dass du nur zwei Möglichkeiten hast, mit den Gästen umzugehen?«

»Ich weiß nicht. Centomila volte, hunderttausendmal?«

»Eben! Nimm dir ein Beispiel an mir. Ich bin freundlich und dennoch distanziert. Du aber lässt dich viel zu sehr auf die Leute ein.«

»Porca miseria! Ich muss doch wissen, wer in meinem Hotel wohnt.«

»Wenn du ihnen den kleinen Finger gibst, nehmen sie die ganze Hand.«

Alberto überprüfte die Zahl seiner Finger. »Um den Feind bekämpfen zu können, muss man ihn genau studieren.«

Maria strich sich mit der Hand übers Gesicht. »Ich wusste nicht, dass du wieder auf dem Kriegspfad bist.«

»Ist nur so eine Redensart«, sagte er zur Beschwichtigung.
»Wie wäre es mit Meditieren?«
»Prego?«
»Viele Menschen machen es. Soll sehr gut sein für das innere Gleichgewicht.«
»Kannst du dir vorstellen, dass ich eine halbe Stunde sitzen bleibe?«
»Ich habe noch nicht einmal erlebt, dass du fünf Minuten schweigst! Wieso nur?«
»Politiker sprechen auch ununterbrochen! Aber über die beschwert sich niemand.«
»Doch, du! Was willst du jetzt tun?«
»Ich bringe ihm seinen Teller Bacon and Egg.«
Alberto trug das Silbertablett aus der Küche. Vor dem Diningroom hielt er an, wartete einen Moment und öffnete dann ruckartig die Tür.
»Ein schöner Tag heute, nicht wahr, Mister Popow?«
Draußen regnete es in Strömen.
»Bin ich froh, dass Sie kommen, Mister Vitiello. Sie können mir eine Frage beantworten?«
»Hat es mit dem Zoo zu tun?«
»Woher Sie wissen das? Habe ich gestern den städtischen Tierpark besucht«, sagte Popow zwischen zwei Bissen Bacon, »und habe ich dort wundersame Bärchen gesehen. Sie waren in schwarz und weiß gekleidet, wie vornehme Kellner.«
»Pandabären«, sagte Alberto gelangweilt, »eine Leihgabe der chinesischen Regierung.«
»P-a-n-d-a-b-ä-r-e-n«, wiederholte Popow, so als ob er das Wort zum ersten Mal hörte. »Saßen einfach nur auf dem Popo und guckten treu. Sagte ein Gentleman, sie würden im Kreis gehen um drei Uhr.«
»Man hat Sie auf den Arm genommen. Um drei Uhr findet die Pinguinparade statt.«
»Man hat eine Änderung vorgenommen?«
»Nein! Wie sollten bitte zwei Pandabären einen Kreis bilden?«
»Oh! Hatte ich mich sehr gefreut, wilde Tiere zu sehen.«

»Mister Popow, ich habe eine Idee. Wie wäre es, wenn Sie in die Highlands fahren und wilde Haggis beobachten?«

»Soll es nicht eine Speise sein?«

»No! Wenn Sie einen Haggis kaufen oder im Restaurant einen essen, dann ist es nicht das Original, sondern ein Gericht, das dem frei lebenden Haggis nachempfunden wurde.«

»Habe ich das nicht gewusst. Wie spannend!«

»Hören Sie mir gut zu. Das habe ich bislang noch keinem meiner Gäste anvertraut. Man unterscheidet zwischen dem fliegenden und dem gehenden Haggis. Derjenige mit Flügeln bewegt sich unglaublich schnell über die Highlands. Sie müssen sehr genau hinsehen, um ihn ausmachen zu können. Beim flügellosen Exemplar ist das linke Bein kürzer, damit es die steilen Berge, seinen natürlichen Lebensraum, gut erklimmen kann. Doch hat dieser Haggis deshalb einen Linksdrall.«

»Unglaublich!« Popow kämmte sich die Haare, um ruhiger zu werden. »Man kann diese Tiere auch jagen?«

»Nur die mit Beinen. Die Flieger sind zu fix.«

»Wann wäre schaffbar?«

»Inzwischen gibt es so viele Exemplare, dass sich die Jagdsaison über das gesamte Jahr erstreckt. Sie benötigen unbedingt einen Dudelsack. Der wurde erfunden, um die Paarungslaute der Tiere nachzuahmen. Sie verstecken sich idealerweise in flachem Gelände. Die Haggis werden dann aus der Anhöhe angelockt. Sobald sie unten angelangt sind, kippen sie wegen ihrer unterschiedlich langen Beine um und kommen nicht mehr hoch. Eine leichte Beute.«

Popow sprang in die Höhe, küsste ihn auf die Stirn und rannte in sein Zimmer.

»Wieder ein zufriedener Gast!«, sagte Alberto und hob die Hände in die Luft. Aber ob so viel Glück nicht Probleme mit sich bringen würde?

»Ich habe keine Ahnung, wer der Erpresser ist, Angus. Möglicherweise der Doktor. Immerhin weiß sonst niemand von meinem Leiden.«

»Er könnte es auch jemandem erzählt haben, nicht wahr?«
»Soweit zum Thema Vertrauensverhältnis zwischen Arzt und Patient! Deshalb ging ich nicht in Glasgow zum Arzt, sondern in Pitlochry, mich dabei auf einen ehrenhaften Landarzt verlassend. Du siehst, was es mir einbrachte.«
»Was ist er für ein Mensch, der Herr Doktor?«, wollte Mac-Donald, bereits ganz in seinem detektivischen Element, wissen.
»Groß, hager, mit dem üblichen weißen Kittel bekleidet.« Angus stutzte. Sehr präzise war das nicht eben. »Redet er viel?«
»Mit mir sprach er kaum. Ich spürte eine gewisse Reserviertheit. Vielleicht weil ich aus einer großen Stadt komme? Wer weiß.«
»Sein Verhältnis zu den Sprechstundenhilfen?«
»Rustikal, aber herzlich. Das wiederum erinnerte mich an Glasgow.«
»Benutzt er eine Sprechanlage, um mit ihnen zu kommunizieren?«
»Da war nur eine ältere Dame. Nein, so ein Dings hat er nicht. Die Tür zum Vorzimmer ist meistens nur angelehnt.«
»Ruft er seiner Gehilfin durch den Spalt Dinge zu?«
Carnegie sah ihn verwundert an. »Sofern sie nicht ohnehin dauernd ungefragt eintritt. Woher weißt du das?«
»Von meinen eigenen Arztbesuchen. Als Detektiv versuche ich zu eruieren, wie eine vertrauliche Information in die falschen Hände gelangen konnte. Die wichtigste Frage habe ich dir noch nicht gestellt: Was will der Erpresser?«
»Zweitausend Pfund in bar.«
MacDonald fuhr sich mit dem Daumen über eine Seite des Kinns. »Die hast du ihm aber hoffentlich nicht gegeben?«
»Was hätte ich denn tun sollen, Angus? Meine Existenz stand auf dem Spiel.«
»Unbestritten und auch sehr verständlich. Doch die meisten Erpresser verlangen einen Nachschlag. Wo hast du ihm das Geld überreicht?«
»Ich legte es wunschgemäß in ein wasserdichtes Kuvert und versteckte es am Fuße des Loch Faskally.«

»Schade, bei den vielen Leuten, die da spazieren gehen, würde es auch bei guter Witterung keine Spuren mehr geben. Regnete es seitdem?«

»Gestern hatten wir einen starken Wolkenbruch.«

MacDonald sah seinem Freund tief in die Augen. »Wie bedauerlich. Hat sich der Erpresser denn wieder gemeldet?«

»Bisher noch nicht.«

»Du fürchtest es aber. Nicht wahr, Alastair? Deshalb bist du heute auch zu mir gekommen, ja?«

»Dir kann man auch nichts verheimlichen. Wirst du mir helfen?«

»Gar keine Frage, mein lieber Freund. Zumal auch das gute Trinken auf dem Spiel steht.«

»Das äh ... gute Trinken?«

»Ist nur so eine Formulierung. Ich kämpfe für authentisches Essen und Trinken. Whisky gehört eindeutig zu Letzterem.«

»Hast du denn Zeit, um in die Highlands zu reisen?«

»Keine Sorge, mein Freund, die nehme ich mir.«

»Und deine ... was macht die Dame noch mal hier?«

»Miss Armour ist Ernährungsberaterin und Mitglied eines Forschungsteams. Es geht darum, wie die Atkins-Diät das Abnehmen beeinflusst.«

»Quartieren sich die Wissenschaftler neuerdings in die Häuser ihrer Mündel ein?«

»Nur für eine kurze Zeit soll es so sein. Karen, meine Ärztin, denkt, dass ich so einen besseren Überblick bekomme. Aber reden wir doch über den Fall«, sagte MacDonald, der das peinvolle Thema hinter sich bringen wollte. »Entschuldige bitte die Frage, Alastair. Aber hast du Feinde?«

Carnegie zuckte mit den Schultern. »In der Firma geht es drunter und drüber. Ständig stehen die Finanzen auf der Agenda. Da wird fast jeder dem anderen ein Wolf.«

»Irgendeine bestimmte Person?«

»Diese junge Frau vom Controlling, Mrs Yarrow, sitzt mir im Nacken. Sie verdient jedoch gut. Welches Motiv sollte sie haben?«

»Oh, das Geld allein muss nicht der Grund sein. Auch eine Art Freude am Quälen könnte dahinterstecken«, sagte Angus pathetisch, »der schiere Wunsch, einen Mitmenschen zu drangsalieren.«

Jetzt hatte der Glaswegian Verständnisprobleme. Ging es noch um ihn oder eher um diese Miss Armour? »Ich glaube nicht, dass Mrs Yarrow dahintersteckt, hält sie sich doch in Glasgow auf.«

»Hm, sie müsste also einen Kontaktmann in Pitlochry haben. Eine Ermittlung vor Ort ist schon deshalb unausweichlich.«

»Und wenn dich der Erpresser erkennt? Ich soll unbedingt Stillschweigen bewahren.«

»Es ist ja nicht so, dass ich als Detektiv im Branchenbuch stehe und jeder von dieser Tätigkeit wüsste. Doch du hast recht. Sicher ist sicher. Offiziell könnte ich beispielsweise für ein Kochbuch recherchieren. Oder ich mache Urlaub. Nun aber zu deinem Whisky für die Engel.«

»Ja und weiter? Was willst du darüber wissen?«, fragte Carnegie furchtsam.

»Zweifelsohne hast du wieder ein Meisterwerk geschaffen. Eventuell ist der Feind aber in der Entstehungsgeschichte zu finden, stammte doch der Whisky, den MacRitchie auf seine Antarktisexpedition mitnahm, von der Edradour-Destillerie in Pitlochry. Die drei kürzlich unter einer der Expeditionshütten gefundenen Flaschen hat McVicar and Whitelaw bekommen, weil ihr die Destillerie vor fünf Jahren gekauft habt. Wie ist dein Verhältnis zum dortigen Master Distiller?«

»Mit ihm verhält es sich wie mit dem Arzt. Er scheint uns Menschen aus der Stadt nicht zu mögen.«

»Habt ihr oft miteinander zu tun?«

»Nur wenn ich hinfahre und Fässer für einen besonderen Blend aussuche. Das ist ihm nicht recht.«

Angus wurde hellhörig. »Warum denn bitteschön?«

»Bevor wir die Destillerie übernahmen, war er sein eigener Herr. Jetzt komme ich daher und reiße mir seine Kronjuwelen unter den Nagel, wo er sie selbst doch besser für seine …«

Weshalb die Pause? »Sprich nur weiter bitte.«
»Es ist nicht so wichtig.«
»Alastair, wir Detektive wissen, dass noch das kleinste Mosaik von Bedeutung sein kann.«
»Ich will niemanden anschwärzen.«
»Wiederhole bitte mir zuliebe, was du gehört hast.«
»Es gibt das Gerücht, dass Callander selbst eine Destillerie gründen möchte.«
»Nicht unklug, wo doch der Bedarf an Single Malts stetig wächst.«
»Mir ist egal, was er macht. Solange unsere Bestände nicht weiter bei sogenannten Unfällen abnehmen …«
»Heißt das, die Unfälle waren fingiert?«
»Das sagte ich nicht! Doch kam es zu drei Ereignissen, bei denen insgesamt fünf Fässer zu Bruch gingen.«
»Warst du bei diesen Unfällen zugegen?«
»Nein, wir mussten uns auf Callanders Wort verlassen.«
»Denkst du, dass er damit Whisky blenden möchte?«
»Ich weiß es nicht. Vielleicht veräußert er die Fässer auch auf dem Schwarzmarkt, um an Kapital für seine Firma zu kommen.«
»Ein schwerwiegender Verdacht.«
»Sagte ich doch!«
»Wir werden ihn auf jeden Fall befragen müssen. Um auf das Blenden deines Whiskys für die Engel zurückzukommen. Verrätst du mir, welche Tröpfchen du verwendet hast? Es könnte, äh, einen Zusammenhang zum Erpresser geben.«
»Die exakte Zusammensetzung kann ich dir natürlich nicht verraten …«
MacDonald nickte, das Kinn auf den ausgestreckten Fingern. »Selbstredend.«
»Ist dein Partner noch Mister Vitiello, wie du es mir einmal erzähltest?«
»Jawohl. Er ist absolut zuverlässig und mir bei der Detektivarbeit unentbehrlich.«
»Kennt er sich auch mit Whisky aus?«

»Nicht im Übermaß. Doch ist er immer bestrebt, Neues zu lernen.«

»Meinethalben. Ich habe keine Einwände. Zurück zu deiner Frage: Im historischen Vorbild ist nicht ein Tropfen Grain Whisky zu finden. Ausschließlich verschiedene Single Malts.«

»Ein *Blended Malt* also? Ich hätte erwartet, dass MacRitchie einen Blended Scotch für seine Männer erwarb.«

»Ich auch, Angus! Warte, es kommt noch besser. Der Whisky konnte dem Eis so gut widerstehen, weil er einen Alkoholgehalt von 47 Prozent hatte. Sogar die Korken in den drei Flaschen waren noch intakt.«

»Eine ganz besondere Mischung«, sagte Angus beeindruckt.

»Fürwahr! Die Klarheit des Whiskys beeindruckte auch die Wissenschaftler, welche die Proben entnahmen. Die Single Malts, die man bei Edradour damals zum Blenden verwendete, waren von allererster Güte.«

MacDonald hielt die Spannung nicht länger aus. »Hast du auch das Original verköstigen können?«

Carnegie blinzelte. Zum ersten Mal, seitdem er MacDonalds Haus betreten hatte, hellte seine Miene sich etwas auf und er meinte verschmitzt: »Es blieb mir nichts anderes übrig, denn ich musste mir ja ein Urteil bilden. Ein himmlischer Whisky. Überhaupt nicht das, was ich erwartet hatte. Endlose Stunden verbrachte ich damit, jedes Detail herauszufinden. Er hat die Farbe von hellem Gold, das angenehm schimmert, wenn man ihn gegen das Licht hält. Ein edler Trunk mit dem Geruch von Birnen und frischer Ananas. Außerdem ragen Zucker und Zimt heraus. Zu der Süße kommt ein filigraner Rauch. Kurzum, ein Whisky, der beweist, dass die Erzeuger schon damals ihr Handwerk beherrschten und mit viel Liebe zum Detail arbeiteten. Ihn nachzubilden, war die schönste und größte Herausforderung meines Lebens. Nie zuvor hatten wir ein hundertjähriges Original zur Vorlage!«

»Könnte mir vorstellen, dass es nicht einfach war, etwa den filigranen Rauch, den du erwähntest, zu erzeugen?«

»Ich sage nur *Islay*. Natürlich nicht Lagavulin!«

»*Bunnahabhain?*«

»Wer weiß, Angus«, antwortete Carnegie nachdenklich. »Aber das war bloß ein Detail. Hinzu kamen Kollegen aus den Highlands und aus dem Speysidegebiet.«

»Kannst du mir einige davon nennen?«, flehte MacDonald.

»Die Hochländer benutzte ich zur Erhöhung der Komplexität.«

»Nun lass dich doch nicht noch einmal bitten.«

»Zum Beispiel Blair Athol, Pulteney.«

»Blair Athol, die zweite Destillerie in Pitlochry?«

»Ja, weshalb?«

»Wahrscheinlich hätten die Herrschaften dort ebenfalls gerne einen Jahrhundertwhisky hergestellt. Es muss nachgerade tragisch sein, dass MacRitchie ihren Whisky damals nicht auswählte und sie nun auch bei der Rekreation in die Röhre schauen.«

»Meine Schuld ist das aber nicht!«

MacDonald war abermals über die heftige Reaktion seines Freundes erstaunt. »Aber nein, Alastair. Die Speysider für die blumigen Noten, ja?«

»Exakt. Longmorn, Tamnavulin, Glenrothes etc.«

»Wie lange dauerte es, bis du alles eruiert hattest?«

»Zwölf Monate für Schnuppern, Kosten und Mixen der Whiskys. Insgesamt dreißig habe ich verwendet, alle zwischen acht und dreißig Jahren alt.«

»So wahr ich alle schottischen Destillerien kenne: Ich kann es kaum erwarten, dein Kunstwerk zu probieren! Kamen eure Wissenschaftler, die den Whisky vorab analysierten, auch in den Genuss?«

Carnegie rieb sich die Hände. »Leider war das nicht zu realisieren. Mrs Yarrow hielt den Daumen darauf.«

»Konnten sie das Original verköstigen?«

»Auch das nicht.«

»Glaubst du, sie hegen deswegen einen Groll?«

»Ich weiß es nicht, finde jedoch auch, dass die Leute vom New Zealand Antarctic Heritage Trust ein wenig großzügiger hätten sein können. Immerhin gehen fünf Pfund vom Verkaufspreis jeder Flasche an ihre Stiftung. Wir durften nur winzige Portionen aus jeder Flasche extrahieren. Mit Hilfe von Spritzen.«

»Was wird der Whisky für die Engel kosten?«

»Zweihundert Pfund.« Carnegie beobachtete Angus jetzt genau. »Findest du, es ist zu viel?«

»Keineswegs. Aber du siehst erschöpft aus, Alastair. Wir sollten Schluss machen. Den Rest können wir in Pitlochry besprechen, vorausgesetzt, du fährst wieder hin?«

»Ich hatte es vor.«

»Wenn dir die Rückfahrt heute zu mühsam ist, kannst du gerne bei mir nächtigen.«

»Aber deine Mitbewohnerin …?«

»Schließen wir im Keller ein!«

Carnegie war nicht überzeugt. »Wird sie dir denn die Reise gestatten? Auf mich wirkt sie ein wenig herrschsüchtig.«

»So weit käme es noch, dass ein MacDonald um Erlaubnis fragen muss, bevor er sein Haus verlässt!«

»Freundschaft ist wie Whisky: je älter, je besser.«

Schottisches Sprichwort

Die Highlands rufen

Alberto lag mit geschlossenen Augen auf der Wohnzimmercouch und lauschte über einen Kopfhörer dem Gesang der Buckelwale. Mister Popow war immer noch nicht abgereist. Der Vorschlag, Haggis in freier Wildbahn zu beobachten, hatte eine Unzahl von Fragen nach sich gezogen: »Wo bekomme ich Schießgewehr, Mister Vitiello? Und die Patronen? Sie würden empfehlen, mich einem erfahrenen Jäger anzuschließen?« Nicht zu vergessen das wichtige sprachliche Problem des Plurals von Haggis: »Heißt es Haggise, ja?« Als ob das nicht genügte, wurde er von seinen anderen Gästen unaufhörlich nach Busverbindungen und Parkplätzen gefragt: Am Tag zuvor hatte er vier Spaniern empfohlen, wegen der Parkplatznot im Viertel das nächste Mal lieber mit einem Esel anzureisen und sich bereit erklärt, das Heu zu beschaffen. Maria kam ins Zimmer und tippte ihm leicht auf die Schulter. Weil er Popow vermutete, schnitt er eine hässliche Grimasse.

»Du willst doch nicht etwa deine Frau verprügeln?«

»Maria, du bist es! Ich meditiere gerade.«

»So richtig scheint das aber noch nicht zu klappen? Vor dir steht deine Gattin, nicht einer der Gäste.«

»Capito. Hast du etwas von Popow gehört?«

»Nach eurem Zwist heute Morgen verließ er das Haus.«

»Dann wird er sich hoffentlich seine Jagdausrüstung kaufen und in die Highlands fahren.«

»Du bist mir einer, ihm von fliegenden Haggis zu erzählen!«

»Die einbeinigen Exemplare nicht zu vergessen.«

»Hast du mal daran gedacht, was der Mann zu Hause in Russland erzählt, wenn er spitz bekommt, dass du ihm einen Bären aufgebunden hast?«

»Als ob der Freunde hätte!«

»Alberto, du solltest Ferien machen.«

»Und dich mit den Gästen alleine lassen ...?«

»Ich bin ein großes Mädchen und komme zurecht.«

Das Klingeln des Telefons unterbrach ihr Gespräch.

»Popow! Er ruft aus dem Geschäft an, damit ich ihm weitere Tipps gebe.«

»Das ist genau das, was ich meine! Du hast keine Nerven mehr.« Sie nahm den Hörer ab. »Villa Buongiorno, guten Tag. Hallo, grüß dich. Nein, das trifft sich sehr gut. Einen Moment, ich gebe ihn dir.« Maria drückte den Hörer auf die Brust.

Alberto war fast enttäuscht, dass es nicht Popow war. »Ja?«

»Angus möchte dich etwas fragen. Deine Antwort wird ja lauten, mein Schatz.«

»Pronto! Ja, ich kann auch leiser sprechen, Angus. Nein, gar nicht gut. Die Gäste sind im Moment geradezu tolldreist. Was, nach Pitlochry? Katherine MacRitchie, Whisky für die Engel, hm, also ...«

Maria streckte beide Daumen in die Luft.

»Meine Frau meint, es sei okay. Du auch? Va bene, da ihr euch einig seid, brauche ich ja nicht nachzudenken. Allora, fahren wir in die Berge. Aber wenn ich Popow dort begegne, kann ich für nichts garantieren. Manchmal frage ich mich, ob Putin ihn gesendet hat, um die schottischen Ölquellen auszuspionieren!«

MacDonald hatte ein schlechtes Gewissen. Nicht der Armour wegen, sondern weil er Karen hoch und heilig versprochen hatte, mit seiner Atkins-Diät zu beginnen. Aber konnte er deshalb Alastair hängen lassen? Nein! Die Pein eines lieben Freundes war unmöglich zu ignorieren. Nach ihrem Gespräch hatte er einige Notizen auf sein Diktiergerät gesprochen, damit er Alberto den neuen Fall besser präsentieren konnte. Alastair hatte er noch nie so enerviert erlebt. Ob er ihm etwas verschwieg? Falls ja, mussten sie das in Pitlochry herausfinden. Sie würden mit seinem VW Käfer in die Berge fahren, denn Maria benötigte den Volvo für die Guest House-Einkäufe. Nun galt es, über seinen Fluchtplan nachzudenken. Den Koffer konnte er sehr gut heimlich in seinem Zimmer packen. Alle Basisinformationen hatte er bereits auf einem Zettel für die Aufsicht notiert: »Bin auf einer Geschäftsreise nach Pitlochry. Komme bald zurück. Turnen Sie schön. Sir Robert nimmt immer noch zweimal am Tag Thunfisch zu sich. Bitte füttern Sie ihn. Thank you very much.« Es wäre das Beste, wenn er während ihrer Übungen davonrannte. Zwar hätte er sie leicht überwältigen können, aber körperliche Gewalt war ihm zuwider. Er stellte den Wecker am Vorabend auf halb sechs, damit er genügend Zeit für die Morgentoilette hatte. Als er dann aber so abscheulich früh piepste, grunzte MacDonald wie ein aufgescheuchtes Spanferkel, nahm träge die Schlafmaske vom Gesicht und ging zum Badezimmer. Wieso lief das Wasser?, fragte er sich benommen. Der gesamte Lebensablauf der Armour war ordentlich geregelt, und ausgerechnet heute wich sie von ihrem ehernen Plan ab? Das durfte doch nicht wahr sein! Er kehrte in sein Zimmer zurück und überprüfte den Koffer auf Vollständigkeit. Doch auch zwanzig Minuten später plätscherte es noch. Nun, Angus, als der Herr des Hauses hast du das Anrecht zu duschen und zwar, wann immer du möchtest! Er pochte mit der Seite der geballten Faust gegen die Tür. Das Wasser wurde sofort abgedreht.

»Wer ist da?«, rief eine ihm nicht bekannte Person.

»Mein Name ist Angus Thinnson MacDonald. Hauseigentümer! Was suchen Sie hier?«

»Hab nur geduscht.«

»Das war mir bereits klar. Lassen Sie mich die Frage reformulieren: Wer sind Sie?!«

»Miss Armour.«

»Sie klingen so anders!« Human, mit einer ungewohnten Melodik ...

Als das Schloss entriegelt wurde, stand eine bildhübsche junge Frau vor ihm, in eines seiner großen Badehandtücher drapiert. Sie hatte dunkelbraunes, gelocktes Haar und sah aus wie ein Engel. »Hey, ich bin Thomasina.«

MacDonald wollte einfach nichts Besseres einfallen als: »Oh, was Sie nicht sagen, Miss äh …?«

»Armour. Thomasina Armour. Meine Mutter hat mir erlaubt, hier kurz zu duschen.«

Unmöglich! Diese feenhafte Erscheinung sollte mit der Aufsicht verwandt sein?

»Wir gingen davon aus, dass Sie noch an der Matratze horchen.«

»Bitteschön? Was soll ich tun?«

»Im Bett liegen und schlafen.«

»Ich verstehe. Mir ist heute nicht ganz wohl und deshalb war ich sehr früh wach.«

»Sie können jetzt reinschlappen, wenn Sie möchten.«

»Pardon, aber wollen Sie sich nicht erst ankleiden?«

»Nop. Meine Klamotten sind unten.«

»Gestatten Sie eine Frage: Wieso nennt sich Ihre Frau Mutter Miss?«

»Sie ist eine emanzipierte Frau und will nicht, dass jeder gleich ihren Ehestand erkennt. Mein Vater ist vor zwei Jahren gestorben …«

»Oh, das tut mir leid.«

»Danke. Ich glaube aber auch, dass Mutter sich ein wenig jünger machen möchte, weil sie einen neuen Partner sucht.«

MacDonald wich vor dem drohenden Abgrund einen Schritt zurück. »Oh! Was Sie nicht sagen.«

»Sieht man sich zum Frühstück?«

»Ich denke schon«, stammelte er. Nur zu gerne hätte er die junge Frau, das völlige Gegenteil der Frau Mutter, bald wiedergesehen. Gerissener Kaffeefilter! Gleich zwei Damen in seinem Haushalt! Er würde sich einen alternativen Fluchtplan ausdenken müssen. Doch erst einmal wollte er gemütlich duschen. Keine zehn Minuten später klopfte jemand schüchtern an die Badezimmertür. »Hey, Mister MacDonald?«

Er drehte das Wasser ab. »Jawohl?«

»Meine Mutter und ich sind dann mal weg.« Bevor er etwas erwidern konnte, hörte er ein gehauchtes »bye« und die Erscheinung hüpfte die Treppe hinunter. Als er eine halbe Stunde später die Küche betrat, fand er einen Zettel auf dem Tisch vor: »Ich musste meine Tochter zum Arzt fahren. Zurück in etwa zwei Stunden.« Wenn Miss Armour etwas sagte oder aufschrieb, war das buchstabengetreu zu nehmen. Er sah sich die Notiz noch einmal an. Ja, da war ein Post Scriptum in mikroskopisch kleiner Schrift: »Ihr Raubtier hat noch nicht gefrühstückt.« Er knüllte den Zettel zusammen und warf ihn in den Abfalleimer. Wenigstens hatte er nun gut eineinhalb Stunden, in denen er sich für die lange Autofahrt stärken konnte. Der Kater scharwenzelte um seine Beine. »Ja, Sir Robert, ist ja schon gut. Du bekommst dein Futter auch ohne diese Umgarnungen.« Er fischte den Thunfisch aus der Dose in den Napf und zerteilte ihn, von heftigen Generatorgeräuschen begleitet. »So, lass es dir schmecken.« Kaum hatte er die leere Dose entsorgt, hörte er die Haustür ins Schloss schnappen. Wollten die Damen ihn auf den Arm nehmen? Oder gab es noch eine dritte Person, die jetzt hier wohnte?

Miss Armour trat in die Küche. »Sie sind schon unten?«

»Dem kann ich kaum widersprechen. Wollten Sie nicht Ihre Frau Tochter zum Doktor fahren?«

»Es ging schneller, als ich dachte.«

»Auf Ihrem Zettel stand, dass Sie zwei Stunden weg seien.«

»Von mir ist der nicht! Hatten Sie schon Ihr Frühstück?«

»Mir ist heute nicht nach chemisch behandelter Ananas.«

»Sehr schön.«

Den Hinweis, dass solches Obst schwerlich gesund sein konnte, überhörte sie wieder einmal! »Wie man es nimmt.«

»Hören Sie, Mister MacDonald, Sie sollten möglichst bald mit Ihrer Aufbaugymnastik anfangen. Immer nur zu sitzen ist schlecht.«

»Aber wer hat mir denn zwei Wochen Hausarrest verpasst?«

»So ist es nicht! Wir möchten nur vermeiden, dass Sie in alte Gewohnheiten verfallen und zum Beispiel heimlich in ein Restaurant spazieren.«

»Soll das ein Witz sein?«

Miss Armour schob den Unterkiefer vor. »Es wäre nicht das erste Mal. Sie können übrigens jederzeit das Haus verlassen, sagen mir nur eine halbe …«

»… Stunde vorher Bescheid, damit Sie mich an die Hand nehmen können!«

»Damit ich Sie begleiten kann, wollte ich sagen.«

»Müssen Sie nicht so langsam mit Ihren Übungen beginnen?«

»Jawohl, mache ich!« Im Exerzierschritt und seltsam summend ging sie in den Garten.

»Hat sie gerade einen Choralgesang angestimmt, Sir Robert?« Sein Kater schmatzte lauthals und rannte ebenfalls ins Freie.

»Danke für deinen erschöpfenden Kommentar! So ein schönes Leben hätte ich auch gerne! Fressen, jagen, schlafen und gekrault werden!«

Bereits zwei Stunden vor dem verabredeten Termin war Alberto fertig. Immer wieder ging er nach draußen und versuchte, seinen Freund auszumachen. Als er dann aufkreuzte, wollte er ihn schon abmahnen. Bis er sah, in welch desolatem Zustand Angus sich befand. »Geht es dir nicht gut?«

»Diese Armour ist so schrecklich!«

»Will dein Quälgeist immer noch, dass du abnimmst?«

»Dreimal darfst du raten!«

»Ich hatte erwartet, dass du sie mitbringst.«

»Sie klebt doch nicht etwa auf meinem Kofferraum?«, fragte MacDonald verängstigt.

»No, nichts zu sehen. War es denn ihr Plan, sich an dich zu hängen?«

»Lass uns reingehen. Wir haben nicht viel Zeit«, antwortete MacDonald wie vor der Entschärfung einer tickenden Zeitbombe.

»Nun sag schon. Hat sie dich verfolgt?«

»Du hast es erfasst!«

Es geschah sehr selten: Alberto wusste keine Antwort. Stumm führte er Angus ins Haus. »Eine Tasse Tee?«

»Ich denke, wir brechen besser auf.«

»Nur ein Tässchen, Angus.«
»Okay, okay.«
»Erzähl.«
»Mein Plan war, während ihrer Freiluftgymnastik zu entkommen. Zu Beginn lief alles sehr gut. Doch vor der Tür habe ich mich dann etwas verzettelt.«
»Und weshalb?«
»Da stand ihr Rennrad. Mit einem Anhänger dran. Wie man ihn ehemals zum Befördern von Lasten verwendete. Als normaler Mensch habe ich mich gefragt, wie sie damit ihre erwachsene Tochter zum Arzt fuhr. Sie konnte die junge Frau kaum in das Gefährt setzen. Oder?«
»Das haarige Biest hat eine Tochter?«
»Sie heißt Thomasina«, sagte MacDonald schwärmerisch. »Ihre Mutter ist, nebenbei bemerkt, Witwe und auf Bräutigamschau. Wie dem auch sei. Ich hielt mich also zu lange vor der Tür auf. Kaum saß ich im Wagen, hechtete sie in ihrem blauen Pullover aus dem Haus, schwang sich aufs Rad und folgte mir.«
»Auf dem Fahrrad? Mit dem Anhänger?«, fragte Alberto verwirrt.
»Zunächst ja, aber dann koppelte sie ihn in freier Fahrt ab.«
»Konnte sie Schritt halten mit dir?«
»Bizzarerweise trotz der Anhöhe in der Nähe meines Domizils. Erst nachdem ich die Princess Street überquerte und ihr Bild im Rückspiegel langsam kleiner wurde, fühlte ich mich sicher.«
»Ich muss schon sagen. Du führst ein spannendes Leben, so viele Damen wie sich für dich interessieren.«
»Auch eine Art, meine Zwickmühle zu beschreiben. Können wir nun gehen?«
»Was ist mit unserem Tee?«
»Füll ihn in eine Thermoskanne.«
»The American Way of Life! Ein Leben mit dem Ponyexpress!«

»Es ist ein langer Weg zum Whiskyexperten – und eine schöne Zeit dahin.«

Unbekannte Quelle

Auf großer Fahrt

Alberto hatte es sich auf dem Beifahrersitz gemütlich gemacht und schlürfte aus einem portablen Porzellanbecher Früchtetee.
»Angus, dein Bekannter ist mir verdächtig.«
»Wie so viele Menschen. Woher rührt dieses Mal dein Argwohn?«
»Katherine MacRitchie!«
»Könntest du bitte etwas weiter ausholen?«
»Du hattest bei unserem Telefonat ihren Namen erwähnt. Also habe ich ermittelt. Im Internet steht, dass sie die Nachfahrin des berühmten Antarktisreisenden MacRitchie ist und in Pitlochry wohnt, wo sie einen Laden hat ...«
»Ja, und?«
»Sie hat mehreren Journalisten erzählt, dass sie Carnegies Whisky verwünscht.«
»Ist sie eine Abstinenzlerin?«
»Es könnte sein. Der alte MacRitchie war jedenfalls kein Alkoholmensch.«
»Doch weil er nur zu gut wusste, dass Whisky seine Männer im unbarmherzigen Klima aufrichten würde, nahm er mehrere Kisten mit auf die Expedition. Seeleute, die für gewöhnlich Alkohol trinken und unter den Strapazen des Eismeeres darauf verzichten müssen, hätte er nicht bändigen können.«
»Katherine wünscht sich aber, dass man ihn wegen seiner Tugenden feiert: Pioniergeist, Mut, Entschlossenheit, Durchhaltevermögen. Hat Carnegie dir das nicht erzählt?«
»Weißt du, Alastair ist sehr viel unterwegs. Es fragt sich, ob er die Muße hat, ständig Zeitungen zu lesen und sich über die halbe Menschheit zu informieren.«
»Aber einer seiner Kollegen hätte doch Wind davon bekommen müssen?«

MacDonald ging über den vermeintlichen Widerspruch hinweg. »Wie grässlich muss es sein, gar nichts mehr riechen zu können. Gerade in seinem Beruf.«

Alberto blickte traurig in seinen Becher. Themen, die mit Essen und Trinken zu tun hatten, konnte er gut nachvollziehen. »Richtig eklig! Tee, Kaffee, Pasta, Minestrone, alles ohne Geruch. Vermutlich träumt er auch so.«

»Es steht zu befürchten.«

»Allora. Nun zu seiner Biographie.«

»Aha, der Fürst des Internets reitet daher!«

»Mach dich nur lustig über mich. Es gibt aber auch seriöse Quellen im Netz, wie zum Beispiel die Zeitungen, für die du arbeitest! Carnegie kommt aus einer reichen Familie?«

»Du sagst das, als ob es ein Makel wäre.«

»Kommt immer darauf an, wie man sein Geld verdient. Der Großvater gründete ein großes Whiskyunternehmen, das Carnegies Vater weiterführte?«

»Soweit alles korrekt.«

»Warum arbeitet dein Freund dann als Angestellter für McVicar and Whitelaw?«

»Das Blenden von Whisky ist seine Passion.«

»In seinem eigenen Betrieb hätte er das auch machen können, viel besser sogar.«

»Da ist natürlich etwas dran.«

»Meine Frage lautet: Was geschah mit der Firma?«

»Alastair hat sie nach dem Tod des Vaters vor etwa 15 Jahren verkauft.«

»Hast du ihn damals nach dem Grund gefragt?«

»Nicht so direkt.«

»Oho! Und warum nicht?«

»Weil ihn die Sache mit seinem Vater sehr mitnahm und man Freunden in solchen Situationen nicht zu sehr auf die Pelle rücken sollte, wie du es formulieren würdest. Soweit ich mich erinnere, wollte er sich vor Gram eine Zeitlang sogar ganz aus dem Whiskybusiness zurückziehen.«

»Um was zu tun?«

»Ich weiß es nicht.«
»Hat er Geldprobleme?«
»Nein, ich darf dich daran erinnern, dass er den Erpresser ja auf der Stelle bezahlt hat.«
»Also könnte es sein, dass er noch mehr blecht?«
»Worauf willst du hinaus?«
»Vielleicht wird er ja eher mit Dingen aus seiner Vergangenheit erpresst.«
»Alberto, jetzt gehst du aber zu weit! Alastair lügt nicht. Der Geruchssinn fehlt ihm wahrhaftig.«
»Bei Gewaltverbrechen ist der Täter sehr oft ein Angehöriger.«
»Nur dass eben kein derartiges Verbrechen vorliegt.«
»Non ancora, noch nicht.«
»Danke, dass du die italienischen Expressionen immer für mich übersetzt.«
»Prego, signore, bitte. Du hältst große Stücke auf ihn, ja?«
»Oh ja, das tue ich. Alastair Carnegie ist ein seriöser Mann und auch ein begnadeter Künstler.«
»Werden wir in Pitlochry die beiden Destillerien aufsuchen?«
»Edradour auf jeden Fall. Für Blair Athol sehe ich im Moment keinen Grund.«
»Ich bin ja mehr Weintrinker, Angus.«
»Was gibt es sonst noch Neues?«
»Immerhin weiß ich, wie Scotch Whisky verköstigt wird! Ganz genau so wie Cognac. Man wärmt das Glas mit beiden Händen schön an, damit sich das Bukett entfaltet.«
»Bist du sicher?«, fragte MacDonald erheitert.
»Assolutamente! Es gibt keinen Zweifel.«
Angus hätte widersprechen können. Aber Alastairs Reaktion wollte er sich nicht vorenthalten: ein kleines Antidot zu dem mächtigen Ärger, der ihm selbst bevorstand. Die Aufsicht hatte Karen mittlerweile bestimmt von seiner überraschenden Abreise erzählt ...

Seit sie bei diesem MacDonald wohnte, entfiel die tägliche Fahrt zur Arbeit und ihre Beinmuskulatur war im Argen. Besonders beim Erklimmen der Steigung in Dean Village hatte sie das spüren müssen. Es sollte ihr eine Lehre sein. Im Keller des Dickerchen hatte sie am Tag zuvor ein eingemottetes Trimmrad entdeckt. Morgen würde sie im Anschluss an die Gymnastik Rad fahren, was das Zeug hielt. In ihrem Beruf musste man unbedingt fit sein. Und natürlich würde sie MacDonald folgen, denn ihr Ruf stand auf dem Spiel. Das Rennrad stellte sie in den Vorgarten und legte auch gleich die große Kette an. Als sie versuchte, die Haustür aufzuschließen, die sich wieder einmal sträubte, flüsterte ihr ein Unhold ins Ohr. »Einfach weitergehen und kein Aufsehen machen. Denk erst gar nicht dran, dich zu wehren! Sonst wirst du große Schmerzen bekommen.« Der Mann schob sie durch den Flur und drückte sie in der Küche auf einen Stuhl. Als sie ihm auf den Fuß treten wollte, wich er geschickt aus. »Möchten Sie Geld? Ich habe meine Barschaft nicht hier!«

Er schüttelte missbilligend den Kopf. Wozu fragen, wenn man blank war?

»Sind Sie einer dieser Sexverbrecher, über die man immer in der Zeitung liest?!«

»Na! Dafür hätte ich gar keine Zeit. Was machen Sie im Haus des Kleinen?«

»Hier wohnt kein Kleiner. Es sei denn, Sie reden von diesem Biest?«

»Manchmal hat er seine Launen, aber so weit würde ich nicht gehen. Ich sehe schon. So kommen wir nicht weiter. Unserem Getriebe mangelt etwas Entscheidendes.«

Miss Armour sah ihn mit schreckgeweiteten Augen an.

»Nicht, was Sie schon wieder denken.«

Sie studierte ihn aufmerksam. In gewisser Weise kam er ihr bekannt vor. Aber woher? Ein Herr in den Siebzigern, großflächig rasiert, mit Cordhosen und in einem Holzfällerhemd? Immerhin gab er nicht Unsummen für eitle Bekleidung aus. Er kannte sich hier aus, ging zielstrebig zum Küchenschrank und nahm zwei Gläschen heraus. Nun hätte sie eine perfekte Fluchtmöglichkeit gehabt. Doch aufgrund einer ihr unerklärlichen Anziehungskraft blieb sie sitzen. Nein, jetzt zog er doch tatsächlich Alkohol aus der Jackentasche! Eine Flasche *The Famous Grouse,* wie sie dem Etikett entnahm. Als er sich dem Tisch näherte, schreckte sie zusammen.

»Mein lieber Schwan, Sie brauchen wirklich eine Stärkung.«

»Auf keinen Fall«, sagte Armour. »Ich konsumiere keinen Alkohol. Die Zahl der Kalorien ist zu hoch.«

»So ein Bullshit! Hab ich eine Wampe?«

»Das kann man nicht behaupten.«

»In meinem ganzen Leben war ich nicht einen Tag krank. Wissen Sie, was das Geheimnis ist? Zweieinhalb Flaschen Whisky in der Woche!« Er schenkte beide Gläschen randvoll und animierte Miss Armour zu trinken. »Mein Nachbar andererseits trinkt nur Tee und Leitungswasser, hat aber Probleme, die Zeitung vom Briefkasten ins Haus zu befördern!«

Armour drehte den Kopf weg. »Nein, ich kann nicht!«

»Sie müssen sich zwingen. The Famous Grouse wird Ihnen zusagen.«

»Also schön«, antwortete sie und verblüffte sich damit mehr als den Eindringling. »Cheers!«

»Das heißt *Slàinte mhath!* Wir sind doch keine Engländer! Also, wo steckt er?«

»Sie nehmen Bezug auf den gemeingefährlichen Kater?«

»Na, Teufel noch mal! Angus MacDonald meine ich.«

Ihre Antwort schleuderte sie ihm förmlich entgegen: »Pitlochry!«

»Unser Pitlochry in den Highlands?«

»Ich denke schon. Zumindest stand nichts Gegenteiliges auf dem Zettel, den er mir auf den Küchentisch legte.«

»Was macht er da?«

»Ein Besäufnis veranstalten, nehme ich an.«

»Sehr vernünftig. Glaub aber nicht, dass es der einzige Grund für die Reise war!«, sagte er in mysteriösem Ton. »Hab da eine Vermutung. Wer sind Sie?«

»Eine erfahrene Ökotrophologin.«

»Was hat das mit Angus Thinnson MacDonald zu tun? Sie brauchen gar nicht so nachsichtig zu grinsen, junge Frau!«

»Der Herr soll weniger Kohlenhydrate zu sich nehmen.«
»Oh, *ay*! Eine Schnapsidee dieser Ärztin.«
»So ist es. Ihnen ist sicherlich bekannt, was Kohlenhydrate sind?«, fragte sie in leicht überheblicher Art.
»Nicht die geringste Ahnung! So soll es auch bleiben. Machen Sie sich fertig!«
»Bitte?! Wofür denn?«
»Wir fahren in die Highlands, den Kleinen treffen.«
»So weit käme es noch, dass ich mit einem Eindringling, einem unbekannten noch dazu, eine Reise unternähme!«
»Sie haben mir doch gerade erzählt, dass Sie MacDonald überwachen?«
»So ähnlich sind die Umstände.«
»Ist es dann nicht Ihre Pflicht, ständig bei ihm zu sein?«
»Ja ...?«
»Ay, das meine ich doch auch. Also, los geht's!«
»Ein Ding der Unmöglichkeit, das!«
»Besitzen Sie einen Führerschein?«
»Selbstverständlich nicht! Ich bin überzeugte Umweltschützerin, benutze öffentliche Transportmittel. Und wann immer es die Gegebenheiten erlauben, steige ich auf meinen Drahtesel.«
»Verdienen Sie viel Geld?«
»Nein! Wenn Sie es unbedingt wissen müssen.«
»Ich nehme Sie umsonst mit.«
»Ohne irgendwelche nicht geldlichen Verpflichtungen?«
»Häh? Oh, ay! Keine Sorge, ich bin immer noch kein Sexverbrecher. Also, sind Sie dabei?«
»Verraten Sie mir erst, warum Sie nach Pitlochry reisen möchten.«
»Erzähle ich Ihnen später.«
Armour, im Umgang mit Männern im Laufe der Jahre argwöhnisch geworden, fasste ein seltsames Vertrauen zu diesem Raubein. »Also gut, ich will.«
»Wir fahren nur zusammen in die Highlands, Missie! Einen Heiratsantrag habe ich seit fünfzig Jahren keinem Frauenzimmer mehr gemacht!«

»Von mir aus! Aber eines möchte ich noch wissen!«
»Was denn?«
»Ihren Namen.«
»Malcolm.«
»Mister Malcolm oder Malcolm mit einem Nachnamen dahinter?«
»Ist mir ganz egal.«
»Ein einfacher Mensch sind Sie nicht gerade, Malcolm.«
»Danke, gleichfalls!«

»Kannst du nicht etwas schneller fahren, Angus?«
»Ich sitze nicht hinter dem Steuer eines Ferrari, mein Freund.«
»In dem Tempo kommen wir vor Weihnachten nicht an!«
»Wir haben jetzt Mai, und ich denke nicht, dass wir uns sieben Monate auf der Straße befinden werden. Für gewöhnlich liegt die Fahrzeit eher bei eineinviertel Stunden. Nur Mut. Bald haben wir unser Ziel erreicht.«
»Was ist das übrigens für ein Kilt, den du trägst? Doch nicht der deines Clans?«
»Sehr gut beobachtet. Ich bin ein Keeper of the Quaich.«
»Prego?«
»Es handelt sich um eine Vereinigung, die am 16. Oktober 1988 gegründet wurde. Die Mitglieder halten weltweit Prestige und Bedeutung unseres Nationalgutes Scotch Whisky hoch.«
»Wer hat sich das ausgedacht?«
»Vier große Whiskyfirmen gründeten die Keepers. Die anderen Firmen schlossen sich dann fast alle an. Mitglied kann man nur werden, wenn man sich mindestens fünf Jahre um Scotch und Schottland verdient machte.«
»Muss man einen Mitgliedsantrag stellen?«
»So einfach ist es nicht. Man benötigt eine Einladung und auch Paten. Aber um auf deine Frage zu meinem Kilt zurückzukommen: Wie du siehst, hat er drei Farben: blau für Wasser, braun für die Erde und goldgelb für Gerste und Whisky. Unser Wappen wurde von der Königin genehmigt. Der Wahlspruch

der Vereinigung ist ›uisgebeatha gu brath‹, das heißt ›Whisky forever‹. Zweimal im Jahr treffen wir Keepers uns in den famosen Räumen des Blair Castle.«

»Das Schloss in der Nähe von Pitlochry?«

»So ist es. Die Privatarmee des Duke of Atholl begrüßt uns zünftig. Für Freunde des Scotch Whisky ist es die höchste Ehre, bei den Keepers of the Quaich aufgenommen zu werden.«

»Was ist ein Quaich?«

»Ein Trinkgefäß in Form einer Schale, mit zwei Griffen. Noch Fragen?«

»Zum Whisky nicht mehr. Aber hast du schon mit Karen gesprochen?«

»Es war mir nicht vergönnt.«

»Über deine Flucht wird sie nicht begeistert sein?«

»Es steht zu befürchten, doch der gute Alastair braucht nun einmal unsere Hilfe. Gibt es von Mister Popow etwas Neues?«

»Er ist abgereist.«

»Herzlichen Glückwunsch. Weiß man auch wohin?«

»Ich habe ihm geraten, seine Zelte im äußersten Nordwesten der Highlands aufzuschlagen.«

»Lass mich raten: Weil dort weniger los ist und er größere Chancen hat, einen Haggis in freier Wildbahn zu sehen?«

»Essato, so ist es.«

»Du hättest ihn auch auf die Shetlands schicken können. Die sind noch weiter weg.«

»Glaubst du, das hätte ich nicht versucht? Aber Popow hat panische Angst vorm Fliegen. Und der Weg über Land und See war ihm zu beschwerlich.«

»Man fragt sich, wie lange er von Russland nach Edinburgh unterwegs war, wenn er kein Flugzeug benutzte. Hast du ihm auch gesagt, welchen Bus er in die Highlands nehmen muss?«, fragte MacDonald, dem der Schalk im Nacken saß.

»Triez mich nicht noch zusätzlich, Angus.«

»Wieso nur bist du so empfindlich? Immerhin machen wir eine schöne Exkursion. Und als Detektiv arbeitest du doch auch gerne.«

»Du weißt sehr gut, dass ich auf die Frage nach Busverbindungen allergisch reagiere! Jeder zweite Gast geht mir damit auf die Nerven.«

»Bedrückt dich noch etwas anderes?«

»Es ist wegen Maria. Ich mache mir Sorgen, dass sie das Guest House alleine nicht managen kann.«

»Völlig unbegründet. Für eine Ermittlung sind wir sogar auf die Äußeren Hebriden geflogen. Als du dann nach Hause zurückkehrtest, stand euer Hotel doch noch, oder?«[1]

»Sisi.«

»Siehst du. Alles wird gut. Falls du es noch nicht bemerkt hast: Wir nähern uns dem wunderschönen Pitlochry.«

»Ich habe gelesen, dass es ein typischer Touristenort ist. Es sollen eine Menge Amerikaner herumlaufen. Die reden alle wie Donald Duck.«

»Auf mein Pitlochry lasse ich nichts kommen! Bereits als kleiner Junge fuhr ich gerne hierher. Auch meine Eltern waren angetan. Eine Touristenattraktion ist das Örtchen seit über 170 Jahren. Hier gibt es einfach alles: Berge, Seen, Flüsse und während der Sommermonate sogar ein Festivalprogramm mit Theaterstücken.«

»Okay, okay, ich nehme alles zurück. Aber was ist das für ein eigentümlicher Name, Pitlochry?«

»Er kommt vom Gälischen Pit Cloich Aire und meint einen Platz mit Stein, an dem ein Wachtposten stand. Im ganzen Land gibt es noch 200 solcher Steine aus der Zeit der *Pikten*.«

»Nein, unglaublich!«, schrie Alberto.

MacDonald trat auf die Bremse und der Käfer kam zum Stehen. »Warum brüllst du denn so? Zum Glück ist kein Fahrzeug hinter uns!«

»Der Palast da vorne ist es doch nicht etwa?«

Angus steuerte den Wagen elegant auf den Parkplatz vor dem Hotel, einem monumentalen Steinbau mit drei Stockwerken und einem Dachgeschoss, Zinnen, Türmchen sowie einem überdachten Eingangsbereich.

---

[1] MacDonald bezieht sich hier auf »Das Auge des Feinschmeckers«.

»Käme dir das sehr ungelegen?«

»Angus, so etwas kann ich mir als kleiner Guest House-Besitzer nicht leisten.«

»Betrachte dich als eingeladen.«

»No, das kann ich auf keinen Fall annehmen!«

»Ich werde es von der Steuer absetzen. Offiziell recherchiere ich für ein Kochbuch mit Highlandrezepten. Du bist mein Assistent.«

»Ich weiß nicht ...«

»Doch, doch, das machen wir so. Sei kein Frosch.«

»Es ist wirklich schön. Sieht aus wie ein gigantisches Landhaus. Was für prächtige Steine! Die scheinen regelmäßig gereinigt zu werden, so sauber wie sie sind.«

»Ursprünglich wurde das Haus als Wasserheilanstalt konzipiert«, erklärte MacDonald, als sei er der Besitzer. Er freute sich schon auf die fragenden Gesichter. Einen roten Käfer sah man in Schottland nicht alle Tage. Vor Hotels dieser Preisklasse waren sie eine echte Rarität. Alberto sprang aus dem Wagen und machte formvollendete Kniebeugen wie für eine Fitness-DVD. Angus hoffte inständig, dass niemand sie bemerkte.

»Wenn du willst, kann ich die Armour fragen, ob du dich ihr in Edinburgh anschließen darfst«, meinte er pikiert. »Sie turnt lieber mit Mitmenschen, die sie dann kommandiert.«

»Mir sind Arme und Beine eingeschlafen! Alles nur deine Schuld, weil du so getrödelt hast.«

»Natürlich. Ich weiß. Was machst du jetzt?«

»Den Kofferraum öffnen und das Gepäck holen.«

»Wie soll ich es formulieren, ohne dich als respektablen Guest House-Besitzer zu verletzen? In einem Vier-Sterne-Hotel kümmern sich uns wohlgesonnene Menschen um das Gepäck.«

»Ich sehe aber niemanden. Hup doch mal.«

»Nein, das werde ich nicht tun!«

Kaum hatte MacDonald das gesagt, eilte auch schon ein Page mit schlenkernden Armen zu ihnen. Wohl noch in der Ausbildung, dachte Alberto und nickte dem jungen Mann freundlich zu.

»Willkommen im Mountain Palace. Darf ich den Gentlemen behilflich sein?«

»Sehr gerne«, antwortete MacDonald, bevor Alberto anfing, dem Herrn zu assistieren. Als Hotelbesitzer hatte er Gewohnheiten, die schwer abzuschütteln waren. Alberto blieb vor dem Eingang stehen und streifte sich mit großem Aufwand vor dem teuren roten Teppich die Schuhe ab. Bei seinen Gästen vermisste er solch gutes Benehmen häufig. MacDonald überholte ihn, und als er schon fast an der Rezeption war, drehte er sich um, »Alberto, kommst du bitte? Du hattest es doch vorhin so eilig!«

»Certo. Bin ja schon unterwegs.«

Die Dame am Empfang schenkte Angus ein strahlendes Lächeln. »Sie müssen Mister MacDonald sein!«

»Woher wissen Sie das?«

»Ich kenne Ihre Fernsehsendungen und besitze alle Ihre Bücher.«

»Oh, zu freundlich von Ihnen.«

»Ich habe hier eine Reservierung für das Maitland House vorliegen. Ist das korrekt?«

Er nickte ihr charmant zu. »Jawohl, junge Frau.«

»Okay. Hier sind schon einmal zwei Schlüssel für Sie beide. Würden Sie den noch eintreffenden Gästen bitte mitteilen, sich bei uns zu melden?«

»Mit dem größten Vergnügen.«

»Mein Kollege bringt Ihr Gepäck bereits zu Ihrem Domizil. Angenehmen Aufenthalt im Mountain Palace wünsche ich Ihnen.«

MacDonald kniff die Augen zusammen, um ihr Namensschildchen entziffern zu können. Er besaß zwar bereits eine Brille für die weite Sicht, benutzte sie in Situationen wie diesen aber ungern. Dann musste es eben ohne ihren Namen gehen. »Herzlichen Dank, Miss.«

Alberto trottete ihm lustlos hinterher. »Ich dachte, wir sind die einzigen Detektive in diesem Fall!«

»So ist es.«

»Warum hast du dann ein ganzes Haus gemietet?«

»In der Hauptsaison war nichts anderes frei. Zwei bestechende Vorteile bieten sich: Niemand wird uns aus Nachbarzimmern belauschen können. Außerdem sind wir offiziell Teil einer größeren Reisegruppe und fallen weniger auf.«

»Porca miseria«, rief Alberto, als sie vor ihrer Bleibe standen. Schön, wenn man sich um Geld keine Sorgen machen musste! »Das ist ja wirklich ein ganzes Haus!«

»Nicht schlecht, oder? Das Maitland House wurde im Jahr 1871 für die Eigentümer erbaut, stammt also aus der viktorianischen Ära. Genau das Richtige für uns beide.« Angus machte eine einladende Geste. »Nach dir, bitte.«

Der Italiener zögerte. »Es ist wahrscheinlich doch besser, wenn uns keiner zuhören kann. Ist dein Freund schon hier? Ich würde gerne wissen, was genau auf dem Erpresserbrief stand.«

»Gut, dass du mich daran erinnerst. Er hatte das Schreiben im Hotel zurückgelassen und konnte mir deshalb in Edinburgh nicht den exakten Wortlaut sagen. Ich werde ihn gleich anrufen, damit er es zu unserem Treffen mitbringt.« MacDonald wählte die Zimmernummer von Carnegie. Der war sofort am Apparat, doch mit schlechten Nachrichten.

»*Jedes Land hat das Getränk, das seinem Wesen entspricht.*«

Sir Robert Bruce Lockhart (1887-1979), geborener Schotte, britischer Diplomat und Autor des Standardwerkes »Whisky«

Pitlochry im Frühling

Angus genoss den Blick in den herrlichen Garten, der zum Anwesen gehörte. So etwas war Balsam fürs Gemüt. Auf dem riesigen Gelände gab es sogar einen Tennisplatz. Und innen: Schwimmbad, Billardraum und hoteleigenes Museum. Man hätte seine gesamte Zeit hier verbringen können. Wobei er sich natürlich mehr auf kulturelle Aktivitäten, wie zum Beispiel ein schönes Buch zu lesen, konzentriert hätte. In dieser getragenen Stimmung fiel es ihm leichter, das Gerumpel zu ertragen. Alberto hatte vor einer Viertelstunde mit einer lückenlosen Inspektion des Hauses begonnen und war nun im oberen Stockwerk angelangt. MacDonald fragte nicht weiter nach, denn es war nicht ihr erster gemeinsamer Hotelaufenthalt. Das Übliche, dachte er sich: die Rutschfestigkeit des Teppichs überprüfen, Schranktüren öffnen, wieder schließen und die Hände gegen die Wände pressen, um ihre Stabilität zu testen. Als es dann an der Tür klopfte, reagierte er nicht auf Anhieb. »Hallo, Angus, bis du da drin?« MacDonald erwachte wie aus einer Trance, stellte seine Tasse auf ein Beistelltischchen und öffnete. Die beiden Freunde grüßten sich mit einem verschwörerischen Nicken.

»Alastair, wie fühlst du dich?«

Carnegie richtete die Daumen nach unten. »Nicht mehr riechen zu können, macht mich fast wahnsinnig.«

»Ist denn gar keine Besserung zu verspüren?«

»Leider nicht! So langsam bekomme ich Selbstmordgedanken.«

»Aber nein! Es wird schon wieder. Eine Tasse Tee?«

»Danke nein, ich hatte gerade welchen.«

»Nimm doch bitte Platz.«

Carnegie sah sich im Raum um. »Schönes Haus, Angus.«

»Bist du nicht zu deiner Zufriedenheit untergebracht?«
»Doch, doch. Ich wohne im Haupthaus, ganz oben.«
»Ah, herrlicher Ausblick, weit über das Land hinweg.«
»Ja, das Panorama kann sich sehen lassen. Angus, also wegen des …« Carnegie wurde von gewaltigem Lärm aus dem Konzept gebracht. Es hörte sich an, als ob jemand eine Couchgarnitur durch die Gegend zerrte. »Ich wusste nicht, dass du Besuch hast?«
»Es ist nur Alberto. Ich wollte dich seinetwegen nicht unterbrechen.«

Nun donnerte jemand die Treppe hinunter. Die Tür sprang auf und Vitiello spurtete auf Carnegie zu, der die Hände in die Luft streckte wie bei einem Raubüberfall.

»Keine Sorge, Alastair«, beschwichtigte Angus ihn, »mein Freund Alberto meint es nicht böse. Er ist nur ein … lebhafter Mensch.«

»Buon giorno.«
»Guten Tag, Mister Vitiello. Freut mich, Sie zu sehen.«
»Sisi. Haben Sie den Erpresserbrief gefunden?«, fragte Alberto wie ein mürrischer Kriminalbeamter.

»Äh, leider nein. Mittlerweile denke ich, dass er versehentlich abhanden kam. Ich war beim Lesen so … wütend, dass ich das Schreiben zusammendrückte und in die Ecke warf. Eventuell warf das Zimmermädchen den Brief weg?«

»Denkbar ist immer alles«, antwortete Alberto. »Können Sie sich noch an den exakten Wortlaut erinnern?«

Carnegie seufzte. »Ich wünschte, das wäre mir möglich!«
»Auch Fragmente helfen uns eventuell weiter.«
»Die geforderte Summe betrug 2.000 Pfund. Was noch? Ein etwas kruder Satz über die Bedeutung von Loyalität, wohl in einer vergangenen Epoche verfasst.«

MacDonald stutzte. »Das kommt mir bekannt vor.« Er ging zu seiner Aktentasche, zog ein Buch heraus und blätterte darin. »Das sind die Tagebücher von MacRitchie. Ja, hier steht es: ›Loyalität ist unter Männern, die für dieselbe Sache streiten, das kostbarste Gut.‹«

»Genau! Wie kamst du zu diesem Buch?«
»Ich habe mir den Band angeschafft, weil ich dachte, er könnte eventuell für unseren Fall von Bedeutung sein. Nicht immer ist mein enzyklopädischer Zugang von Erfolg gekrönt. Doch dieses Mal darf ich mich glücklich schätzen.« Dabei sah er triumphierend zu Alberto, der Bücher nicht sonderlich schätzte.
»Bemerkenswert«, meinte er, ohne die Rüge zu registrieren.
»Wieso sagen Sie das, Mister Vitiello?«
»Erneut führt die Fährte zu MacRitchies Nachfahrin Katherine.«
»So richtig kann ich es mir bei ihr nicht denken. Sie macht eher einen harmlosen Eindruck.«
»Was! Sie kennen die Frau persönlich?«
»Alberto«, mahnte MacDonald, dem sein Ton nun doch etwas zu forsch wurde.
»Ist schon gut«, beschwichtigte Carnegie. »Dein Freund hat recht, misstrauisch zu sein. Doch persönlich kennen wäre zu viel gesagt. Nachdem ich mich an eines ihrer Zeitungsinterviews erinnerte, trieb mich die Neugier zu ihrem Geschäft.«
»Was verkauft sie denn?«
»Ein böser Mensch würde die Dinge, die sie anbietet, wahrscheinlich als Trödel bezeichnen. Ich gab mich auch nicht zu erkennen. Da wurde sie zutraulich und sprudelte wie ein Wasserfall. Alles, was Miss MacRitchie veräußert, fertigt sie selbst und zwar in weiten Teilen aus Sperrmüll. Aber seht es euch doch bitte selbst an. Ich kann es nur ansatzweise beschreiben.«
»Sie kam Ihnen überhaupt nicht verdächtig vor?«
»Wie ich bereits sagte: nein.«
MacDonald sprang in die Bresche. Es war dem Fall zwar dienlich, dass Alberto nicht mit Alastair befreundet war. Denn so konnte er etwas objektiver herangehen. Aber dafür musste er selbst auf das Dekor achten. »Um noch einmal auf die verschwundene Erpressernote zurückzukommen. Gibt es außer dem Zimmermädchen noch Verdächtige im Hotel, Alastair? Ich meine, abgesehen von den anderen Bediensteten, die sich Zugang zu deinen Räumen verschaffen könnten?«

»Eventuell der Chefkoch. An meinem ersten Abend setzte ich mich gewaltig in die Nesseln, weil ich sein dreigängiges Menü nicht würdigen konnte.«

»Sehr schade«, sagte Vitiello mitfühlend. »Aber warum haben Sie denn ein ganzes Menü bestellt?«

»Alberto! Wir leben in einem freien Land. Da kann sich jeder kommen lassen, was er mag.«

Carnegie lächelte gütig. »Verloren Sie schon einmal den Geruchssinn, Mister Vitiello?«

»Madonna! Glücklicherweise nicht.«

»Zu dem Menü gehörten Gerichte, die ich seit langem schätze. Ich hoffte, dass ich mich beim Verzehr an die Gerüche erinnern und meinen Mangel so ausgleichen könnte. Doch es funktionierte einfach nicht! Der Chefkoch kommt immer gerne aus der Küche, um mit den Gästen über seine Arbeit fachzusimpeln. Natürlich lobte ich die hohe Qualität seiner Zutaten und der Gerichte im Allgemeinen. Aber das genügte ihm nicht. Er wollte unbedingt in die Details gehen. Warum bloß?«

»Er hat eben gleich erkannt, dass du ein Mann von Welt bist. Wer würde sich nicht mit dir austauschen wollen?«

»Du bist zu liebenswürdig, Angus.«

»Was genau wollte er wissen, Mister Carnegie?«

»Alles Mögliche, zum Beispiel: ›Fiel Ihnen auf, welches Gewürz ich in die Suppe gab? Man kann es nur riechen, nicht schmecken …‹ Fragen über Fragen.«

»Und darüber hat er gemerkt, dass Sie nichts mehr riechen können?«

»Es war nicht allzu schwierig, denke ich.«

»Alberto, was denkst du?«

»Köche sind empfindsame Geschöpfe. Wenn man ihr Essen nicht würdigt, können sie unberechenbar werden. Mein Freund Roberto setzt Gäste sogar vor die Tür, wenn sie Ketchup fordern.«

»Wäre es nicht einfacher, im Restaurant einen Hinweis anzubringen?«

»Aber das hat er doch längst getan! Ohne Resultat. Früher, als ich in der Villa Buongiorno noch Abendessen servierte, gab es immer wieder Gäste, die zusätzlichen Parmesan für ihren Risotto verlangten. So etwas macht man einfach nicht! Wenn das Gericht die Küche verlässt, hat sich der Koch zuvor von der erforderlichen Käsemenge überzeugt!«

»Wir werden uns den Herrn während eines Abendessens ansehen«, sagte Angus. »Es wird bald dunkel. Woanders können wir heute ohnehin nicht mehr ermitteln. Am besten, du lässt uns das alleine machen, Alastair. Wie heißt denn der Herr?«

»Fletcher Turnbull.«

»Oh, der.«

»Du kennst ihn?«

»Sagen wir, sein Ruf eilt ihm voraus.«

Die Detektive hatten im Restaurant des Hotels Platz genommen. Alberto studierte die Menüs und Angus wechselte vorfreudig zwischen Weinkarte und Speisekarte hin und her wie ein Athlet, der sich für den Hundertmeterlauf vorbereitet. Von allen Fällen, die sie bislang zu lösen hatten, bereitete dieser ihm den größten Spaß. Weil er dem dräuenden Kalorienkampf entkam und ab und zu einen Dram zu sich nehmen konnte? Mehr noch, hier gab es sogar klassische Whisky-Drinks wie Atholl Brose und Het Pint.

»Allora, Angus, was hat es mit dem Chefkoch auf sich?«

»Es gab da diesen Zwischenfall in einem Restaurant in Glasgow. Einige Gäste zogen sich eine Lebensmittelvergiftung durch Pilze zu.«

»Das sind ja schöne Aussichten für uns. Hat man sie denn in irgendeiner Weise entschädigt?«

»Wie man es nimmt, zur Versöhnung wollte der Chefkoch ihnen wieder Pilzgerichte auftischen.«

»Er ist also ein ironisches Kerlchen und gar nicht nachtragend. Die Leute lehnten das ab?«

»Ja, der Prozess läuft noch.«

»Sag mir bitte, was du bestellen wirst.«

»Die Antwort könnte ich dir in mehreren Sprachen geben: das Menü Nummer eins.«

Alberto steckte den Kopf wieder in die Karte: »Genießen Sie ein echtes Highlandmenü: Wildsuppe, Lachsfilet, Tattie Scones und als Dessert Käsekuchen. Perche no? Nehme ich auch. Das ist einfacher für die Küche.«

Wie aus dem Nirwana tauchte ein Kellner neben ihnen auf, groß, schlaksig, die linke Hand hinter dem Rücken. »Die Gentlemen haben gewählt?«

»Wir nehmen beide das echte Highlandmenü bitte«, erwiderte Alberto.

»Sehr gerne, die Herren.«

»Es sind affige Gesten wie diese, die viele Gäste vor der gehobenen Gastronomie zurückschrecken lassen«, sagte Angus, nachdem der Kellner sie verlassen hatte.

Vitiello legte sich die Serviette auf die Knie, brach sich etwas Brot ab und sah dabei ständig zur Küche.

»Wenn du Glück hast und lange genug zu der hin und her schwingenden Drehtür siehst, kannst du dir den Chefkoch aus vielen Einzelbildern zusammensetzen.«

Als die Suppe dann vor ihm stand, fächelte MacDonald sich den Duft mit der Hand zu.

»Ti piace, Angus?«

»Die Suppe riecht sehr gut. Turnbull hat zwar einen Wildfond gewählt, doch ist da noch eine andere Komponente, ja, definitiv Rindfleisch. Ungewöhnlich, doch in der schottischen Küchenwelt nicht ohne Präzedenzfälle.«

Alberto nickte und genoss seinen ersten Gang stumm. Sollte Angus reden, wenn er das Bedürfnis dazu hatte.

Der Hauptgang hätte auf einen amateurhaften Esser einen schalen Eindruck machen können. Doch die beiden Experten bemerkten gleich, dass Turnbull sein Handwerk verstand. Er hatte den Lachs mit geschmolzener Butter bestrichen, gesalzen und gepfeffert und dann unter der Grillschlange auf beiden Seiten gegart. Eine Zubereitung, die man im heimischen

Backofen gut nachstellen konnte. So schmeckte der Fisch hervorragend. Es war eine alte Weisheit, dass ein gutes Produkt mit wenig Veränderungen am meisten glänzte. Dazu tischte man ihnen Tattie Scones auf.
»Alberto …?«
»Hm?«, brummte Vitiello.
»Er hat die Tattie Scones mit Basilikum angereichert, nicht wahr?«
»Sisi.«
»Wirklich nicht schlecht. Nun bin ich auf den Käsekuchen gespannt.«
Alberto aß genüsslich zu Ende und streckte dann die Beine aus. »Molto bene!«
Mit einer angemessenen Pause nach dem Hauptgang traf ihr Dessert ein. Abermals inspizierten sie den Teller. MacDonald drehte seinen sogar einmal im Kreis. »Nicht unbedingt typisch für die Highlands. Aber insofern Käsekuchen überall in Schottland genossen wird, auch nicht unangebracht.«

Während zweier Stunden hatten sie sich ihr Dinner einverleibt. Doch Turnbull machte sich immer noch rar.
»Nun, Alberto, dein großer Bruder in der Gastronomie scheint uns die Ehre nicht erweisen zu wollen. Darf ich mich nun in meine Schlafstatt begeben?«
»Wollen wir nicht noch einen Espresso trinken?«
»Es ist viel zu spät. Außerdem möchte ich Karen anrufen. Wenn seine Exzellenz auftaucht, bestelle ihr bitte herzliche Grüße.«
Alberto blieb am Tisch sitzen und wartete, gleich einem Teenager, der einen Popstar herbeisehnt. In seinem Zimmer checkte MacDonald sein mobiles Telefon. Seine Leibärztin hatte eine Nachricht hinterlassen. Sie klang verschlafen, berichtete von ihrem Medizinerkongress. Von Miss Armour sagte sie nichts. Das war erstaunlich, denn ihm schwante, dass die Aufsicht ihn längst verpetzt hatte. Um die Gnadenfrist gebührend zu feiern, genehmigte er sich einen Schlummertrunk.

Edradour schien in Pitlochry die beste Wahl. Während er an seinem Dram nippte, dachte er über den Fall nach. Der Koch kam also aus Glasgow hierher und spielte Alastair übel mit. Vielleicht hatte er ihn wiedererkannt und aufgrund eines früheren, natürlich unbegründeten Vorfalls beschlossen, dass das Maß voll war. Denn selbst für einen empfindsamen Koch war es übertrieben, nach einem einzigen verschmähten Essen einen Gast zu erpressen.

Alberto saß bereits im Speisesaal, als MacDonald Platz nahm. »Good morning. Hast du gar nicht geschlafen?«

»Doch, wie ein Murmeltier. Gefrühstückt habe ich und war auch am Loch Faskally, wo dein Freund das Lösegeld versteckte. Keine Spur zu finden!«

»Das wundert mich gar nicht. Tauchte der Maestro gestern noch auf?«

»Wenn du von Turnbull redest, lautet die Antwort no.«

»Bleibst du nun den gesamten Tag hier sitzen und lässt ihn mit schierer Willenskraft erscheinen?«

»No! Ich werde auf gewöhnlichem Weg versuchen, Kontakt mit ihm aufzunehmen.«

»Du willst sicher auch das Rezept für den Käsekuchen, von dem du so angetan warst, nicht wahr?«

»Ich kann mir gerne einen anderen Verdächtigen vornehmen! Wir haben ja genügend davon.«

»Fabelhaft! So sollten wir es machen. Ich werde zum Onkel Doktor gehen. Und du könntest dich in Mrs MacRitchies Geschäft umsehen.«

Porca miseria! Wie hatte er so schnell den schwarzen Peter gezogen? »Im Sperrmüllladen?«

»Ja, es sei denn, du willst beim Landarzt eine Krankheit mimen.«

»Grazie, no. Was fehlt dir denn?«

»Ich habe einen leichten Schnupfen.«

»Ist es nicht Untreue, wenn du zu einem anderen Doktor gehst?«

»Nicht wenn ich detektivisch-dienstlich dort erscheine. Goodbye, mein Freund.«

»Arrivederci! Erzähl ihm nicht zu viel von dir.«

»Ich werde vorsichtig sein. Doch vorher nehme ich noch ein schönes Frühstück zu mir.« Nachdem Alberto gegangen war, bestellte er sich Gourmetporridge nach Art des Hauses, ein pochiertes Ei, Schinken, Würstchen und Barley Bannocks. Einen guten Porridge zu bekommen, wurde im 21. Jahrhundert immer schwieriger. Seine Portion war nicht mit Hafer, sondern mit Gerste zubereitet, der Getreideart, welche die Schotten, historisch betrachtet, zuallererst auf dem Teller hatten. Ein Hochgenuss in den Highlands! Und dann erst dieses pochierte Ei! Leichtigkeit und graziöse Form. Der Schinken war kross, so wie er sein sollte und selbstverständlich flossen Ströme von gutem, dickem Assamtee. Ein Darjeeling hätte angesichts der kräftigen Essensaromen kapituliert. Das alles tat ihm so gut, dass er genau dieselbe Bestellung noch einmal aufgab. Als gerade niemand in seine Richtung sah, öffnete er den untersten Jackettknopf. Save my belly!, lautete die Devise, bezüglich seines Breakfasts aber auch: keine Zeugen, keine Beweise. Er erhob sich leicht taumelnd und schritt zum Maitland House, um seine Tasche zu holen. Alberto spottete gerne, weil er immer mit Notizbuch, Schreibzeug, einer Zeitung, mindestens einem Buch und Regenschirm aufbrach. Aber man konnte nie wissen, ob eine Wartezeit zu überbrücken war. Seine Mappe befand sich da, wo er sie abgelegt hatte, auf der linken Seite des Betts. Jedoch hatte der Eindringling den winzigen Papierknäuel, den er zur Markierung darunter positioniert hatte, übersehen: Der war auf den Teppich gepurzelt ...

»Es gibt nur zwei Regeln für das Trinken von Whisky. Erstens: Nimm nie Whisky ohne Wasser. Und zweitens: Nimm nie Wasser ohne Whisky.«

Chic Murray (1919-1985), schottischer Komiker und Filmschauspieler aus Greenock

Kuriose Begegnungen

Doktor Naughties Praxis befand sich auf der Atholl Road. Nach dem exquisiten Frühstück bot sich ein Spaziergang an. Die Hauptstraße des Ortes besaß einen antiken Charme. Einzelne, nicht allzu große Steinhäuser, eines an das andere gereiht, so wie in den meisten schottischen Örtchen dieser Art. Trotz der Geschäfte und Touristen war eine entspannte Atmosphäre zu spüren: Erledige ich eine Sache heute nicht, dann eben morgen. Gewohnt, bei Karen immer ohne Termin erscheinen zu können, klingelte MacDonald in der Praxis.

»Ja, bitte, wer ist da?«

Das hörte sich sehr informell und gar nicht nach einer Sprechstundenhilfe an. Er musste den falschen Knopf gedrückt haben. Aber es gab doch nur den einen!

»Ist da wer?«, rief die Dame abermals.

»Hier spricht Angus Thinnson MacDonald.«

»Tut mir leid, aber den kenne ich nicht!«

Was für eine hohe und laute Stimme! »Ich würde gerne den Herrn Doktor sprechen.«

»Einen Moment, ich hole ihn!«

»Nein, so warten Sie doch! Bitte nicht über Ihre Gegensprechanlage.« Denn die hatte man an einen Verstärker gekoppelt.

»Haben Sie einen Termin, junger Mann?«

»Leider nein. Ich bin aus Edinburgh und ...«

»Schöne Stadt!«

»... ich, äh, danke, fühle mich nicht sehr wohl und habe mich gefragt, ob der Herr Doktor mich irgendwie in seinen Terminplan integrieren könnte? Dafür wäre ich Ihnen beiden sehr dankbar.«

Die Assistentin öffnete ohne ein weiteres Wort die Tür. Auf der anderen Straßenseite hatte ein Passant in einem Anorak das Gespräch mitgehört. »Einfach auf den nächsten Patienten warten! Dann gibt es wieder etwas zu sehen!«, rief Angus ihm zu. Der Mann grüßte burschikos und marschierte weiter. Da es keinen Korridor gab, stand MacDonald mitten in der Praxis, von mehreren Mitkranken beobachtet. In seiner feinen Bekleidung musste Alastair ebenfalls aufgefallen sein. Der Empfangstresen war keine zwei Meter entfernt. Plötzlich raschelte es: Veraltete Zeitschriften waren für etwas gut und wenn es nur zur Tarnung war. Die Haare der Sprechstundenhilfe, einer älteren Dame, hatte jemand fast undefinierbar eingefärbt. Eine Tendenz zur Farbe blau war immerhin auszumachen. Wenn das nicht zur Aufheiterung der Patienten beitragen sollte, konnte es nur ein Versehen des Friseurs gewesen sein. Ohne Zweifel war diese Dame noch kurioser als Karens Hilfe, Mrs Abercromby. Sie begrüßte ihn wie einen langjährigen Bekannten: »Guten Tag, Mister MacDonald! Schön, Sie zu sehen.«

»Wir hatten über Ihre Anlage parliert«, sagte er verblüfft.

»Absolut korrekt!«

»Haben Sie Ihr Gerät erst kürzlich erworben?«

»Oh no! Das Ding ist uralt! Doch der Doktor kann sich einfach nicht davon trennen! Er sagt, als er es gebraucht kaufte, sei es der neueste Stand der Technik gewesen! Was bei uns nicht auseinanderfällt, nageln oder kleben wir wieder zusammen! Hilft beides nicht mehr, halten wir die Schrotflinte drauf! Nun zu Ihnen!«

»Wie meinen?«

»Ihre Beschwerden will ich hören.«

»Ich fürchte, ich verstehe noch immer nicht.«

»Einen Moment.« Sie griff in eine Pappdeckelkiste unter ihren Beinen und fischte ein Megafon heraus.

»Gütiges Land der Destillerien! Sie wollen dieses Unikum doch nicht etwa benutzen?«

»Warum denn nicht? Der Herr Doktor hat es erst vor drei Jahrzehnten gekauft und mir aufgetragen, es bei Schwerhörigen zu benutzen. Ist besser, als heiser zu werden! Denn aufstehen kann ich nicht so oft.«

»Sind Sie auch krank?«

»Nein! Meine Kollegin ist letztes Jahr verstorben und seitdem arbeite ich hier doppelt! Für überflüssige Bewegung fehlt mir die Zeit.«

»Mein Beileid. Sie merken aber jetzt, dass ich noch sehr gut hören kann. Und mein Wehwehchen möchte ich bitte dem Arzt unter vier Augen schildern.«

Einer der anderen Patienten meldete sich zu Wort. »Die Privatsphäre wird hier leider kleingeschrieben. Eben das gebe ich auch immer zum Allerwertesten.«

»Mister Rough! Sprache bitte! So oft hab ich's Ihnen schon gesagt!«

»Bin ja schon still.«

»Es kann eine Weile dauern, Mister MacDonald!« Sie streckte ihm ein Clipboard mit einem Formular entgegen. »Füllen Sie das bitte aus! Danke!«

Er nickte. Diese Haarfarbe! Unglaublich! Wie konnte sie sich so etwas antun? Einen einzigen freien Platz gab es, neben seinem Sympathisanten, der sich vor Freude wie ein Hündchen reckte und streckte. Durchschnittlich groß war er, trug Cordhosen und einen rustikalen dunkelgrünen Pullover. Das Markanteste an ihm waren aber die schulterlangen Haare und vor allem der Vollbart, der sich über den Hals einen Weg ins notwendigerweise geöffnete Hemd bahnte. Er nickte ihm immer wieder zu, wobei er das Kinn nach oben reckte. Bis MacDonald sich schließlich erbarmte und fragte: »Kann ich Ihnen helfen?«

Jetzt legte der Mann den Kopf schief. »Es ist mir eine Verzauberung, Sie zu sehen!«

Machte der Waldläufer ihm gerade einen Antrag? Oder sollte er der Trottel des Dorfes sein? Diese Bezeichnung war vermutlich politisch nicht mehr korrekt. Was konnte man also sagen? Nicht völlig Zurechnungsfähiger im ländlichen Ballungsgebiet? »Wie meinen Sie das?«, fragte er.

»Nur im Sinne des Guten. Ich habe Sie bereits erwartet.«

Vor der Eröffnung des Guest Houses hatte Alberto in der Küche eines Edinburgher Hotels als Chef de Partie gearbeitet. Viel besser als der Restaurantkritiker und Schriftmensch Angus wusste er deshalb über die praktischen Abläufe in solchen Häusern Bescheid. Turnbull hatte das Abendessen gekocht. Das bedeutete, dass er noch nicht zugegen war. Mit passender Arbeitskleidung wäre Alberto einfach in die Küche marschiert, ein lustiges Liedchen auf den Lippen, und hätte sich durchgefragt. Stattdessen schritt er in den Hotelgarten, denn die Küche hatte einen separaten Ausgang nach hinten. Früher oder später würde also ein Mitglied der Küchenbrigade der Hitze und dem Stress entfliehen und eine Zigarettenpause einlegen. Es dauerte keine zehn Minuten, bis ein kleiner, langnasiger Mann ins Freie trat, entschlossen, das Meiste aus seiner kleinen Flucht zu machen. Alberto bot szenisch ein Telefongespräch dar. Der Koch zündete sich eine Zigarette an und beobachtete ihn dabei. »Ich möchte *Label-Rouge-Lachs*, verstehen Sie! Keinen anderen! Nein, so, wie wir es besprochen haben. Auf Wiederhören!« Er steckte das Telefon ein und nickte dem Mann zu. Der erwiderte den Gruß nicht, sah ihn aber weiter an. »Neu hier, was?«, meinte er nach mindestens zwei Minuten.

Alberto schüttelte den Kopf. »Sie müssen mich mit jemandem verwechseln, Sir.«

»Das denke ich nicht.«

»Ich bin nur ein Gast.«

»Aber von Beruf sind Sie Koch. Oder?«

»Was hat mich verraten?«, fragte Alberto kokett.

»Ein Laie kauft sich selten den teuren Label-Rouge-Lachs.«

Alberto streckte mahnend den Zeigefinger in die Luft. »Da darf ich widersprechen. Setzt man den Preis in Relation zur Qualität, ist er überhaupt nicht teuer.«

»Okay. Stimmt.«

Er musste das Gespräch geduldig angehen lassen, lebte der Mann doch in Tyrannei. Küchenteams waren militärisch organisiert. Mit einem Fletcher Turnbull als Imperator verschärfte sich die Situation zusätzlich. »Gefällt Ihnen die Arbeit in der Hotelküche?«

»Habe schon Schlimmeres erlebt.«

»Kann ich mir gut vorstellen. Wie lange schon?«

»Bitte?«

»Ich meine, seit wann sind Sie hier tätig?«

»Zwei Jahre.«

»Das heißt, Sie haben Turnbull von Anfang an erleben dürfen?«

»Hm.«

»Ist er ein schlechter Chef?«

»Es geht so.«

»Wenn Sie für das Frühstück zuständig sind, haben Sie wohl nicht so oft das Vergnügen mit ihm?«

Der Koch sog gierig an seiner Zigarette und blies den Rauch in den Garten. »Können Sie ein Geheimnis für sich behalten?«

Finalmente! Er hat Vertrauen gefasst, dachte Alberto. »Selbstverständlich, mein Herr.«

»Meines Erachtens tickt der Kerl nicht richtig.«

»Schreit er oft?«

»Machen das nicht alle Chefköche?«

»Da haben Sie auch wieder recht.«

»Turnbull ist schlimmer, wittert ständig Verschwörungen. Die reinste Paranoia, sage ich Ihnen. Keiner von uns weiß, wie er damit umgehen soll. Sagt man nichts, brüllt er sich heiser. Antwortet jemand auf die Tiraden, regt er sich noch mehr auf und die Küche wird zu einem brodelnden Hexenkessel.« Er sah Alberto skeptisch an, warf seine Zigarette auf den Boden und trat sie aus.

»Okay«, antwortete Alberto gedehnt. »Nur so aus beruflicher Neugier: Kam es kürzlich zu Zwischenfällen mit Gästen?«

»Sie meinen, wie zum Beispiel mit diesem Carnegie? Für den interessieren Sie sich doch, nicht wahr?«

Alberto wurde bleich. Noch niemals war seine Tarnung so schnell aufgeflogen.

»Hören Sie, ich wollte Sie nicht hinters Licht führen, aber ...«

»Kein Problem«, antwortete sein Gesprächspartner beruhigend. »Ich rede nur nicht gerne um den heißen Brei herum. Wenn jemand eine Frage hat, kann er sie mir einfach stellen.«
»Das macht Sie mir noch sympathischer.«
»Also, was wollen Sie wissen?«
»Halten Sie Turnbull für eines Verbrechens fähig?«
»Puh! Das ist aber eine Hammerfrage. Verpfeifen Sie mich auch nicht?«
»Niemals! Wir Küchenmenschen halten doch zusammen.«
»Wenn der Alte das erfährt, bringt er mich um! Also gut. Die Antwort lautet ja. Turnbull könnte ein erfolgreicher Krimineller sein. Stellen Sie sich vor, er spioniert den Gästen hinterher. So etwas macht doch kein normaler Mensch.«
»Unglaublich. Interessiert er sich für alle Gäste?«
»Nein, nur für die Reichen und Mächtigen.«
»Warum beschattet er sie? Erpressung?«
»Oder er verkauft die Daten weiter …«
»Woher bekommt er die Informationen?«
»Von Kellnern, Zimmermädchen und dem Roomservice.«
»Hat er auch über Alastair Carnegie ermittelt?«
»So wie die beiden aneinandergeraten sind, nehme ich das stark an. Das Geschrei hätten Sie hören sollen.«
»Wer lag Ihrer Meinung nach richtig?«
»Auch diese Frage kann ich nicht eindeutig beantworten. Turnbull ist kein Unschuldsengel. Doch …«
»Ja? Sagen Sie es nur.«
»Ihr Bekannter wurde auch ganz schön giftig. Seine Schimpfworte waren nicht von schlechten Eltern. Er kommt aus Glasgow, oder?«
Alberto wollte nicht zu viel über Carnegie verraten. Andererseits wusste der Koch ja bereits, woher er stammte. »Jawohl, aus einer betuchten Familie.«
»Wenn Sie es sagen. Von Beruf ist er Whisky Blender, ja?«
»So ist es.«
»Was macht er in Pitlochry?«
»Urlaub.«

»Tja, wie so viele.«

Aus der Küche ertönte ein schriller Pfiff. Der Koch rannte hinein, ohne sich zu verabschieden. Das nahm Alberto ihm nicht krumm. Aber warum war der Mann am Ende so neugierig? Half er Turnbull mit seinen Dossiers und erzählte ihm nur von diesen, um von sich abzulenken?

MacDonald wand sich auf dem Plastikstuhl, der unter seiner berggleichen Gestalt kaum zu erkennen war. »So sehr ich mich auch um Erinnerung bemühe, ihr Gesicht ist mir nicht vertraut. Sicher verwechseln Sie mich mit jemandem, mein Herr.«

Der vierschrötige Patient stierte ihn an. MacDonald fürchtete, dass er ihm auch noch etwas zuflüstern wollte. Stattdessen sagte er überlaut: »Guten Schriftverkehr hatten wir. Jawohl!«

Nicht gerade ein gelungener Auftakt für eine Konversation! »Entschuldigen Sie mich bitte für einen Moment.« Mehr noch als die zweideutigen Formulierungen störte ihn, dass sie so viel Aufmerksamkeit erregten. Das war seinen Ermittlungen nicht zuträglich.

»Wandeln Sie nur. Der Weg zum Wasserklosett beginnt dort drüben und am Ende des Korridors endet er.«

»Großherzigen Dank für diese Information.« Obwohl kein Mann für hastige Entscheidungen, war MacDonald doch eine Sache klar: Falls der Herr bei seiner Rückkehr immer noch hier saß, würde er die Praxis verlassen. In der Toilette wusch er sich mehrfach die Hände und zählte bis hundert.

»Das wird aber auch höchste Eisenbahn«, sagte die Sprechstundenhilfe anklagend, als er ihren Tresen passierte. »Ihr Freund ist gerade gegangen.«

»Mein ... äh, wer?«

Sie balancierte einen Bleistift zwischen den Fingern. »Rough.«

»Wer ist rough?«

»Garry Rough, der Mann, der neben Ihnen saß und mit dem Sie so aufgeregt tuschelten.«

Erst jetzt nahm er wahr, dass nicht nur dieser Herr, sondern auch alle anderen Patienten weg waren. Konnte der Arzt Krankheiten wegzaubern?

»Der Nächste bitte«, rief dieser durch seine halbgeöffnete Tür unwirsch. MacDonald nahm Haltung an und schritt auf ihn zu, dabei die Hand ausstreckend.

Der Doktor war hager und rotgesichtig, sehr wahrscheinlich ein heftiger Whiskytrinker. Er musterte ihn über die Ränder seiner Lesebrille hinweg. Am Morgen hatte er eindeutig zu viel Rasierwasser aufgetragen und es würde noch Stunden dauern, bis der Geruch sich amortisiert hatte. »Heiliger Bimbam! Sind Sie aber ein Dickerchen! Dann kommen Sie mal rein. Müssen schauen, was wir machen können.«

Nein, das war nun doch eine seltene Frechheit und er hätte am liebsten auf dem Absatz kehrtgemacht! Doch trug er eine Verantwortung Alastair gegenüber. »Kennen Sie zufällig Mister Rough?«

»Pah! So weit käme es noch! Nein, Garry ist einfach Garry. Er meint es nicht böse.«

»Aber warum redet er so geschraubt?«

»Kann ich nicht sagen. In seiner Familie sind alle so. Wie ich gehört habe, kennen Sie sich aber doch?«

»Ganz bestimmt nicht!«

»Regen Sie sich ab! Bei Ihrem Gewicht haben Sie sicher einen sauberen Bluthochdruck und sollten Aufregung meiden. Platz nehmen! Wir messen gleich mal.«

»Ich bin wegen einer anderen Sache gekommen!«

»Macht nichts. Was man machen kann, macht man. Los, sofort hinsetzen.« Er wickelte die altersmüde Manschette um MacDonalds Oberarm und pumpte sie so stark auf, dass jener fürchtete, ihm habe das letzte Stündlein geschlagen.

»Muss das so fest sein?«

»Ja! Muss! Hundertzwanzig zu achtzig. Kaum zu glauben! Bei Ihrem Kaliber eine Sensation. Wie machen Sie das bloß?«

»Ich kenne alle meine Mahlzeiten, will sagen, weiß, welche Zutaten drin sind.«

»Das ist doch mal etwas. Was liegt also im Argen?« Er formte mit den Händen einen großen Kreis. »Ich meine, außer Ihrer heftigen Leibesfülle.«

MacDonald drückte die Zunge gegen seine Backe. Wurden die gesellschaftlichen Konventionen grob missachtet, musste er auch keine fein gedrechselten Sätze mehr bilden! »Nun sind es zwei Wochen, dass ich nichts mehr rieche.«

»Pardautz! Sie sind schon der Zweite in meiner Praxis. Dreißig Jahre nichts und dann zwei auf einen Streich.«

»Wenn Sie es so burschikos ausdrücken möchten.«

»Ja, warum denn nicht!«

»Für mich ist es nicht nur eine private Sache. Meine Arbeit ist gefährdet, Herr Doktor.«

»Als geruchsloser Voresser der Nation würden Sie keine gute Figur machen!«

»Sie kennen mich?«

»Nur von der Glotze. Machen Sie hier Urlaub?«

»Es ist mehr ein beruflicher Aufenthalt. Ich recherchiere für ein Kochbuch mit Rezepten aus den Highlands. Verzeihen Sie bitte mein Insistieren. Aber könnten wir eventuell noch einmal über meine Krankheit sprechen?«

»Klar, klar. Kann man nicht viel machen. Die Nase mit Salzwasser spülen und abwarten. Wenn Sie erst einmal ausgiebig unsere gute Luft eingeatmet haben, wird es schon wieder. Ihr Großstädter kriegt einfach zu viel Dreck in die Nase. Das habe ich diesem Glaswegian auch gesagt. Wegen Ihres massiven Übergewichtes …«

»Ich bin überzeugter Atkins-Anhänger!«

»Auf den Spuren von Prinz Philip?«

»So ist es.«

»Scheint ja auch bei Ihnen wunderbar zu funktionieren!«

»Herr Doktor, Sie sprühen geradezu von simplem Humor. Dieser Glaswegian, von dem Sie sprachen, heißt der zufällig Carnegie?«

»Haben Sie schon mal vom Vertrauensverhältnis zwischen Arzt und Patient gehört?«

MacDonald machte ein schuldbewusstes Gesicht. »Es steckt keine schlimme Absicht dahinter. Ich hatte nur gehofft, mich mit dem Herrn austauschen zu können.«

Naughtie nickte. »Dem steht nichts im Weg.«

»Wie meinen Sie das?«

»Da Sie beide im Mountain Palace wohnen, werden Sie sich früher oder später begegnen. Seine Fönfrisur können Sie unmöglich übersehen!«

Draußen auf der Hauptstraße ließ MacDonald die wenigen Fakten Revue passieren: Es ging nicht exakt so, wie du es dir vorgestellt hast, Angus. Aber immerhin hast du ermitteln können, dass die Kommunikation in Pitlochry bemerkenswert flüssig ist. Jetzt konnte man nur hoffen, dass der Doktor nicht zu vielen Menschen Alastairs Geheimnis verraten hatte. Das wäre mehr als schlecht für seine Karriere. An Trittbrettfahrer im Erpressergeschäft gar nicht zu denken. Naughtie trug sehr exquisite Kleidung. Selbst unter dem weißen Kittel war das Hemd als maßgeschneidert erkennbar. Dazu eine dezente, hochwertige Krawatte und handgearbeitete Schuhe. Lebte er über seine Verhältnisse? Mit den vielen Patienten verdiente er sicher ordentliches Geld. Aber so viel doch auch wieder nicht. Zudem: Warum kleidete sich ein raubeiniger Landarzt wie ein Gentleman aus der Stadt, wo er diese Spezies doch verachtete?

»Eine Frau brachte mich zum Trinken. Und ich besaß nicht einmal den Anstand, ihr dafür zu danken.«

W.C. Fields (1880-1946), amerikanischer Komiker und Filmschauspieler

Keine Ruhe für den Master Blender

Alastair Carnegie lag auf dem Bett seines Hotelzimmers. Es war elf Uhr vormittags. So früh trank er privat für gewöhnlich keinen Alkohol. Doch seitdem er nichts mehr riechen konnte, bemerkte er eine erschreckende Abhängigkeit von Hochprozentigem. Der Whisky beruhigte ihn. Aber fanden nicht alle Alkoholiker eine Rationalisierung für ihr Laster? Er war nicht einmal mehr ein halber Mensch. Viertel Mensch, zu neun Zehnteln eine amorphe Gestalt wäre treffender! Im Internet las er, dass der Geruchssinn bei manchen Menschen nie mehr zurückkehrte. Wie viele Informationen im Netz musste auch diese cum grano salis genommen werden. Falls es jedoch der Fall sein sollte, würde er sich umbringen. Einen anderen Beruf konnte er sich nicht vorstellen. Keines seiner beiden inzwischen erwachsenen Kinder hatte die gleiche Laufbahn eingeschlagen. Einen Nachfolger in der Firma gab es auch nicht. Niemanden, an den er das in Jahrzehnten erworbene Wissen weitergeben konnte. Natürlich, er hatte eine nette Frau, die sich immer freute, wenn er von seinen ausgedehnten Geschäftsreisen nach Hause kam. Aber nach 30 Jahren Ehe war der Elan entwichen. Man respektierte sich gegenseitig. Zu gesellschaftlichen Ereignissen erschien man als Paar. Doch intime Dinge behielt man für sich. Auch den Schock über den Geruchsverlust hatte er bislang alleine ausgestanden. So machten das die Männer seiner Familie schon immer. Vielleicht weil sie insgeheim eine weiche Seite hatten und sich vor ihr fürchteten? Ein gebrochener Damm ließ Sturmfluten passieren. Er war erleichtert, dass MacDonald ihm aus der Klemme helfen wollte. Als Detektiv hatte er bislang eine Aufklärungsquote von 100 Prozent. Das konnte kein Kriminalbeamter von sich behaupten. Seine Kenntnisse hatte er sich nicht aus Büchern oder in einer Ausbildung angeeignet, sondern on the job. Es war wohl etwas dran an dem, was Angus immer sagte: »Die Berufe Detektiv und Journalist haben zahlreiche Schnittstellen. Recherchieren ist zum Beispiel nichts anderes als Ermitteln.« Umso mehr stürzte es ihn in Verzweiflung, dass er ihm und seinem Freund Vitiello nicht die volle Wahrheit sagen konnte. Bei McVicar and Whitelaw hörte er die immergleiche Litanei: »So geht es nicht, Mister Carnegie! Ingram hat dieses Jahr bereits zwei Blends mehr als wir auf den Markt geworfen. Ihre Produkte verkaufen sich auch besser!« Rutsch mir den Buckel runter, wäre die ehrlichste Antwort gewesen, denn Fachwissen, Loyalität zum Arbeitgeber und unermüdliches Wirken waren heutzutage wohl keinen Deut mehr wert?! Wer für wenig Geld viele Produkte zusammenpanschte, war der König von Schottland. In dieser Welt fand er sich nur ungern zurecht. Es käme noch der Tag, an dem man das Tragen der blauen amerikanischen Goldgräberhosen als Arbeitskleidung festschrieb! Mrs Yarrow ging ihm nicht aus dem Kopf. Immer wieder kursierten Gerüchte über ihre Familie, die nach wie vor in Glasgows East End lebte. Zwei ihrer Brüder gehörten angeblich einer Gang an. Schätzungsweise 170 dieser gewalttätigen Gruppierungen terrorisierten verschiedene Stadtteile. Allein im East End gab es 200 bis 300 zu allem bereite Schläger. Junge Männer, die bereits in der dritten Generation Mitglieder waren, mit ihrer eigenen Sprache. Keiner nannte zum Beispiel sein Wohngebiet mit richtigem Namen. Kildermorie war Bal-Toi, East Hall hieß Skinheids und so weiter. Selbst gesetzestreue Bürger bezeichneten ihr Viertel mit dem Gangnamen. Wo auch immer ein Kampf begann, die Teilnehmer waren meistens betrunken oder standen unter Drogen. Sie benutzten Messer, Äxte, Schwerter, Flaschenstümpfe, Baseballschläger und Ketten. Es gab Ärzte, die offen sagten, dass die Traumata, die manche Schläger erlitten, eine gute Sache seien, weil sie sich eine Zeitlang fürchteten, das Haus zu verlassen und so keinen neuen Schaden anrichteten. Erst kürzlich hatte er einen Artikel über einen Fünfzehnjährigen mit einem Arsenal aus Kurz- und Langschwertern gelesen. Bei seiner Verhaftung informierte seine Mutter einen Polizeibeamten treuherzig:»Oh, das sind doch nur seine Waffen.« Carnegie nickte. Für einen Erpresser war die Summe, die er verlangte, vergleichsweise gering. Es konnte also durchaus einer der verkommenen Yarrows sein. Aber wie hatte die Schwester von seiner Misere erfahren? Angus hätte eine Erklärung dafür gehabt. Doch musste er Stillschweigen bewahren, denn für einen Gentleman geziemte es sich nicht, grundlos Anschuldigungen zu äußern. Noch heftiger quälte ihn, dass er in Pitlochry jemanden zu treffen hatte. Der Herr kannte seinen Whisky gut und wollte einen Schluck mit ihm trinken, wie er bereits vom privaten Flugzeug aus verkündete. Zu gerne hätte er auf die Begegnung mit diesem unsympathischen Zeitgenossen verzichtet, einem Partylöwen, der für seine kuriosen Vorlieben bekannt war. Etwas, das er mit Mrs Yarrow gemein hatte. Da sie sich so intensiv mit den Handschellen befasste, hatte er sich diskret ein wenig umgehört: Man sagte, sie möge es, beim Liebesspiel gefesselt zu werden.

»Was ereignete sich nach dem Antrag?«, fragte Miss Armour kurz vor Pitlochry, um die drückende Stille im Wagen zu bekämpfen. Mittlerweile hatte sie es aufgegeben, ihrem Fahrer das Geheimnis zu entlocken, woher er diesen MacDonald kannte. Aber warum er ihn so dringend sehen wollte, würde sie noch zu hören bekommen!
Malcolm wiederum hatte Mühe, seinen Kleinwagen in der Spur zu halten. Mit seiner Brille hätte er sich leichter getan. Aber vor der Lassie wollte er sich keine Blöße geben. Man konnte schließlich nicht wissen, was sich noch ergab.
»Hallo, Mister Malcolm! Können Sie mich hören?«
»Was ist denn?«, fragte er leicht tüdelig.
»Ich habe Sie gerade etwas gefragt. Hat die Dame Ihnen einen Korb gegeben?«
»Welche Dame?«
»Jene, welcher Sie die Ehe anboten.«

»*Help ma bob*! Na, wir haben geheiratet!«
»Ging aus dieser Verbindung Nachwuchs hervor?«
»Was?«
»Ob Sie Kinder haben …«
»Zwei Söhne.«
»Erwachsen?«
»Sehe ich so aus, als ob ich kleine Kinder hätte?«
»Nein. Waren Sie in der letzten Zeit einmal beim Augenarzt?«
»Na! Wozu denn? Die Weißkittel wollen nur unser Geld.«
»Meiner Einschätzung nach benötigen Sie aber dringlich eine Sehhilfe. Ihr Gesicht klebt ja fast an der Scheibe.«
»Macht nix! Die ist sauber.«
»Eine Beeinträchtigung wie diese trägt nicht zu unserer Verkehrssicherheit bei!«
»Es sind doch kaum Autos unterwegs.«
»In welcher Angelegenheit müssen Sie denn Mister MacDonald sprechen?«
»Oh, das ist ein großes Geheimnis.«
»Ich bitte Sie.«
»Wer weiß, vielleicht erzähle ich es Ihnen noch.« Auf den zweiten Blick sah sie gar nicht schlecht aus, dachte er, stämmig, mit heller Haut und grünen Augen. Und da war noch etwas, eine unschottische Komponente. Immerhin, fragen kostete nichts: »Kommen Sie von den Inseln, Armour?«
Sie nickte. »Kirkwall.«
»So ist das also. Eine Orkadierin.«
»Haben Sie etwas dagegen?«
Ein bisschen Exotik konnte kaum schaden. »Nicht die Bohne. Ich wollte immer mal hinfahren. Es hat aber noch nicht geklappt. Sie sind also ein Kalorienzähler?«
»Rin!«
»Was?«
»Kalorienzählerin! Ich bin kein Mann.«
»Hab ich auch nicht behauptet. Wie kommen Sie zu so einem Job?«
»Jemand muss den Menschen doch zeigen, wo es langgeht.«

»Ich hätte mal eine Frage: Welche Kartoffelsorte können Sie empfehlen?«
»Bitte?«
»Tatties, wie man in Schottland sagt!«
»Apatche.«
»Was?«
»So heißen meine Lieblingskartoffeln.«
»Ist das ein Witz?«
»Nein, so lautet ihr Name.«
»Verstehe! Wenn man am Salatbuffet in einen Hinterhalt gerät, hat man die Indianer besser zum Freund.«
»Sie haben Sinn für Humor, Malcolm«, antwortete sie, ohne zu lachen. »Das gefällt mir. Was machen Sie beruflich?«
»Ich war Maler.«
»Sie sind also schon in Rente?«
»Ja, warum?«
»Sie sehen jünger aus.«
»Das macht der Whisky. Hab's Ihnen doch gesagt.«
»Hören Sie, am Abend möchte ich wieder zurück sein.«
»Wozu?«
»Verschiedene Gründe.«
»Kommt nicht in Frage. Wir übernachten hier.«
»Sind sie des Wahnsinns?«
»Wenn Sie denken, dass ich heute noch den Heimweg antrete, sollten Sie sich besser den Kopf untersuchen lassen. Nicht ich!«
»Hilfe! Zu Hilfe!«
»Beruhigen Sie sich. Es wird Ihnen hier gefallen. Wir gehen ins Purple Guest House. Das kenne ich noch von früher. Zwei Möglichkeiten zu futtern: entweder in einem Restaurant auf der Atholl Road oder im Purple. Die Evening Meals sind passabel. Wenn Sie schon so überrascht aus der Wäsche schauen, bin ich auf das Gesicht des Kleinen gespannt. Das wird ein Spaß.«
»Ja, das glaube ich auch.«
Auf der Terrasse des Hauses stand ein knöcherner Mann in den Sechzigern. Er hatte die Arme hinter dem Rücken ver-

schränkt. Malcolm beschleunigte und bremste den Wagen dann mit quietschenden Reifen auf dem Parkplatz ab. »Muss das sein!«, schimpfte Miss Armour. »Welch sinnlose Verschwendung von Benzin!«

Malcolm verstand überhaupt nicht, wovon die Lassie sprach und zischte durch die aufeinandergepressten Zähne.

»Es ist aber so«, wiederholte die Ernährungsberaterin.

»Von mir aus. Tun Sie mir einen Gefallen: Wenn wir gleich mit dem Besitzer sprechen, erwähnen Sie Ihren Beruf nicht.«

»Was soll das heißen?«

»Ihr Dings da ...«

»Welches Dings?«

»Öko... und so weiter.«

»Ich soll verschweigen, dass ich Ökotrophologin bin?«

Er grinste entschuldigend. »Wenn es geht?«

»Aber weshalb denn? Meine Profession hat nichts Anrüchiges an sich!«

»Nein, aber Jack könnte Sie für einen Spion halten.«

»Spionin!«

»Ist mir einerlei. Aber alle Leute, die sich auffällig benehmen, nimmt er ins Visier.«

»Wenn Ihr Freund so ein weltgewandter Spion ist, wird er wissen, was eine Ökotrophologin macht!«

»Eben, und ...«

Als ihr Handy krächzte, hob Miss Armour gebieterisch den Arm und tastete auf der Suche danach ihre Brust ab.

»*Braw*! Jetzt wird es interessant!«

»Halten Sie Ihren Mund und benehmen Sie sich! Ich habe zu telefonieren. Armour am Apparat! Hallo, Karen! Gut, dass Sie anrufen. Ich habe Ihnen auch einiges zu erzählen. Mein Mündel ist flüchtig. Sie haben völlig richtig gehört.«

Alberto hatte das Hotel verlassen, um MacDonald entgegenzugehen. Es war wesentlich angenehmer, als den Trödelladen von Miss MacRitchie zu inspizieren. Solche Etablissements waren nicht sein Fall: der Geruch, die Gegenstände, einfach alles. Selbst Flohmärkte unter freiem Himmel vermied er. Als er die East Moulin Road entlangging, fuhr ein Wagen in Richtung Edradour-Destillerie im Schritttempo an ihm vorbei. Der Beifahrer hatte das Fenster heruntergekurbelt und sah Popow täuschend ähnlich. Das hätte ihm nun gerade noch gefehlt, den Russen hier zu treffen. Alberto kramte sein Handy aus der Tasche und rief Maria an.

»Villa Buongiorno Guest House. Was kann ich für Sie tun?«

Ungläubig zog er das Telefon vom Ohr weg. »So meldest du dich also, wenn ich weg bin?«

»Alberto, bist du es? Tutto a posto?«

»Was kann ich für Sie tun? Hast du das aus einem amerikanischen Film?«

Maria lachte. »Nein, in Großbritannien sagt man es ebenfalls. Habt ihr schönes Wetter in Pitlochry?«

»Si. Und bei euch?«

»Auch so. Aber deswegen hast du doch nicht angerufen, Darling? Nach unseren vielen schönen Ehejahren lese ich dich wie ein offenes Buch.«

»Popow ist abgereist?«

»Das weißt du doch.«

»Bist du sicher?«

»Ich kann gerne durch alle Zimmer gehen und unter den Betten nachsehen, wenn du dich dann besser fühlst.«

»Ach, nein.«

»Du klingst etwas deprimiert. Liegt es daran, dass er nicht mehr da ist?«

»Momentan wäre es mir in der Tat lieber, er hielte sich im Hotel auf.«

»Ich verstehe überhaupt nichts mehr.«

»Möglicherweise habe ich ihn gerade gesehen.«

»Schon wieder solche Geschichten! Ich bleibe dabei: Genieße deinen Urlaub.«

»Wir arbeiten an einem Fall, Maria! Das ist harte Arbeit!«

»Natürlich. So habe ich es nicht gemeint. Seid ihr denn schon weitergekommen?«

»Die Ermittlungen laufen auf Hochtouren. Doch am Telefon möchte ich aus Sicherheitsgründen nichts sagen.«

»Okay, Mister Bond.«

»Wer ist denn der Sean Connery-Fan? Du oder ich?«

Maria schwieg. Wie immer gab ihr Gatte als Erster auf: »Kommst du mit den Gästen zurecht? So ganz alleine.«

»Aber ja. Im Moment sind fast nur Deutsche hier.«

»Sehr schön.« Gäste aus Deutschland hatte Alberto am liebsten. Sie gingen früh zu Bett, freuten sich über die Sauberkeit im Hotel und das große Frühstück. Und nach drei Tagen brachen sie in die Highlands auf, um zu wandern.

»Hast du noch genügend Toast im Haus?«

»Mit dem Vorrat, den du eingekauft hast, könnte ich sogar eine Belagerung überstehen. Wenn du sonst keine Fragen hast, würde ich jetzt gerne weiterputzen. Versprich mir, ein wenig gelassener zu werden, ja?«

»Kann es ja versuchen«, grummelte Alberto.

»Eccelente! Ciao, mein Schatz.«

Sie legte auf. Wenigstens ersparte er sich so weitere Maßregelungen. Maria war die einzige Person, die ihn tadeln durfte. Normalerweise sagte Alberto Vitiello anderen, was sie zu tun hatten. Danila, seine Tochter, nannte ihn deshalb »il maresciallo«. Als ob das noch nicht reichte, musste sein Schwiegersohn Sean wieder einmal alle überbieten und ihn »il duce« schimpfen. Sogar eine Kochschürze hatte er ihm aus Italien mitgebracht, mit dem Konterfei Mussolinis! Als er die Atholl Road betrat, tuckerte ein vertrautes Auto an ihm vorbei, hielt hundert Meter vor ihm und stieß ächzend zurück. Alberto verschränkte die Arme und wartete, bis sich direkt vor seinen Füßen die Fahrertür öffnete. »Suchen Sie eine Mitfahrgelegenheit, junger Mann?«

»Angus, das gibt's doch nicht!«

»Ich glaube schon. Steig ein.«

»Sieht so deine Abmagerungskur aus?«

»Es heißt Atkins-Diät. Und um deine Frage zu beantworten: Nein, ich hatte einen aufregenden Vormittag und wollte möglichst schnell mit dir konferieren. Steigst du ein oder willst du hinter dem Wagen herrennen? So wie die Leibwächter des amerikanischen Präsidenten?«

»Porca miseria! Heute hacken alle auf mir herum!«

»Könnte es sein, dass du ein bisschen übertreibst?«

»Das hat Maria auch gesagt, als ich ihr von Popow erzählte.«

»Dieser Russe verfolgt dich also weiter?« MacDonald schob das Kinn nach unten. »Könnte es sein, dass er sogar in unseren Fall verwickelt ist?«

Alberto überlegte einen Moment. Aber als sein Freund lachte, erwiderte er: »Hör bloß auf mit deinen Späßchen und erzähl mir, was du herausbekommen hast.«

Angus legte den Zeigefinger auf die Unterlippe. »Folgender Vorschlag: Wir nehmen im Hotel eine Tasse Tee zu uns, ja?«

»D'accordo. In dem schönen Raum neben der Rezeption?«

»Ich habe keine Einwände, mein Herr.«

MacDonald hielt direkt vor dem Eingang.

»Du hättest auch ins Foyer fahren können«, meinte Alberto.

»Ein Spaziergang ist schön und gut. Aber wenn dann noch aufreibende Gespräche so wie in der Arztpraxis dazudrängen, werden zu hohe Anforderungen an meine Konstitution gestellt.«

Alberto hörte gar nicht hin, ging voraus und setzte sich in einen der bequemen Ohrensessel. MacDonald nahm ein längsgestreiftes Vierersofa in Anspruch.

»Willst du dich hinlegen, Angus?« Diese Art der Lastenverteilung wäre dem Sofa, das panisch quietschte, wahrscheinlich angenehmer gewesen. »Okay. Wer beginnt?«

»Können wir erst den Tee bestellen?«

»Sisi.«

»Sikkim wäre dir recht?«

Vitiello nickte. Nachdem MacDonald mit vorbildlich gespreiztem kleinen Finger den ersten Schluck genommen hatte und ein Laut des Wohlbefindens durch seinen Körper gewandert war, fragte er seinerseits: »Darf ich anfangen?«

»Ich habe nichts dagegen.«

»Der Arzt ist ein komischer Mensch.«

»Schrullig?«

»Ja, auch. Und schwatzhaft. Er erzählte mir offen, dass ein Glaswegian das gleiche Leiden hat wie ich. Es würde mich nicht wundern, wenn er beim abendlichen Bier im Pub sämtliche Krankheiten seiner Patienten ausplaudert.«

»Meinst du, die anderen schwindeln ihn auch an, so wie du?«

»Einer von ihnen war jedenfalls etwas befremdlich. Wenn ich es richtig deute, hat er sich mir unsittlich genähert.«

»Er hat dir in den Schritt gegriffen?«

»Aber nein!«

»In andere Körperteile?«

»Auch nicht! Es war mehr die Art, wie er redete, so zweideutig. Um weitere Unflätigkeiten zu vermeiden, flüchtete ich in die Örtlichkeiten.«

»Wenn du die Toilette meinst, kannst du mir das ruhig sagen.«

»In meiner Familie spricht man aber nicht so.«

»Von deinem Herrn Papa habe ich schon weitaus heftigere Sachen gehört.«

»Dann sagen wir eben, meine Frau Mama pflegte dergleichen Ausdrücke nicht zu verwenden.«

»Kennst du den Mann denn?«

»Er scheint das zu denken. Aber ich kann mich beim besten Willen nicht an ihn erinnern.«

»Könnte er der Erpresser sein?«

»In dem Fall wäre es ein außerordentlicher Zufall, dass er beim einzigen Arzt des Ortes im Sprechzimmer neben mir sitzt.«

»Und der Onkel Doktor? Müssen wir ihn beschatten?«

»Das kann ich noch nicht sagen. Aber lass keine wichtigen Sachen im Zimmer liegen. Bei mir hat bereits jemand gestöbert.«

»Es wundert mich kaum: Ein Koch hat mir erzählt, dass Turnbull den Gästen hinterherspioniert.«

»Ist der Mann verlässlich?«

»Sí! Daran gibt es keinen Zweifel.«

»Doktor Spiegelei hat gesprochen!«

»Was soll das heißen?«

»Nach deiner Aussage hast du im Guest House über die Jahre hinweg mindestens 60.000 Eier gebraten und darfst dich deshalb so nennen, oder?«

»Ja?«

»Wer mit so vielen Gästen zu tun hatte, besitzt natürlich auch eine immense Menschenkenntnis. Mein Vorschlag wäre, nun die anderen Verdächtigen unter die Lupe zu nehmen, zugleich aber Turnbull weiter zu begutachten.«

»Wie sollen wir das anstellen? Er weiß doch bestimmt, wer wir sind.«

»Ein Rätsel, das ich bislang nicht lösen konnte.«

»Man sollte immer ein Fläschchen Whiskey bei sich haben, für den Fall, dass man von einer Schlange gebissen wird. Und man sollte auch immer eine kleine Schlange bei sich haben.«

W.C. Fields (1880-1946), amerikanischer Komiker und Filmschauspieler

Ein Stück Geschichte

»Das kann doch nicht wahr sein! Befinden sich in diesem Ort alle Geschäfte auf der Atholl Road?«, fragte Alberto, als er mit Angus am nächsten Tag über diese schlenderte.
»Ist dir der Begriff Hauptstraße vertraut?«
»Ja, und weiter?«
»Damit ist deine Frage auch schon beantwortet. In Pitlochry ist es wie in jedem anderen schottischen Örtchen. Im Zentrum gibt es die meisten Shops.«
»Das überzeugt mich nicht.«
MacDonald schwieg. Sein Freund war missgestimmt, weil er einen Trödelladen, wie er das Secondhand-Geschäft von Katherine MacRitchie unerschütterlich nannte, betreten musste. Alberto erwarb ausschließlich neue Sachen. Immer wenn Maria mit Schmökern aus einem Antiquariat auftauchte, kramte er sein Waschbenzin hervor, um sie zu säubern. Sie wehrte sich gegen die brachiale Behandlung ihrer Fundstücke und gab sie erst einmal nicht aus der Hand. Doch sobald sie weniger aufmerksam wurde, stülpte Alberto ein Paar Einmalhandschuhe über und putzte die Schwarten rundum. Nach zwei, drei Tagen unter dem Dachvorsprung im Freien war der Benzingeruch verflogen und man konnte sie mit bloßen Händen anfassen.
»Was soll ich denn dabei?«, fragte er in einem letzten Versuch zu fliehen.
MacDonald lächelte wie über die Bemerkung eines übergescheiten Kindes. »Wir sind ein eingespieltes Team. Ohne deine Hilfe ginge es nur halb so gut.«
Alberto reckte den Hals in die Höhe. »Meinst du?«

Keiner der beiden Detektive hatte mit einem buchstäblich frostigen Empfang gerechnet. Im winzigen Geschäft herrschte eine Temperatur unter dem Gefrierpunkt. Sie standen auf einem weißen Teppich, inmitten gleißend weißer Pappmachéwände, die wohl etwas darstellen sollten. Alberto schnupperte heftig: Die Aufmachung konnte den modrigen Geruch, den der Trödelladen ausströmte, nicht verbergen.

Eine große, hagere Frau in einem schneeweißen Anorak, Schlittenschuhen und mächtigem Stirnband kam auf sie zu, einen langen Schritt nach dem anderen abwägend, so als ob sie lieber weit springen wollte. Den Blick stur auf den Boden geheftet, verfolgte sie die Staubspur ihrer Besucher zum Eingang und übersprühte sie mit einem weißen Film aus zwei Spraydosen. Immer noch ohne Blickkontakt, sagte sie: »Bitte einmal die Beine in die Luft, ja? Erst das linke.«

Die beiden Besucher waren viel zu verwirrt, um sich nach dem Sinn dieser Aufforderung zu erkundigen und befolgten sie klaglos. Die Frau zog einen Lappen aus der Tasche und fuhr damit über ihre Schuhsohlen.

»Nun das andere Bein gehoben, bitteschön.«

Auch das taten sie. MacDonald wusste nicht, ob man sich nun wieder bewegen durfte und wartete ab. »Das Bein gehoben« war auch nicht gerade eine seriöse Formulierung. Man konnte nur hoffen, dass die Dame nicht zudringlich wurde wie dieser Rough. Sie entschwand hinter einer der Wände und kehrte dosenlos zurück, die Hand zur Begrüßung ausstreckend. »Juchhe, ihr Lieben. Ich bin die Katherine.«

»Miss Katherine MacRitchie?«, fragte MacDonald, einen kleinen Schritt auf sie zugehend, »die Besitzerin dieses schönen Geschäftes?«

»Eben so ist es.«

Der Italiener überlegte: War das Ding auf ihrem Kopf nun noch ein Stirnband oder bereits ein Hut? Wer konnte es wissen? »Ich bin der Alberto.«

»Juchhe, Alberto.«

»Und ich bin der Angus.«

»Juchhe, Angus.«

Beim ersten Bissen eines saftigen Schmorbratens, das Pitlochry seiner Kindheit hatte sich mächtig verwandelt!

»Womit kann ich euch dienen?«

»Wir wollten uns nur ein wenig umsehen, Gnädigste.«

»Du bist aber steif«, erwiderte sie und knuffte MacDonald freundschaftlich in die Schulter. »Soll ich euch durch die Ausstellung führen? Juchhe!«

»Das wäre nett«, antwortete Angus für beide.

»Ihr seid nicht von hier, oder?«

»Nein, wir wohnen in Edinburgh und machen in Pitlochry Urlaub.«

»Das ist alles?«

»Bitteschön?«

»Juchhe, ist nicht so wichtig. Habt ihr jemals vom Antarktisreisenden MacRitchie gehört?«

»Selbstverständlich, Miss MacRitchie. In Großbritannien ist er doch so etwas wie ein Säulenheiliger.«

Sie legte sich die Hände auf den Kopf. MacDonald kam aus dem Verwirrtsein nicht mehr heraus. »Habe ich etwas Falsches gesagt, gnädige Frau?«

»Hoppla! Wir hatten uns doch auf Katherine geeinigt!«

»Ich bitte vielmals um Entschuldigung.«

»Kein Grund dazu. Doch Säulenheiliger ist ein kurioser Begriff. Mein Urgroßvater hätte darüber geschmunzelt.«

Wieder einmal waren MacDonalds schauspielerische Leistungen gefragt. »Der große MacRitchie war also Ihr Vorfahr?«

»Dein Vorfahr, wolltest du sagen!«

Sie zog an einer langen Schnur. Die Pappmachéwände fielen der Länge nach auf den Boden und kamen genau vor den tragenden Wänden zum Liegen. Seltsame Artefakte hingen an diesen. Aha!, dachte Alberto. Daher kommt also der Muffelgeruch. Und wer hatte die Zeit, den lieben langen Tag nicht nur den Fußboden, sondern auch noch umgefallene Wände wieder weiß anzusprühen? »Was verkaufen Sie denn hier?«, fragte er geradeheraus.

»Im Moment nichts, Alberto. Immerhin ist es eine Ausstellung zu Ehren meines Ahnen. Der schnöde Mammon wird einfach vernachlässigt! Nicht das gesamte Leben soll sich um Geld drehen.«

So? Und wer bitte zahlte die Miete?, dachte Alberto.

MacDonald hatte eine unangenehme Vision, sah seinen Freund ungeduldig aus dem Geschäft eilen. »Ich denke mir, dass Sie, ich meine natürlich du, eine Menge loyale Kunden haben, äh, hast, die dich nach dieser Durststrecke wieder besuchen?« Das Wörtchen loyal betonte er sehr stark.

MacRitchie musterte ihn vom gepflegten Schuh bis zum Scheitel und nickte dann. »Jaja, so ist das. Doch zurück zur Ausstellung, wenn's beliebt. Mein Ahne nahm an insgesamt drei Polarexpeditionen teil. Zwei davon organisierte und leitete er. An den Wänden ringsum habe ich Gegenstände aus diesen befestigt. Die Pappmachéwände sollen beim Eintreten erst einmal ein Gefühl der Enge vermitteln, wie es auf dem Schiff und in den Eishütten herrschte. Danach kann man sich in aller Ruhe auf die Gegenstände konzentrieren. Gefällt es euch?«

»Grandios. Hat er dir die Stücke vererbt?«, fragte MacDonald.

»Schön wäre das gewesen. Nein, ich habe sie selbst gebastelt. Eine Frau tut, was sie kann, oder nicht?«

»Unfassbar, ich hätte schwören können, dass sie echt sind. Der Kompass da drüben zum Beispiel.« Als er sich darauf zubewegte, warf sie sich wie der Torwart in einem Fußballspiel mit gestreckten Armen zwischen ihn und die Wand. Waren sie in einem Nervenspital gelandet?

»Pardon! Ihr müsst bitte verstehen. An einigen dieser Artefakte habe ich wochenlang gewerkelt.«

»Selbstredend! Es wäre natürlich ein Jammer, wenn eine der Arbeiten auf die platten Pappmachéwände fiele. Besterdings bleiben wir stehen und warten, bis die Erläuterung zu uns kommt. In Ordnung?« Viel hing ohnedies nicht an den Wänden.

»Juchhe, ja, ja, gerne.«

MacRitchie beschrieb akribisch Dinge, die nur ein extrem kurzsichtiger Mensch nicht erkannt hätte: ein Foto ihres Ahnen, eine Hundepeitsche, ein kleines leeres Kästchen, eine Prise Kautabak und diverse andere Sachen.

»So, meine Freunde. Mehr gibt es nicht.«

»Wie steht es mit Whisky, Katherine?«, fragte Alberto, der sich in buddhistischer Manier geistig entfernt und auf einen Risotto Milanese konzentriert hatte.

Ihre gute Laune bröselte wie Schiffszwieback zusammen.

»Was denn für ein Whisky?«

»Hat dein Vorfahr zur letzten Expedition nicht zwölf Kisten Scotch mitgenommen?«

»Warum erwähnst du ausgerechnet diese Reise?«

Ja, Alberto, warum nur?, dachte MacDonald. Ein wenig mehr Fingerspitzengefühl wäre nicht verkehrt gewesen.

»Ich habe unlängst einen Artikel in der Zeitung darüber gelesen«, antwortete der Italiener trotzig. »Hat er für die anderen Reisen auch Feuerwasser eingepackt?«

»Niemals für sich! Damit hielt er seine Männer bei Laune. Es war bitterkalt und die Arbeit zermürbend. Nicht jeder schaffte es, bei Heißgetränken zu bleiben, so wie Onkelchen. Umso gemeiner ist es, dass diese McVicars and Whitelaws in Glasgow ihn ausgerechnet mit Scotch ehren möchten!«

Juchhe! Womit denn sonst, Katherine? McVicar and Whitelaw fabriziert weder Kautabak noch Hundepeitschen!

»Versteht ihr, wovon ich spreche?«

»Wir, also äh …«

»Nein. Woher solltet ihr auch? McVicar and Whitelaw ist eine Whiskyfirma. Anlässlich des Jubiläums der Expedition planen sie, einen sogenannten Jahrhundertwhisky auf den Markt zu bringen. In Kürze wird die Präsentation stattfinden.«

»In Pitlochry?«

»Das fehlte noch! Nein, in Glasgow.«

»Warum unternehmen Sie als legitime Nachfahrin nichts dagegen?«, wollte Alberto wissen.

»Was sollte das bitte sein? Soll ich eine Bombe in das Firmenhochhaus in Glasgow werfen?«

»Gott bewahre, nein! Weiß man denn, wer für den Whisky verantwortlich ist?«

»Der Blender, Alastair Carnegie«, sagte Katherine verächtlich. »Unzählige Briefe habe ich ihm geschrieben und nie eine Antwort erhalten!«

»Wirklich?«

»Ja, einmal bin ich sogar nach Glasgow gefahren. Aber man wimmelte mich bereits am Empfang ab. Wie eine Verbrecherin haben sie mich behandelt. Diesen Tag werde ich nie vergessen! Ein Mensch hat das Recht, den Namen seines Vorfahren zu schützen. So ist es doch?«

»Freilich. Trinkst du selbst Whisky?«, fragte Alberto unerschrocken.

»Jawohl. Warum auch nicht?«

»Auf Westseite des Lochs!«, bellte einer der Mitarbeiter Smirnofs.

»Welches Loch bitte?«, antwortete Carnegie im selben Ton. »Loch Tummel oder Loch Faskally?«

Nach einem kurzen Rascheln in der Leitung kam die Antwort: »Faskally, ja?«

»Einverstanden, junger Mann. Und wo da? Der See ist etwa drei Kilometer lang!«

»Moment warten!«

»Sehr gerne.«

»Nach zehn Minuten Sie gehen rechts, zwischen die Bäume.«

Loch Faskally begann direkt hinter dem Bahnhof. Da er nicht wusste, wie weit er am Ufer entlangehen musste, hatte er sich für seine Wanderkleidung entschieden: ein bequemes weißes Hemd, Hose und Anglerweste in beige. Safarikleidung nannte seine Frau das. Ihm war unwohl darin, denn Anzug, Hemd und Krawatte fühlten sich wie eine zweite Haut an. Loch Faskally war ein Stausee, mit dem elektrische Energie erzeugt wurde. Tausende atlantischer Lachse schwammen vom Fluss Tummel über die 34 Kammern des Staudamms in den See. Diese ähnelten kleinen Swimmingpools, jeder mit einem höheren Wasserstand als der letzte, gewissermaßen eine Treppe für Fische. Ein Treffen im Freien also, dachte Carnegie. Man konnte nur hoffen, dass Smirnof einen abgelegenen Platz gewählt hatte. Immerhin war es besser als ein konspiratives Treffen im Hotel, wo er in Turnbull bereits einen Erzfeind hatte. Er passierte die Brücke und betrat auf der linken Seeseite den Fußweg. Zum hundertsten Mal fragte er sich, was dieses Meeting bewirken sollte. Hätte nicht Whitelaw, einer der beiden Firmengründer, ihn darum gebeten, wäre dem Russen eine Absage sicher gewesen. Natürlich, Menschen wie diesen Smirnof gab es überall, doch der Raubtierkapitalismus, der in Russland grassierte und den er verkörperte, war besonders ekelhaft. Smirnof war einer von vielen, die sich nach dem Zusammenbruch der Sowjetunion schamlos am Staatseigentum bereichert hatten. Heute besaß er unter anderem eine Zulieferfirma für die Gasindustrie, einen Getränkekonzern, eine Fluglinie und einen Fußballverein. König des Vergnügens nannten sie ihn auch. Das war er aber nur, wenn alles nach seinem Willen ging. Stellte sich jemand quer oder äußerte er nur eine alternative Meinung, wurde der Russe zur Bestie. Auf der Liste der Milliardäre nahm er mit mehr als tausend Millionen Dollar Vermögen Platz 919 ein. Smirnof liebte schnelle Autos, schöne Frauen und natürlich rauschende Parties. Bei einem freundlicheren Menschen keine verwerflichen Beschäftigungen. Whitelaw hatte ihm nicht den geringsten Hinweis gegeben, worum sich das Gespräch drehen würde. Er mochte etwa eine Viertelstunde dem Wanderweg gefolgt sein, als er einen Laut hörte. Vielleicht ein flatternder Vogel? Nah oder fern?

»Sofort halt!«, befahl eine Männerstimme.

Carnegie drehte sich langsam um und blickte an dem flachsblonden Hünen hoch. »Ihr Wunsch ist mir Befehl.«

»Einmal heben Arme.«

Der Leibwächter tastete ihn von oben bis unten ab. »Können Sie sich regen.«

»Bitte? Ach so, das war gar keine Frage. Und nun?«

»Sie kommen.«

Carnegie folgte dem Mann zögerlich.

»Kommen, kommen nur, keine Gefahr. Haben wir alles abgesichert.«

»Die gesamte Westseite des Sees?«

»Nur wichtige Bereich«, antwortete der Mann gepresst. Sprechen war nicht seine Sache. »Da drüben!«

»Bitte was?«

»Rechts! Rechts!«

»Ist ja schon gut. Regen Sie sich nicht auf.«

Der Russe blieb stehen.

»Wollen Sie mich nicht begleiten?«

»Muss ich Terrain sicher halten.«

»Selbstverständlich. Hat mich gefreut, Ihre Bekanntschaft zu machen.«

Aus einem Gewirr von Bäumen näherte sich ein zweiter Mann, etwas kleiner und breiter. »Carneckie?«

»Mister Carnegie! Jawohl, der bin ich.«

»Folgen bitte.«

Der Bodyguard versperrte ihm die Sicht nach vorne. Als er nach wenigen Minuten abrupt anhielt, stolperte Carnegie fast über den Campingtisch. Ein Seidentuch bedeckte einen Eiskübel mit mehreren Flaschen.

»Ehrenwerter Mister Carnegie«, rief ein kleiner Mann, der eine verstörende Ähnlichkeit mit einem ehemaligen italienischen Ministerpräsidenten hatte: kostspieliger Anzug und ein eingefrorenes Grinsen mit mindestens 55 Zähnen. Smirnof hätte ein Zwillingsbruder von Besagtem sein können. Auf den Fotos war ihm das nie aufgefallen.

»Mister Smirnof?«

»Yes! Aber sagen Sie nicht wie Wodka Smirnoff. Das ich höre zu oft. Und außerdem Wodka man schreibt mit zwei f.«

»Warten Sie schon lange?«

Er kniff sich mit Daumen und Zeigefinger ins Ohr. »Ein bisschen. Ist aber nicht Ihre Schuld. Security, Sie verstehen? Ich darf Ihnen kleine Erfrischung anbieten?«

Carnegies Ansicht nach war es für Alkohol etwas früh. Doch wollte er nicht unhöflich sein. »Gerne, Mister Smirnof. Warum auch nicht?«

»Wollen wir Wodka trinken?«

»Als Whiskymann habe ich nichts dagegen.«

Smirnof kraulte sich das Kinn. »Sie wollen lieber Whisky, Mister Carnegie?«

»Nein, ist schon gut. Mir ist beides recht.«

»In Russland zur Begrüßung wir trinken immer Wodka.«

Und prinzipiell aus Viertellitergläsern, dachte Carnegie. Warum nicht gleich einen Eimer benutzen?

Er reichte ihm das Glas. »Nasdrovje!«

»Slàinte mhath.«

»Natürlich. In den Highlands wir müssen Gälisch reden.« Smirnof trank das Glas mit einem langen, aggressiven Schluck aus und donnerte es auf den Campingtisch. »Sie sind bereit zu sprechen, Mister Carnegie?«

Er nickte.

»Sie haben Idee, warum ich Sie zu diesem Treffen gebeten habe?«

»Um ehrlich zu sein: nein.«

Smirnof hatte nicht verstanden. Diesen Zustand mochte er überhaupt nicht. »Wie ist das?«

»Nein, ich habe keinen Schimmer.«

Wieso konnte dieser Schotte nicht deutlich sprechen! »Sie wissen über mich Bescheid?«

»Nur was man so hört.«

Der Russe deutete unhöflich mit dem Zeigefinger auf ihn. »Haha, was man so hört, sagt er. Das ist gut. So wir belassen es dabei. Wodka?«

Carnegie hob sein fast volles Glas in die Höhe. »Danke, ich habe noch.«

»Trinken Sie wie eine Spatz!«

»Ich soll was bitte? Ach so, ich verstehe.«

»Schmeckt Ihnen nicht?«

»Doch, sehr gut«, stotterte er.

»In einem Ihrer Seminare ich habe gelernt, dass man gute Schnäpse achten muss. Erst Farbe betrachten, fällt natürlich bei Wodka weg, dann Glas hin und her schwenken, sodann schnuppern. Nichts davon Sie haben gemacht, obwohl Sie als Master bekannt sind. Deshalb ich habe gefragt.«

Was auch immer er antworten würde, wäre falsch. Also ließ Carnegie diesen Einwand unkommentiert.

»Wenn Sie gestatten, ich nehme mir noch einen.«

Er nickte ihm wieder zu. Diese Pseudokonversation wurde ihm extrem unangenehm. »Mister Smirnof, Sie können gerne zum Punkt kommen.«

Der Russe stellte das Glas auf den Tisch und wischte sich mit einer teuren Seidenserviette achtlos den Mund ab. »Wie Sie wünschen. Ich brauche Sie, Mister Carnegie.«

»Okay ...?«

»Wie lange Sie gedenken, noch zu arbeiten?«

»Sie meinen, bevor ich in Rente gehe?«

»Ja, so meine ich.«

»Lange genug, würde ich sagen.«

»Mindestens zehn Jahre?«

»Auf jeden Fall. Warum fragen Sie?«

»Möchte ich Sie gerne zu meiner rechten Hand machen.«

Carnegie sah unglücklich zu dem Leibwächter. Also, wenn er das meinte ...

Der Milliardär schien seine Gedanken gelesen zu haben. »Aber nein, für das es gibt genügend Muskelpakete. Benötige ich Ihre Wissen im Bereich Schnaps.«

»Schnaps?«

»Wodka, Whisky, wie Sie nennen wollen. Können Sie Geheimnis für sich bewahren?«

»Natürlich.«

»Möchte ich in meiner Heimat Whisky machen.«

»Russischen Whisky?«

»Blended Russian Whisky. Und mit was wir blenden, ehrenwerter Mister Carnegie?«

»Mit schottischem Whisky?«

»Haben Sie es erfasst. Russen sind zwar Wodkatrinker. Aber werde ich Russian Whisky zu einer Weltmarke machen. Dann kaufen auch meine Landsleute ihn.«

Verflixt und zugenäht. Wollte er ihn abwerben oder McVicar and Whitelaw kaufen, um an deren gewaltige Whiskybestände zu gelangen? Wenn er nur Klartext reden würde.

»Beides ist möglich, Mister Carnegie.«

»Wie meinen?«

»Sie fragen sich: Habe ich McVicar and Whitelaw ein großzügiges Übernahmeangebot gemacht? Antwort ist: Ja, aber noch keine Antwort erhalten. Wenn die lehnen ab, Sie wären auch bereit, für mich zu arbeiten?«

»Puh!«, rutschte es Carnegie heraus.

»Wollten Sie ein offenes Wort! Jetzt Sie fragen sich, ob ich Ihr Gehalt zahlen möchte? Ihr jetziges Gehalt und noch einmal hundert Prozent darauf!«

»Gilt das auch, wenn Sie McVicar and Whitelaw übernehmen?«

»Aber natürlich, mein Freund.«

Nun war augenscheinlich, dass Smirnof log, denn er liebte es, Firmen auszuschlachten. Zerfledderte er sie ausnahmsweise einmal nicht, gab es Massentlassungen und er stellte billige, unerfahrene Kräfte ein. Niemals würde er sein Salär verdoppeln. Woher wusste er überhaupt, wie hoch es war?

»Sie überlegen, Mister Carnegie. Ist zu wenig Geld?«

»Im Gegenteil. Es ist ein sehr großzügiges Angebot. Möchten Sie meine Antwort gleich haben?«

»Nein, bin ich noch einige Tage in Hotel. Dort Sie können mich erreichen.«

»Welches Hotel wäre das?«

»Wo Sie auch wohnen.«

»Das Mountain Palace? Aber ich habe Sie dort noch gar nicht gesehen.«

»Dann Überraschung ist mir gelungen.«

»Allerdings, Mister Smirnof.« Er musste einen hohen Aufwand betrieben haben, um nicht erkannt zu werden.

»Ich höre von Ihnen?«
»Sehr gerne.«
»Noch eine Wodka?«
Carnegie wies auf sein Glas.
»Haben Sie im Moment schlechte Kondition?«
»Ach was! Ich habe mich selten besser gefühlt.«
»Holt man sich leicht Erkältung in den Bergen. Sie sollten Hot Toddy trinken.«
»Wirklich, es ist alles in Ordnung mit mir. Möchten Sie noch weitere Themen mit mir bereden?«
»Nein, für heute das ist alles.«
»Es hat mich sehr gefreut, Mister Smirnof. Auf Wiedersehen.«
»Wollen Sie Glas mitnehmen? Frage ich nur, weil Sie es noch in Hand halten.«

Sein Gastgeber winkte ihm mit der Serviette, breit grinsend, bis er außer Sichtweite war. Die Karikatur einer herzlichen Verabschiedung.

In einem Baumversteck fotografierte ein Mann das Treffen eifrig.

»Du willst um 11 Uhr zu Mittag essen, Angus? In einem Pub?«
»Was für eine schöne Vorstellung. Nein, ich möchte nur, dass wir einen guten Tisch für unseren Lunch bekommen. Das Auld Smiddy Inn erfreut sich großer Beliebtheit. Vor dem Essen könnten wir einen Earl Grey und einige Scones zu uns nehmen und dabei über Katherine sprechen. Früher wohnte der Hufschmied in dem Gebäude. Man hat es aufwändig renoviert, dabei aber den Geist des Originals bewahrt.«
»Nach all den Jahren verblüffst du mich immer noch.«
»Dankeschön. Nicht jeder kann das.«
»Du verspeist ein riesiges Highlandfrühstück und zwei Stunden später hast du bereits wieder Hunger.«
»Ich würde es mehr als freundliches Interesse bezeichnen.«
»Va bene. Dann machen wir es so. Sollen wir den Wagen nehmen?«

»Das wird nicht nötig sein. Auch das Auld Smiddy befindet sich geradezu in Sichtweite. Ein Spaziergang wird mir guttun.« Nach zehn Minuten, die sich für MacDonald dann doch wie eine Unendlichkeit anfühlten, fragte Alberto: »Ist es das weiße Gebäude da vorne?« Ein fast quadratisches Häuschen mit Giebeldach, daran angrenzend ein länglicher, etwas niedrigerer Bau, ebenfalls in weiß gehalten. Vor dem Rauchverbot hätte Alberto keinen Fuß hineingesetzt. Seitdem er eine mutmaßliche Nikotinvergiftung nicht mehr vorschieben konnte, suchte er nach anderen Ausreden, um seine Abneigung gegen Pubs zu kultivieren. MacDonald war gespannt, was ihm heute einfallen würde. Er ging vor und hielt ihm die Tür auf. Die Einrichtung bestand aus zweckmäßigen, hohen Stühlen und Tischen aus nicht zu teurem Holz.

»Genau so habe ich es mir vorgestellt!«, sagte der Italiener.

Angus war sehr froh, dass sie bislang die einzigen Gäste waren und auch vom Personal niemand zu sehen war. »Wie meinst du das?«

»Die Einrichtung macht einen ja trübselig! Mehr Holzarten konnten sie wohl nicht auftreiben, Stühle, Tresen und Bar, alles verschiedene Farbtöne. Nicht sehr geschmackvoll.«

»Doch das Essen soll sehr gut sein«, sagte MacDonald und wies auf einen der hinteren Tische. »Mich würde sehr interessieren, wo Miss Juchhe das Geld für ihre Ladenmiete hernimmt.«

Als sich die blonde, gut genährte Kellnerin näherte, schwieg MacDonald.

»Hallo, Gentlemen, was darf ich Ihnen bringen?« Sie trug einen gewagt kurzen Rock.

Alberto war entzückt und himmelte sie an.

»Wir nehmen zwei Earl Greys und Ihre hausgemachten Scones, meine Liebe.«

»Sehr gerne.«

»Gefällt es dir nun ein wenig besser hier, Alberto?«

»Sisi! Unbedingt. Hättest du auch gleich sagen können, dass die Bedienungen hübsch sind. Angus, ich denke, MacRitchie hat einen reichen Verehrer.«

»Das kommt mir immer wieder zu Ohren«, sagte ein Mann und machte den letzten Schritt zu ihrem Tisch.

Oh nein!, dachte MacDonald. »Alberto, darf ich vorstellen, das ist Mister Rough.«

»Der Gentleman, von dem du mir erzählt hast?«

»Genau der!«

»Ich wollte mich nicht in Ihr Parlieren schieben«, sagte Rough gutmütig, die Beine zum Hinsetzen bereits halb durchgedrückt.

»No, das haben Sie nicht«, erwiderte Angus. »Nehmen Sie doch bitte Platz, Mister Rough.«

»Mit Garry tun Sie mir ausreichend Genüge. In Pitlochry ist das Korsett an Regeln und Formen nicht so fest gezurrt.«

»Das merkten wir bereits. Alberto, sehr erfreut.«

MacDonald ließ der Konversation ihren unvermeidlichen Lauf.

»Kennen Sie mich wirklich nicht mehr, Mister MacDonald?«

»Aber natürlich, wir haben uns beim Doktor getroffen.«

»Nein, ich meine vorher.«

»Leider nicht. Das tut mir sehr leid.«

»Ich hatte Sie angeschrieben, weil ich eine Frage zum formidablen Sujet Whisky hatte. Es ist doch eines Ihrer unbestrittenen Fachgebiete, nicht wahr?«

»Ja, nun. Was wollten Sie denn wissen?«

»Mein Traum ist es, eines Tages so viel Wissen wie Sie zu haben. Doch dieser ginge nur in Erfüllung, wenn ich mich umfassend bilden könnte.« Er machte eine heftige Trinkbewegung. »Sehen Sie es auch so?«

»Vielleicht. Aber wie komme ich ins Spiel?«

»Könnten Sie mir nicht das eine oder andere Pröbchen zukommen lassen?«

»Mein Herr, ich produziere keinen Whisky, schreibe nur darüber.«

»Aber im Rahmen Ihrer Tätigkeit erhalten Sie doch sicher einige Fläschchen?«

»Zum Degustieren, ja.«

Rough sah ihn erschreckt an. »Wie?«

»Degustieren. Ich probiere die Whiskys, damit ich fachgemäß darüber schreiben kann.«

»Ja, nun, könnten Sie mir nicht die Reste zusenden?«

Die Frage war mehr als absurd. Und wenn man im Lande nicht offiziell nein sagen wollte, schwieg man einfach. Rough setzte nach. »Mister Carnegie sagte in einem Zeitungsinterview, dass er es als Jungmann auch so machte.«

»Alastair, ich meine Mister Carnegie, soll mich um Proben angegangen sein? Daran würde ich mich auch Jahrzehnte später noch erinnern.«

»Nicht Sie, aber Whiskydestillerien schrieb er an.«

»So? Ich habe eine Idee. Wenden Sie sich doch erst einmal an die beiden örtlichen Firmen? Sie könnten die Pröbchen selbst abholen. Das würde Edradour und Blair Athol das Porto sparen. Ich bin sicher, die Leute lassen mit sich reden.«

»Können Sie ein gutes Wort für mich einlegen?«

»Ich?« MacDonald spielte mit dem Gedanken, Scones und Tee hinter sich zu lassen und auf den betriebseigenen Parkplatz zu rennen.

»Natürlich«, sagte Alberto. »Das macht er doch gerne für Sie. In seinem Haus hat er auch sicher noch die eine oder andere angetrunkene Flasche im Safe.«

»Im Safe?«

»Es ist nicht so wichtig. Mister MacDonald kümmert sich jedenfalls darum. Ich würde gerne auf Katherine MacRitchie zurückkommen. Wir waren gerade in ihrem Laden. Sie hat uns mehr oder weniger hinauskomplimentiert.«

»Katherine ist eine Schürzenjägerin.« Rough machte ein listiges Gesicht.

»Wie meinen Sie das?«

»Wegen der Röcke, die wir Männer tragen. Zum Lachen. Verstehen Sie?«

»Köstlich!«, sagte MacDonald. Was blieb einem anderes übrig, als gute Miene zum drögen Spiel zu machen? »Und weiter?«

»MacRitchie ist Krankenschwester von Beruf. Bevor sie den Laden eröffnete, arbeitete sie im Hospital in Aberdeen.«

»Im Royal Infirmary? Warum hat sie ihren Beruf aufgegeben?«
»Ich wusste, dass Sie mich das fragen. Es heißt, sie habe einen Arzt verführt. Der Mann war verheiratet! Es gab einen Riesenkrawall. Die Ehefrau kam ins Spital, tobte und erlitt einen Nervenzusammenbruch. Katherine erhielt zwei Abfindungen und ging.«
»Wieso zwei Abfindungen?«
»Eine vom Krankenhaus und eine private von ihrem Verhältnis.«
»Vom Klinikarzt?«
Rough nickte und studierte die Gesichter der Detektive. »Mit Naughtie hat sie auch ein Techtelmechtel. Starker Tobak, was?«
»Eventuell treffen sie sich zwecks eines fachlichen Austauschs?«
»So kann man es auch nennen!«
»O *Flower of Scotland*«, sang eine junge Frau, »when will we see your like again …«
»Wer ist das?«, fragte Rough.
»*Amy Macdonald*«, informierte Alberto ihn.
»Eine Verwandte Ihres Bekannten?«
»Nein, nur der Klingelton seines Telefoninos.«
Rough sah ihn entgeistert an. »Wer?«
»Handy. So heißt es auf Italienisch.«
»Wenn Sie mich bitte einen Moment entschuldigen würden, meine Herren?« MacDonald ging mit dem mobilen Telefon in der Hand nach draußen. »Hallo Karen, sehr erfreut. Sind Sie wohlauf? Bitte? Nein, das habe ich verstanden, aber leider ist die Verbindung sehr schlecht, um nicht zu sagen miserabel. Wer? Hier? Das gibt's doch nicht!« Bevor Karen ihn fragen konnte, warum er sich in Pitlochry aufhielt, sprach er von jedem Wort nur noch die Hälfte der Buchstaben aus. »Dxx xxnn ixx leixxx nixxt xxgen.« Natürlich war das nicht gerade nett. Aber es würde ihm einen Aufschub bis zur großen Standpauke bringen – für die er sich schleunigst Argumente zurechtlegen musste! Als er in den Pub zurückkehrte, war Rough nicht mehr da. »Wo ist er hin, Alberto?«

»Gleich nachdem du rausgegangen bist, rannte er zum Hinterausgang.«

»Wenigstens ist er in seinem Gebaren konsequent. Ein komischer Kauz.«

»Si, durchweg theatralisch.«

»Whisky ist für einen Schotten ebenso harmlos wie Milch für den Rest der Menschheit.«

Schottisches Sprichwort

Kleines Clantreffen

»By-e-e«, sagte Jack, der Landlord, zu den Gästen im Purple Guest House, vom späten Morgen bis 22 Uhr. Dann schloss er beide Haustüren ab, äußere Tür und diejenige, die auf den drei Meter langen Eingangsbereich folgte. Das genügte, um ihm eine gehörige Bettschwere zu geben.

»Goodbye«, erwiderte Miss Armour beim Rausgehen eisklirrend. Ihr war es unlieb, dass dieser Macho seine Ehefrau die gesamte Arbeit verrichten ließ. Tische decken, Frühstück zubereiten, servieren, abräumen, Geschirr spülen, einkaufen, ihre Verpflichtungen waren endlos. Er jedoch saß ununterbrochen in seinem bequemen Sessel und sah den Gästen nach. Sein weitester Weg führte ihn zur Vorderfront, so wie am Abend zuvor, als sie angekommen waren. So einer wollte beim Geheimdienst gewesen sein! Nie im Leben!

»Einen wundervollen Tag, schöne Frau«, sagte Jack. »Schönes Wetter wird es geben, denn der Nordwind hält den Regen fern.« Sie war längst im Freien, wo Mister Malcolm auf sie wartete. Um Whisky zu schlürfen, wie sie vermutete. Wenigstens war er kein leugnender Trinker, kündigte seinen Exzess mit dem immergleichen Spruch an: »Ich habe ein Treffen mit dem Gefieder.« Ein Synonym für »The Famous Grouse«, seinen Lieblingswhisky. Was hatte ihr Vater immer gesagt, wenn er nach dem Abendessen seine Bar im Wohnzimmer öffnete? »Gelegenheit, dem Feind entgegenzutreten.« Auch leistete Malcolm keinen Widerstand, als sie auf zwei getrennte Zimmer bestand. Möglicherweise war er doch kein so schlechter Mensch. Wenn sie nur wüsste, was er mit dem übergewichtigen MacDonald zu schaffen hatte. Als sie auf den Parkplatz trat, verblüffte Malcolm sie aufs Neue: Er machte Kniebeugen. Immerhin eine

Art Anstrengung. »Sie wissen, dass Ihre Übungen schlecht für die Knie sind?«

»Oh, ay? Was machen Sie so?«

Armour stemmte die Hände in die Seiten, um ihre Aussage bildlich zu bekräftigen. »Ja nun, ich folge einem von mir entwickelten Aerobicprogramm. Ich kann sagen, dass ...«

»Aerobic? Das waren doch die Typen, die der Kleine in seinem letzten Fall zur Strecke gebracht hat?«[2]

»Was denn für ein Fall? Es ist nicht einfach, mit Ihnen eine Unterredung zu führen! Manchmal kommt es mir vor, als ob Sie eine fremde Sprache sprächen.«

»Im Zweifel ist das *Scots*, Armour. Oder ein leichter schottischer Akzent, wenn ich Englisch spreche.«

»Leicht nennen Sie das?«

»Sie haben es gerade nötig mit Ihrem orkadischen Singsang.«

»Ich rede keinen Singsang! Meine Mutter hat peinlich darauf geachtet, dass wir uns gewählt ausdrücken.«

»Mit anderen Worten, als Kind war Ihr Achterbahnakzent noch heftiger!«

»Müssen Sie immer das letzte Wort haben?«

»Was, Aer...?«

»Aerobic! Es ist ein solides Fitnessprogramm. Aber lassen wir das.«

»Jetzt dämmert es mir wieder. Hat das nicht die olle Fonda erfunden?«

»Wer?«

»Jane Fonda. Die Schauspielerin, Tochter von Henry.«

»Von mir aus!«

»Sind Sie jetzt eingeschnappt?«

»Als ob Sie das interessieren würde! Erzählen Sie mir lieber, was Sie für heute geplant haben.«

»Besuche in den örtlichen Destillerien natürlich.«

»Niemals! Wie käme ich dazu!«

---

[2] Malcolm bezieht sich auf die Aerophiten in »Dicke Luft in der Küche«.

»Wollte nur sehen, was Sie davon halten.« Er klopfte sich auf die Innentasche seiner Jacke. »Eine kleine Erfrischung trage ich immer bei mir! Wir gehen zum Mountain Palace Hotel.«

»Um dort was zu unternehmen?«

»Den Kleinen ausfindig zu machen. Deshalb sind Sie doch mitgekommen, oder? Ich werde ihm beim Detektivspielen wieder unter die Arme greifen müssen. Niemand kann so gut ermitteln wie ich!«

»MacDonald ist Detektiv? Arbeitet er undercover?«

»Nein, in leiblicher Pracht, aber nebenbei.«

»Woher wissen Sie, dass er in Pitlochry ermittelt?«

»Ganz einfach. Der Bursche ist ein Gewohnheitstier. Wenn er so schnell eine Reise antritt, kann es nur mit einem neuen Fall zu tun haben.« Malcolm lächelte wissend. »Er gibt es nicht gerne zu, aber die schwierigen Fragen kann er ausschließlich mit mir besprechen. Dieser Italiener ist ein hoffnungsloser Fall, viel zu sehr aufs Essen und seinen Vino fixiert. Wie alle Südländer.«

Miss Armour betrachtete ihn. »So sehen Sie das also?«

»Ay! Ich halte nichts von fremdländischen Firlefanzköchen.«

»Malcolm, Sie sprechen mir aus der Seele. Viel wichtiger ist doch der gesundheitliche Aspekt der Ernährung!«

»Darauf trinke ich einen, Missie.«

»Wenn es unbedingt sein muss!«

»Zum Essen hätte ich mal eine Frage: Wer füttert Sir Robert, während Sie weg sind?«

»Diese Aufgabe konnte ich erfreulicherweise meiner Tochter anvertrauen. Sie kümmert sich auch um die Post und das Telefon.«

»Hoffentlich geht das gut.«

»Ich muss doch sehr bitten! Thomasina ist trotz einiger Schwächen ein zuverlässiger Mensch.«

»Das glaube ich auf Anhieb. Weiß aber nicht, was seine Frau Doktor davon halten wird.«

MacDonald saß mit Alberto im Erdgeschoss des Maitland Houses, wo sie eine schöne Flasche Highland-Mineralwasser tranken und über den Fall sprachen, bis irgendein Neandertaler die Faust gegen die Tür hämmerte.

»Erwartest du lieben Besuch, Angus?«

»Menschen mit ungeschliffenen Manieren zähle ich nicht zu meinen Bekannten. Als ob man nicht dezent klopfen könnte! Es kommt noch der Tag, an dem ich rabiat werde.«

»Soll ich aufmachen oder warten wir einfach ab, was passiert?«

»Ich bin dafür, wir öffnen und stellen den Klotz zur Rede.«

»Also gehe ich zur Tür?«

»Wenn du bitte so nett wärst.«

Als krisenerprobter Hotelier sah Alberto erst einmal aus dem Fenster, denn der Störenfried konnte ja bewaffnet sein. »Madonna! Das musst du dir unbedingt ansehen, Angus.«

»Oh, ist das tatsächlich vonnöten? Sag mir doch einfach, wer es ist. Ohne zu fluchen, bitte.«

»Die Armour und dein Alter.«

MacDonald fiel das Wasserglas aus der Hand und nur der dickgeplüschte Boden verhinderte, dass es in viele kleine Stücke zerbrach. »Miss Armour und wer?« Er hob das Glas auf und stellte es fürsorglich wieder an seinen Platz.

»Die Unhöflichkeit in Person, dein Dad.«

»Das kann doch gar nicht sein. Woher weiß er denn, dass wir hier sind?«

Alberto seufzte und öffnete. »Hereinspaziert, die Herrschaften. Was habe ich dir gesagt, Angus?«

»*Guid morning*, Kleiner! Was machst du denn so weit nördlich vom Hadrianswall?«

»Wie bitte? Vitiello ist Ihr Nachwuchs?«, fragte Miss Armour. »Ich dachte, wir suchen Mister MacDonald auf.«

»Das ist nur ein Kleiner von vielen. Meiner hockt da drüben auf dem geblümten Sessel.« MacDonald wäre am liebsten sitzen geblieben, mit einem dicken Kissen über dem Kopf, so wie bei Armours Freiluftübungen. Aber so unfreundlich konnte er nicht sein. Also erhob er sich und trottete auf die unerwarteten

Gäste zu wie der pflichtbewusste Gastgeber einer Dinnerparty. Warum nur hatte er der Armour gesagt, dass er nach Pitlochry fuhr! Karen wäre so oder so erzürnt über seine Reise, ganz gleich wohin sie ihn führte. »Dad, ich freue mich! Sie haben sich auch loseisen können, Miss Armour, wie nett.«

»Red nicht so geschwollen, Kleiner. Wir sind doch unter uns.« MacDonald senior drückte ihn an sich.

»Autsch«, rief Angus und rieb sich die Brust. »Kannst du nicht wenigstens vorher den berühmten Grouse rausnehmen?«

»Stell dich nicht so an, *Jessie*.«

Aus irgendeinem Grund kicherte die Armour, was MacDonald überhaupt nicht gefiel. »Sie sind also der Sohn von Malcolm? Kaum zu glauben.«

»Ay! Das denke ich auch oft!«, bestätigte dieser. »William, mein anderer Sohn ist völlig ...«

MacDonald wurde unwillig. »Dad! Bitte nicht wieder das Loblied auf meinen Bruder. Dass ich aus der Art geschlagen bin, hast du mir oft genug erzählt. Freunde dich doch bitte mit der Realität an. Was macht ihr denn hier, wenn die Frage gestattet ist?«

»Zu mir musst du nicht ihr sagen. Bin doch nicht der Papst!«

Miss Armour lachte schrill, einer Fahrradklingel nicht unähnlich.

»Haben Sie der Dame Alkohol eingeflößt?«, fragte Alberto.

»*Fegs*! Sie wollte doch keinen! Auch Wasser habe ich sie kaum trinken sehen. Vermutlich macht sie es wie ein Kamel.« Er legte ihr den Arm auf die Schulter. »Das macht die gute Bergluft. Stimmt doch, Armour?«

»Soll ich schon mal das Aufgebot bestellen?«, erkundigte Alberto sich.

»Ich verbitte mir solch schlüpfrige Bemerkungen«, protestierte die Ernährungsberaterin und schob Malcolms Arm von sich. »Ich bin aus wissenschaftlichen Gründen angereist. Ihr Herr Vater hat mir liebenswürdigerweise die Gelegenheit zur Mitfahrt gegeben! Rein sittlich gibt es keinen Grund zur Beanstandung! So muss es festgehalten werden.«

»Wo sie recht hat, hat sie recht. Leider!«

»Sind Sie auch als Forscher hier, Mister MacDonald?«, fragte Alberto.

»Was denn sonst? Hier gibt es doch zwei Destillerien.«

»Mir haben Sie erzählt, dass Sie dem Kleinen unter die Arme greifen!«, sagte Armour empört.

Vitiello zwinkerte MacDonald zu, der sich in einem volkstümlichen Schwank gefangen sah.

Sein Vater sah sich im Zimmer um. »Während der Reise habe ich erfahren, dass meine Trinksitten zu wünschen übrig lassen.«

»Prego?«

»Ein Glas brauche ich! Wäre im Prinzip Aufgabe des Gastgebers.«

»Entschuldige, Dad. Was darf ich euch anbieten?«

»Ginger Ale mit etwas Sodawasser und einem Scheibchen Limone.«

MacDonald kratzte sich unschlüssig am Kinn. »Im Ernst?«

»Sehe ich etwa aus wie ein Börsenmakler? Natürlich nicht!«

»Vielleicht will der Herr eine Auld Man's Milk?«

»Vorsicht, Kleiner!«

»War nur ein Vorschlag«, antwortete Alberto spitzbübisch.

»Scotch also, Dad?«

»Unbedingt. Soll ich dir mein Fläschchen geben?«

MacDonald schüttelte den Kopf. »Nicht nötig, die Hausbar ist beachtlich gut ausgestattet.« Er holte eine Flasche Blair Athol aus dem Schrank und goss, ohne zu fragen, in vier Gläschen ein.

»Miss Armours Drink kannst du mir auch gleich geben.«

Sie machte einen Schritt nach vorne und erstaunte alle drei Herren. »Aber nein, ich akzeptiere.«

»Verstehe, Sie wollen sich mit der lokalen Kultur vertraut machen. Toller Schuppen, Sohnemann. Möchte allerdings nicht wissen, was du an Miete berappst.«

»Ein Schotte entdeckt eine Fliege in seinem Teller«, sagte Alberto. »Anstatt den Kellner zur rufen, packt er sie mit Daumen und Zeigefinger, hält sie über den Teller und brüllt: Spuck sofort die Suppe wieder aus!«

MacDonald senior schluckte. Na warte, dem würde er es zeigen! »Was Besseres fällt dir nicht ein? Kennt ihr den schon? Ein Tourist besichtigt Loch Ness, um das Ungeheuer zu sehen. Irgendwann fragte er seinen Reiseleiter: Wann taucht Nessie denn normalerweise auf? Nach fünf Gläsern Scotch, antwortet dieser.«

Keiner im Raum lachte, was Alberto nicht davon abhielt, noch einen Witz zum Besten zu geben: »Was kostet es bis zum Hauptbahnhof?, fragt ein Schotte den Taxifahrer. Etwa fünf Pfund, Sir. Und das Gepäck? Nehme ich umsonst mit. Gemacht! Fahren Sie schon mal mit dem Gepäck los. Ich komme zu Fuß hinterher!«

MacDonald rieb sich die Hände. Irgendwie musste er die Situation unter Kontrolle bekommen. »Ihr beiden versteht es fürwahr, ein Scherzchen zu präsentieren! Doch befanden wir uns gerade in einem wichtigen Meeting.«

»Wo wart ihr?«

»Wir haben eine Besprechung.«

»Ein neuer Fall. Stimmt's?«

MacDonald sah keinen Ausweg mehr. »So ist es, Dad.«

»Sehen Sie, Armour! Wie ich es mir gedacht habe. Hier sind wir genau richtig.«

»Ihr wollt euch eventuell in eurem Hotel frisch machen? Es ist das Purple, wie ich annehme?«

»Ay! Und seit gestern Abend haben wir schon zweimal geduscht. Wie es sich gehört. Aber wenn ich gewusst hätte, dass ihr Platz für eine Fußballmannschaft inklusive Reservespieler habt…«

»Dad, es wäre doch schön, wenn du Miss Armour ein wenig die Gegend zeigst, oder?«

»… hätte ich keine zwei Zimmer in einem Guest House genommen.«

»Wollen Sie bei uns übernachten?«, fragte Alberto.

MacDonald traute seinen Ohren nicht. »Was redest du denn da?«

»Wüsste nicht, was dagegen spricht«, meinte der Senior, »Zimmer habt ihr hier ja reichlich.«

»Das Hotelmanagement sähe eine Überbelegung gar nicht gerne, befürchte ich.«

»Im Gegenteil«, widersprach Alberto, »als wir ankamen, hat die junge Dame am Empfang ausdrücklich gesagt, dass ...«

»Nein, hat sie nicht!«, schnitt Angus ihm das Wort ab, »hier liegt ein Missverständnis vor.« Eines der schrecklichen Art!

Malcolm überlegte. So gerne er Geld sparte: Übernachtete er mit der Armour weiter im Purple, ergab sich vielleicht doch noch etwas zwischen ihnen. Wohnten sie hier zu viert, seinem Gefühl nach eher nicht – so spröde wie sie noch war. Zudem konnte er seinen Sohnemann leicht in eine Zwickmühle treiben. »Klar, wir helfen euch gerne bei dem Fall!«

»Dad, das ist lieb von dir, wird aber absolut nicht nötig sein.«

»Wie! Du lässt deinen leiblichen Vater nicht in deinem Haus wohnen und jetzt willst du auch noch den Geheimniskrämer spielen?«

MacDonald sah zu Alberto. Dieses Dilemma hast du mir eingebrockt, sagte sein Blick. Doch länger zu widersprechen, traute er sich nicht.

»Also, ihr zwei Meisterdetektive. Wo drückt der Schuh? Raus mit der Sprache!«

»Kannst du dich noch an Alastair erinnern, Dad?«

»Ist das der kleine Grimmige, der dich mal vermöbelt hat?«

»Mich hat noch nie jemand ›vermöbelt‹!«

»Aber ja. Damals, als du einem gewissen Drake auf der Spur warst, hat dich dieser Geselle in deinem eigenen Haus niedergeschlagen.«

»Alastair Carnegie ist kein Schläger, sondern der beste Master Blender des Landes.«

»Ay, jetzt weiß ich wieder. Der feine Pinkel aus *Glesca*! Sag das doch gleich. Was ist mit ihm?«

MacDonald sah sich nervös im Zimmer um.

»Wirst du abgehört?«

»Nein, aber ich habe Alastair versprochen, niemandem davon zu erzählen.«

»Was ist mit dem Italiener?«

»Mein Name ist Alberto, nicht DER Italiener!«

»Ay! Weißt du Bescheid, ALBERTO?«

Vitiello drückte sich vor einer Antwort und betrachtete seine Schuhe.

»Dachte ich mir schon. Also dann. Schieß los, Anguslein.«

»Dad, ich habe dich schon häufig gebeten, mich nicht so zu nennen. Was schreiben Sie denn da auf, Miss Armour?«

»Ach, nur ein paar Notizen.«

»Das wird mir jetzt zu chaotisch. Warum stellen Sie unsere Unterhaltung nicht gleich ins Internet!«

»Da es nur um ihren speziellen Fall geht, würde es die Welt nicht kümmern, Mister MacDonald.«

»Io penso, che ...«

»Wir sprechen kein Südländisch, Vitiello.«

»Ich habe auch den Eindruck, dass Miss Armour sich etwas zu deiner Abspeckdiät notiert, Angus.«

»Atkins-Diät! Atkins-Diät!«, deklamierte MacDonald entnervt. »Das ist doch nicht so schwer.«

»Sie sind ein guter Beobachter, Mister Vitiello. Im Rahmen unseres Projektes hat es sich als Vorteil erwiesen, psychologische Faktoren einzubeziehen.«

»Hört, hört!«, rief MacDonald senior. »Am Ende werde ich auch noch berühmt und komme ins Fernsehen!«

»Sie?«, fragte Armour verständnislos.

»Natürlich! Immerhin bin ich sein Vater und der Chef des Clans.«

Alberto klatschte die Hand gegen die Wand. »Dame und Herren. Meine arme kleine Frau müht sich in Edinburgh mutterseelenalleine mit unserem Guest House ab. Wir müssen also zum Punkt kommen. Für Sie hätten wir eine geeignete Aufgabe, Mister MacDonald.«

Angus fiel vor Schreck fast aus seinem Sessel. »Alberto! Halte an dich!«

Malcolm rieb sich die Hände, wie ein Briefmarkensammler, der unverhofft an ein seltenes Stück gelangte. »Endlich schätzt jemand meine Fähigkeiten richtig ein. Danke, Vitiello. Bist doch kein so schlechter Mensch, wie ich dachte.«

MacDonald goss sich noch einen doppelten Whisky ein und folgte dem Gespräch quasi in Schockstarre. Beim dritten Fall hatte sein Dad es geschafft, sich einzubringen. Das behagte ihm eingedenk betrüblicher Erfahrungen überhaupt nicht.

Fletcher Turnbull hielt große Stücke auf sich. Er hatte ingwerfarbenes Kopfhaar und sein gestutzter Vollbart glänzte schwarz. Der Kontrast war so stark, dass jeder, der ihn zum ersten Mal sah, rätselte, welche Partie gefärbt war. Zu fragen traute sich niemand, denn der Chefkoch verströmte eine bedrohliche Energie, die einen jederzeit treffen konnte. Genau in der Mitte des Kinns hatte er eine tiefe Einkerbung. Seine grüne Kochjacke war maßgefertigt. Zumindest, wenn er sie beim Schneider abholte. Denn davor und danach, also fast immer, kämpfte er mit Überpfunden. Es war aber auch nicht einfach, den lieben, langen Tag alles abzuschmecken und dabei seine Figur zu halten! Niemandem konnte er diese Aufgabe überlassen, auch nicht seinem Stellvertreter. Deshalb freute er sich immer, wenn er jemanden sah, der noch pfundiger daherkam als er selbst. Und dieser MacDonald aus Edinburgh war so einer. Mindestens drei Zentner wog das Dickerchen. Turnbull lag wie ein dekadenter Römer auf seiner Wohnzimmercouch und blätterte in der Akte, die bereits ein Foto und einige Notizen enthielt. Sein kurzer italienischer Freund hieß Vitiello und besaß ein Guest House in Edinburgh. MacDonald war auch gut Freund mit diesem Carnegie! Bei Fatzken seines Kalibers musste man extrem vorsichtig sein, denn sie konnten einem gehörig schaden. Selbst in Glasgows East End aufgewachsen, hatte er sich auf schmerzhaftem Weg die nötige Menschenkenntnis angeeignet. In seinem Viertel sagte man, was man dachte. Und man tat, was man ankündigte. Diese gemeinen Reichen aber heuchelten, intrigierten und verschworen sich miteinander, bis ein Genie wie er am Boden lag. Dann traten sie immer noch weiter. Freiwillig hätte er sein Restaurant in Glasgow nie verlassen. Carnegie und Konsorten boykottierten seine Auszeichnung mit einem Michelinstern! Rache war süß, sagte man. Das konnte er nur bestätigen! Allen ehemaligen Feinden würde er es heimzahlen. Dickerchen war Food Journalist, schrieb für den »Scotsman« und verfasste auch Kochbücher. Zwei seiner Commis hatten über ihn geflüstert. Doch Sprechen, gleich in welcher Lautstärke, war in seiner Küche strengstens verboten. Also stellte er die Halbwüchsigen zur Rede. Sie erzählten ihm übertrieben devot, was sie über MacDonald und seine Fernsehauftritte wussten. »Der filmt auch für die BBC?«, hatte er abfällig geantwortet. »So was macht dieser Tage ja jeder Amateurkoch.« Seitdem die good old *Beep* vor Jahren seinen Programmvorschlag abgelehnt hatte, boykottierte er sämtliche Kochsendungen. Auf jede der drei Absagen hin hatte er das Konzept optimiert. Doch diese Hornochsen wollten einfach keine Sendung zum Thema Innereien drehen. »Gute Idee, Mister Turnbull. Aber bedenken Sie bitte, dass die Mehrheit der britischen Bevölkerung das Fleisch abgepackt im Supermarkt kauft. Innereien sind nicht gerade populär.« Darum ging es ja gerade! Man musste den Menschen diese Schätze wieder nahebringen! Verflixt und zugenäht! Eine Schafskopfsuppe war es wert, ins Gedächtnis der schottischen Bevölkerung gerufen zu werden. Bereits der Name dieser Spezialität klang wie Musik: Powsowdie. Zum Teufel! Warum sollte er sich noch engagieren! Es war alleine der Verlust dieser Ignoranten! MacDonald und Vitiello hatten das große Maitland House für sich gemietet. Carnegie wohnte in einer Suite. Eine knifflige Aufgabe, doch nicht unlösbar. Seine Leute würden sich darum kümmern. Ein Master Blender ohne Nase! Haha! Es war fast so gut wie ein Chefkoch ohne Nase. Figuren aus einem schlechten Witz! Auf das nächste Essen, das die Kanaille bestellte, würde er aus Versehen eine doppelte Dosis Chilipulver schütten. Eventuell fiel ihm sogar noch etwas Besseres ein ...

Über der Vermittlung der Fakten war es dunkel geworden. MacDonald hatte so viel getrunken, dass er sich liebend gerne zu Bett begeben hätte. Manchmal fragte er sich, wie sein Dad das schaffte. Fast dreißig Jahre älter, konnte er ihn jederzeit unter den Tisch trinken. »Das Eichmaß muss stimmen, Angus«, sagte er. »Wenn du zweieinhalb Flaschen Whisky in der Woche trinkst, wird es schon. Glaube mir.« Angus stellte sein Glas ab und versuchte, Ordnung in die fröhliche Runde zu bringen. Alberto, als Italiener an Wein gewöhnt, nicht aber an Hochprozentiges, säuselte bereits eine Weile und war nicht mehr dazu gekommen, Malcolms Rolle im Fall zu erläutern. Die Armour wiederum erschien MacDonald wie ein neuer Mensch: einer der sympathischen Art. Über diesen sozusagen scotchig Verwandelten thronte Malcolm. »Können wir unseren illustren Kreis nun auflösen?«, fragte Angus hoffnungsfroh.

Sein Vater schenkte sich mindestens zum zehnten Mal nach, trank aus und drückte die Hände auf die Oberschenkel. »Moment mal! So schnell wird das nicht gehen.«

»Dad, du kannst den Rest des Whiskys gerne mitnehmen.«

»Stell deinen alten Herrn nicht als Säufer dar!« Er hob die Flasche mit zwei Fingern und schwenkte sie gleichgültig hin und her. »Ist sowieso kaum noch was drin.«

»Oh weh«, sagte Angus und ächzte kläglich.

»Ich werde mich um diesen Koch kümmern. Wie heißt er doch gleich? Bullturn?«

»Turnbull«, antwortete Alberto genervt.

»Oho, unser italienischer Freund ist wieder aufgewacht.«

»Was verstehst du unter ›dich kümmern‹, Dad?«

»Ihn zum Bingo einladen. Kuckt nicht so doof. Ihn observationieren meine ich natürlich.«

»Prego?«

»Du meinst observieren?«

»Meinetwegen. Ihn ausspionieren eben. Mit allen Schikanen.«

»Dad, das Beschatten einer Person ist eine höchst heikle Aufgabe. Die Zielperson darf nichts davon merken.«

»Ist das so? Dann sagt mir mal, wie ihr es anstellen wollt, Schlaumeier! Euch kennt er doch schon!«

»Mister Malcolm spricht Bände«, sagte Miss Armour, die abgrundtief in die Sofakissen eingesunken war und sich zu MacDonalds Bedauern vermutlich nie mehr würde erheben können. »Ein Unbekannter muss es tun, jawohl, ein Unbekannter.« Nach diesem Kraftakt verschlang die Couch noch mehr von der Ernährungsberaterin.

»So gefallen Sie mir, Missie! Zu zweit sind wir unschlagbar.«

»Porca miseria!«

»Na! Gar keine Misere! Die Armour und ich richten es. Werdet ihr schon sehen.«

»Dad, komm bitte zur Vernunft. Es ist ein durchaus liebenswürdiges Angebot, doch wir ...«

Malcolm hob die Augenbrauen. Das genügte seit MacDonalds Kinderzeit, ihn ruhig zu stellen, ohne dass er bemerkte, dass es der Grund war. »Was meinst du, Kleiner?«

»Ach nichts.«

»Denke ich auch. Noch etwas: Sagt diesem Pinkerson, dass er einen kostenlosen Lehrgang veranstalten soll.«

»Was soll das denn bewirken?«, fragte Angus erregt.

»Ist doch klar wie Brühe! Der Täter wird sich dabei zeigen.«

»Eine interessante Überlegung. So! Das wär's für heute. Ich halte fest, Dad und in diesen Zeiten der Not auch Miss Armour beschatten Fletcher Turnbull. Die Sitzung ist für heute beendet.«

»Jetzt hast du wie dein Bruder William geredet«, sagte der Senior froh.

»Freut mich, das zu hören. Gute Nacht zusammen. Schlaft alle gut.«

»Du bist auch mit dem Lehrgang einverstanden, Kleiner?«

»Ein Whiskyseminar? Natürlich, prima. Bis später.« Nachdem Malcolm und Miss Armour das Maitland House verlassen hatten, atmete MacDonald hörbar auf. »Das ist alles nur deine Schuld, Alberto.«

»Io? Was habe ich getan?«

»Welch Frage! Du hast Dad eingeladen, uns bei den Ermittlungen zu helfen.«

»Hättest du etwa lieber ohne ihn gearbeitet? Angus, denk doch mal nach. Es sieht nicht so aus, als ob er so schnell wieder abreisen will. Ist es da nicht besser, wir beziehen ihn ein?«

»Du kennst doch meinen Vater. Er ist eine große Schwatzbase! In kurzer Zeit wird halb Pitlochry Bescheid wissen.«

»Wenn er mit uns arbeitet, muss er auch die Verschwiegenheit eines Detektivs haben.«

»Hier ist unzweifelhaft der Wunsch Vater des Gedankens.«

»Eine Destillerie sollte von einem Mann und einem Hund betrieben werden – einem Mann, um den Hund zu füttern und einem Hund, der gut aufpasst, dass der Mann keinen falschen Schalter betätigt.«

Unbekannte Quelle

Im Herzen einer Destillerie

»Kennst du den Master Distiller von Edradour?«, fragte Alberto wissbegierig.

»Nicht persönlich. Er wirkt erst seit kurzem hier.«

»Für wen hat er vorher gearbeitet?«

MacDonald gestand sich nur ungern ein, etwas aus dem Whiskybusiness nicht zu wissen. »Manche munkeln, er kenne sich gut mit Cognac aus, allgemein mit starken Spirituosen.«

»Müsste dein Freund Alastair nicht informiert sein? Die Destillerie gehört doch zu McVicar and Whitelaw.«

»Ja, theoretisch schon.«

»Ich habe gehört, dass man zur Destillerie auch einen schönen Spaziergang machen kann?«

MacDonald drehte das Lenkrad seines Käfers wie das eines Überlandbusses. »So ist es. Den Wagen haben wir nur aus Zeitgründen genommen. Außerdem sieht es zu drollig aus, wenn wir als Einzige den Hügel hochwandern.«

»Ach ja? Wird es denn einen Kongress der Detektive geben?«, fragte Alberto amüsiert.

»Nein. Aber außer uns werden wahrscheinlich noch andere Besucher kommen! Die Destillerie ist ungewöhnlich beliebt, sodass das Management im Sommer 40 Tour Guides beschäftigt.«

»Porco dio! Wer bezahlt die?«

»Ich nehme an, dass sie über den Eintrittspreis finanziert werden.«

»Wir gehen doch nicht ins Kino! Was kostet es denn?«

»Sieben Pfund. Betrachte es einfach als kulturelle Weiterbildung. Es wäre doch nicht schlecht, wenn du ein noch größeres Gefühl für die Whiskywelt bekommst.«

»Sieben Pfund? No! Auf keinen Fall! Ich gehöre zu den Menschen, die für ihr Geld schuften müssen.«

»Tun wir das nicht alle?«

»No! Könige, andere Adlige und Aktienbesitzer nicht.«

»Du bist natürlich eingeladen, Alberto.«

»Schon wieder? Das kann ich nicht annehmen.«

MacDonald schwieg dieses Aufbegehren tot und fuhr einfach weiter, bis die pittoreske Destillerie in ihr Gesichtsfeld rückte. Ein Traum in Weiß hätte man sagen können. Einzelne, grob verputzte Gebäude, Zaun, Brücke, alles war in der gleichen Farbe gehalten. Davon hoben sich die rot gestrichenen Tore ab. Er sah unauffällig zu seinem Freund, dessen Augen vor Begeisterung glänzten. »Gefällt dir das Anwesen, Alberto? Hier könnte man sich niederlassen, nicht wahr?«

Der Italiener nickte. Und kaum hatte MacDonald eingeparkt, hüpfte er aus dem Wagen. »Hättest du auch gleich sagen können. Was für eine bezaubernde Brennerei!«

»Du gehst also doch mit rein?«

»Naturalmente! Soll ich etwa im Wagen warten?«

MacDonald sah sich auf dem Parkplatz um. »Entweder sind schon alle drin, oder wir sind die Ersten.«

»Sehr gute Luft hier oben! Apropos, ich frage mich, ob Carnegie sich die Nasenproblematik in seinem Probenraum zugezogen hat.«

»Ich glaube es nicht. Der Sampling Room in Glasgow ist absolut sauber.«

»Könnte er durch das jahrzehntelange Verkosten starken Alkohols den Geruchssinn eingebüßt haben?«

»Ich bin kein Arzt. Worauf willst du hinaus? Wir suchen doch den Erpresser und nicht die medizinische Ursache für sein Problem.«

»Vielleicht hat ihm jemand giftige Stoffe zum Einatmen untergejubelt? Überleg doch mal.«

»Um ihn anschließend zu erpressen? Wäre nicht die Chemikalie teurer als die Erpressungssumme?«

»Wir wissen nicht, was noch gefordert wird. Es könnte ja auch radioaktives Material im Spiel gewesen sein ...«

»Alberto Vitiello, in welchem Land befinden wir uns nun?«

»Merry old Scotland. Ich habe mich auf den armen Russen bezogen, der unten in England an einer radioaktiven Vergiftung starb.«

»Die Geschichte mit dem Regenschirm? Wir spekulieren später weiter, ja? Lass uns jetzt reingehen.«

»Dich dürstet wohl nach einem Whisky?«

»Wundert dich das, wo ich meine häuslichen Verköstigungen aus einem Tresor heraus veranstalten muss? So etwas hat weder Mensch noch Tier verdient!«

»Sollten wir uns nicht vorher bei der Rezeption anmelden?«

»Nein, ich will sehen, wie dieser Callander auf den Regelverstoß reagiert.«

Als Angus die Lagerhalle betrat, kam ihm ein herrischer Mann entgegen. »Sind das alle?« Er trug eine braune Cordhose, Regenjacke, weißes Hemd, Pullover und Mütze.

»Guten Tag, mein Herr. Ich heiße MacDonald und der Herr neben mir ist Mister Vitiello.« MacDonald reichte ihm vierzehn Pfund. Im Tuch gekochter Pudding! Was für ein giftiger Blick!

»Trinkgeld? Ich habe doch noch gar nichts gesagt!«

»Es ist der Betrag für unseren Eintritt.«

Der Mann betrachtete das Geld, als ob es sich um verrottete Äpfel handelte. »Zahlen Sie am Ende! Beim Empfang!«

»Nun, wenn das so üblich ist ...«

»Heute machen wir es so.«

»Verraten Sie uns bitte Ihren Namen?«

»Roderick Callander. Master Distiller von Edradour. Pitlochry, Highlands!«

Hinter dem Rücken des Distillers zog sich Alberto den Zeigefinger über den Hals. Die Lagerhalle hatte dicke Deckenquerbalken aus Holz. Callander stellte sich neben einen offenen Sack mit Getreide. »Hier fängt alles an. Insgesamt sind wir in der Produktion zu dritt. Unsere Gerste kommt als Grist, das bedeutet in gemälztem und gemahlenem Zustand zu uns. Pro Woche verarbeiten wir eine Tonne.« Wenn er in diesem Duktus weiterredete, würde er den Weltrekord fürs Schnellsprechen gewinnen, dachte MacDonald. Alberto streckte den Finger nun in die Luft.

»Was ist denn?« Der Master Distiller wurde selten etwas gefragt.

»Erklären Sie bitte, was gemälzt bedeutet?«

»Die Gerste wird mit Wasser gemischt und anschließend auf dem Boden ausgebreitet. Das Einweichen bringt sie zum Keimen. Es entstehen Enzyme und Stärke. Das Getreide wird eine Woche lang immer wieder gewendet, damit sich die Keime nicht verfilzen. Danach wird die Gerste auf perforierten Böden in einem Ofen ausgelegt, wo sie trocknet. Als Brennstoffe werden Torf, Kohle, Öl, Koks oder Anthrazit verwendet. Die getrocknete Gerste wird zu Grist gemahlen. Sie darf weder zu grob noch zu fein sein.« Callander hob eine Handvoll Gerste aus dem Sack und ließ sie aufreizend langsam wieder hineinrieseln. »So ist die Konsistenz richtig. Noch Fragen? Nein? Folgen Sie mir!« Der Distiller rannte aus dem Gebäude, Alberto ihm dicht auf den Fersen, MacDonald mit merklichem Abstand. Noch nie hatte er eine Destillerie im Schweinsgalopp besichtigt. Ein Vergnügen stellte man sich anders vor! »Das hier ist der Mash Tun!«, rief Callander, so als ob er jemanden beleidigen wollte.

»Ach so«, sagte Alberto und betrachtete den gewaltigen Kessel mit Getreidesuppe.

»Er fasst eine Tonne Grist. Hinzu kommt Wasser. Dreimal lassen wir welches ein, und jedes Mal steigern wir die Temperatur. Von 76 Grad auf 82 und dann mindestens 85 Grad. Bei dieser Prozedur verwandeln die Enzyme die Stärke in Zucker. Nur die beiden ersten Läufe sind zuckrig genug. Sie werden gefiltert. Der dritte Lauf wird zum Säubern des Mash Tuns und als neue, erste Füllung verwendet. Nun geht es zu den Washbacks!«

»Schön«, bemerkte MacDonald und ein beglücktes Lächeln erschien in seinem Gesicht.

»Habe ich etwas Lustiges gesagt?«, fragte Callander.

»Überhaupt gar nicht, mein Herr. Ich freue mich nur, weil sie so sachkundig sind.«

»Danke!« Callander schaffte es, noch hastiger zu gehen. MacDonald zückte sein kariertes Stofftaschentuch und tupfte sich

Schweißperlen vom Gesicht. Sie machten vor zwei riesigen Bottichen aus Pinie halt. Beide hatten am Rand eine rechteckige Öffnung zum Inspizieren. Alberto bemerkte, dass die passenden Deckel nur lose auf den Behältnissen lagen. »So! Das zuckrige Wasser leiten wir in die Washbacks. Und dann gesellt sich Meister Hefe dazu. Auf 6.500 Liter kommen 25 Kilo. Die Hefe verwandelt den Zucker in Alkohol. Zwei Tage lassen wir alles in Ruhe. Am Ende haben wir 6.500 Liter einer Art cremigen Biers in den Behältern, mit etwa acht Prozent Alkoholgehalt.« Callander zeigte auf zwei kupferne Brennblasen. »Wenn's recht ist, würde ich nun gerne über das Destillieren berichten.« Er wartete noch etwas, um sicher zu sein, dass keine Unterbrechungen mehr kamen. »So! Der Distiller, auch Stillman genannt, destilliert in einzelnen Schritten. In der ersten Brennblase erhitzt er die bierähnliche Substanz. Wie wir alle wissen, kocht Alkohol schneller als Wasser. Deshalb verdampft er auch zuerst. Der Dampf steigt in Röhren hoch, die durch mit kaltem Wasser gefüllte Tanks führen. Dabei verflüssigt er sich. Das Resultat ist ein so genannter Low Wine mit 22 bis 23 Prozent Alkoholgehalt. Nun leitet der Distiller die Flüssigkeit in die zweite Brennblase, in welcher sie wieder erhitzt wird. Er entscheidet, wann der hochwertige Mittellauf aus der Blase von Vor- und Nachlauf abgetrennt wird.«

Alberto machte mit den Armen weit ausholende Bewegungen, gleich einem Schiffslotsen.

»Langweile ich Sie mit meinem Geplapper?«

»No. Mir ist nur ein wenig kalt.«

»Jessie«, murmelte Callander.

MacDonald leuchtete nicht ein, warum sie immer noch mit dem Rücken zum Spirit Safe standen, dem höchst interessanten Gerät, um das sich in jeder Destillerie Geschichten rankten. Der Kasten aus Kupfer und Glas war einen Meter breit und etwa fünfzig Zentimeter hoch und ähnelte einer Präsentationsvitrine im Museum. Callander musste etwas zu der Apparatur von sich geben! »Wo genau werden diese verschiedenen Läufe getrennt?«, fragte Angus.

»Unser Safe ist abgeschlossen! Der Steuerbeamte hat einen Schlüssel und kommt gelegentlich vorbei und sieht zu, dass nichts abgezweigt wurde. Wir besitzen ebenfalls einen Schlüssel.«

»Wie erkennen Sie, ob der Whisky passabel ist?«

»Zum Beispiel an der Temperatur. Außerdem mache ich regelmäßig Tests, verdünne den Scotch mit Wasser, sehe mir an, wie er reagiert und aussieht und rieche auch daran.«

»Über die Hähne da vorne rechts zapfen Sie ihn ab?«

»So ist es.«

MacDonald unternahm einen kühnen Versuch, den Master Distiller aus der Fassung zu bringen. »Kommt es vor, dass illegal etwas abgezweigt wird?«

Eindeutig hätte Callander gerne einen Hieb ausgeteilt. »In den alten Zeiten geschah das mitunter, ja! Wenn keine Fragen mehr sind ...«

Nein, so schnell würde er sie nicht loswerden, dachte MacDonald. Er verschränkte die Arme hinter dem Rücken. »Ist es nicht so, dass das Fass 60 Prozent des Charakters eines Whiskys bestimmt?«

»Worauf wollen Sie hinaus?«

»Nichts Besonderes. Ich dachte nur, dass wir noch die Lagerhalle besichtigen?«

»Möchten Sie die unbedingt sehen? Ist wirklich nichts Besonderes.«

So gut wie jeder höfliche Mensch hätte nun seine Bitte zurückgezogen. Doch MacDonald war heute nicht gekommen, um für sein gutes Benehmen prämiert zu werden. Und schließlich: Warum wollte Callander ausgerechnet sie beide nicht dorthin führen? Ein Mann, der stolz auf seine Arbeit war. »Ja, wir haben starkes Interesse, Mister Callander.« Es gab 102 schottische Destillerien. Jede davon hatte MacDonald mindestens zweimal besichtigt. Das ergab eine Summe von über 200 Besuchen. Doch der Geruch einer Lagerhalle bezauberte ihn immer wieder. Gemäuer und Boden spendeten einen erdigen, freundlichen Ton. Die Whiskyfässer taten ein Übriges. Er erinnerte sich noch gut an seine Visite einer Destillerie in Südafrika, wo der Fassbrandy aufgrund der Hitze fast dampfte und er den Guide fragen wollte ... bis Callander wieder anhob.

»Okay, hier sind also die Fässer. Noch Fragen?«

»Können Sie etwas zu den Holzarten sagen?«

»Am liebsten nehmen wir Sherryfässer!«

Weitere Kommunikation wollte er definitiv verweigern! Doch so leicht würde er sein Haupt nicht aus der Schlinge ziehen. »Wie sieht es mit *Finishing* aus?«

»Auch das machen wir.«

»In dieser Halle ist es ein wenig dunkel«, bemerkte MacDonald. »Ich könnte mir vorstellen, dass es hin und wieder zu einem Unfall kommt?«

»Nein, so was! Sie könnten sich das tatsächlich vorstellen?«

MacDonald nickte. »Sonst hätte ich es nicht gesagt.«

Es sah so aus, als ob Callander ihm an die Gurgel springen wollte. Erst nach einer langen Pause antwortete er. »Am besten, wir sind alle sehr vorsichtig, wenn wir jetzt den Rückweg antreten.«

Malcolm machte seinem Sohn in Sachen Appetit massive Konkurrenz. Nach einer großen Portion Porridge verleibte er sich im Purple Guest House ein Full Scottish Breakfast ein.

Miss Armour wiederum war außer Rand und Band. Eine Verfassung, die sie kaum von sich kannte und auch gar nicht mochte. »Nein, und abermals nein. Wie käme ich dazu, Ihre Freundin zu verkörpern?«

»Nennen wir Sie Partnerin«, erwiderte Malcolm MacDonald in einem Versuch zu schlichten und war deswegen auch ein bisschen über sich verdutzt. »Immerhin wollen Sie mir ja beim Ermitteln helfen. Irgendeine Tarnung brauchen wir also.«

»In diese Situation bin ich hineingeschlittert. Unternahm ich die Reise doch nur, um Ihren Herrn Sohn auf den rechten Ernährungspfad zu bringen.« Sie fragte sich, wo Malcolm all die Kalorien ließ. Sport machte der Herr keinen und Whisky trank er eimerweise. Wies die Atkins-Diät einen Fehler auf? Das durfte nicht sein!

»Alleine falle ich zu sehr auf, Lass'.«

»Sie wollen, dass ich mich mit Ihnen in das Schwimmbad des Atholl Palace begebe, ja?«

»Jetzt haben Sie es verstanden«, antwortete Malcolm, die Backen gefüllt, über seine Teetasse hinweg. »Wir plantschen ein bisschen und ermitteln. Turnbull dreht dort seine Runden.«

»Aber das können Sie doch nicht wissen.«

»Doch! Mein Informant hat es mir gezwitschert.«

»Wer soll das sein?«

»Freund Jack.«

»Der faule Landlord? Er sitzt den ganzen Tag in seinem Sessel und tut nichts.«

»Erstens einmal wohnt er seit Geburt in Pitlochry und zweitens trägt man ihm die Informationen zu. Also?«

Ohne willentliches Zutun kam die Antwort aus ihrem Mund: »Meinethalben. Eine Frage hätte ich aber noch. Woher wussten Sie, dass ich einen Badeanzug dabeihabe?«

»Man kann ja auch ohne schwimmen …«

»Wissen Sie, wie man Herren Ihres Schlages nennt?«

»Waschechte Gentlemen, würde ich sagen! Regen Sie sich ab. War nur ein Scherz. In einem Hotel wie dem Mountain Palace kann man Schwimmkleidung leihen. Sind Sie fertig mit Ihrem Frühstück?«

»Ja! Nicht jeder nimmt seinen Wochenbedarf an Kalorien während einer einzigen Mahlzeit ein.«

Auch diese Kritik prallte an Malcolm ab. »Sie sollten Jack nicht so negativ sehen. Immerhin verdanken Sie ihm die saure Ananas auf Ihrem Frühstücksteller.«

»Ein Tag muss mit Obst beginnen!«

»Mir würde es alles zusammenziehen, wenn ich das essen müsste.«

»Vitamine sind bei einer gesunden Ernährung unentbehrlich.«

»Träumen Sie auch in Kalorien?«

»Was soll das nun wieder heißen?«
»Ist nicht so wichtig. Können wir gehen?«
»Ich würde mich gerne noch frisch machen, wenn es gestattet ist?«
»Haben Sie heute Morgen nicht geduscht?«
»Nicht, dass es Sie etwas angeht … natürlich habe ich das!«
»Verstehe ich nicht. Ich warte draußen auf Sie.«

»Dieses Haus ist nicht schlecht«, sagte Alberto in seinem großen Zimmer im Maitland House. »Ich kann mich nicht erinnern, jemals in so einem Palast gewohnt zu haben.«
»Freut mich, dass es dir gefällt. Nun, was hältst du vom Distiller Callander?«
»Vor allem frage ich mich, warum er uns so rasch durch die Lagerhalle lotste.«
»Eventuell hat man ihn zu oft auf die kaputten Fässer angesprochen und er ist es leid, darüber zu sprechen.«
»Entscheidend ist, ob er die Sachschäden verursacht hat oder nicht. Ich glaube ja.«
»Wir sollten Alastair hinzuziehen. Auch über MacRitchie haben wir noch nicht geredet. Darf ich ihn anrufen?«
Alberto nickte leicht belustigt, weil Angus eine fast zeremonielle Handlung daraus machte.
Wenige Minuten später traf Carnegie ein. »Ihr wart bei Edradour?«, fragte er. Die beiden Detektive sahen ihn an und nickten bedeutungsschwanger. Carnegie schmunzelte über diesen Gleichklang, wie bei einem alten Ehepaar. »Demnach war der Besuch nicht so ergiebig?«
»Kann ich Sie etwas fragen, Mister Carnegie?«
»Was immer Sie wollen.«
»Warum haben Sie uns die Attacke von Miss MacRitchie verschwiegen?«
»Eine Attacke? Wie darf ich das verstehen?«
»Die Dame hat das McVicar and Whitelaw-Hochhaus gestürmt.«
»Daran kann ich mich überhaupt nicht erinnern.«

»Alberto! Wir sollten unsere Worte präziser wählen. Sie hat es nicht gestürmt wie ein Reiter der US-Kavallerie, sondern versucht, vor Ort einen Termin zu erhalten. Mit dir, Alastair.«

»Das erklärt einiges. In der Regel werde ich mit Episoden dieser Art nicht behelligt.«

»Wie definieren wir die Ausnahmen, Mister Carnegie?«, erkundigte Alberto sich lauernd.

Der Master Blender rieb sich die Nase. »Trügt mich der Schein? Oder bin ich nun einer der Verdächtigen? Erpresste ich mich am Ende selbst und übergab mir das Geld? Bin ich schizophren oder eine multiple Persönlichkeit?«

MacDonald sah ihn kummervoll an. Der bedächtige Ton, in dem er gesprochen hatte, ließ alles umso unheimlicher wirken. »Wir sind auf deiner Seite, Alastair.«

»Freut mich ungemein. Sie auch, Mister Vitiello?«

»Sisi. Wenn ich manchmal etwas rau wirke, dient das nur dem Fall.«

»Ihr beiden spielt also ›guter und böser Ermittler‹ mit mir?«

»Aber nein. So ist es doch nicht. Eine Frage. Kennst du einen gewissen Rough? Garry Rough?«

»Nein. Ist das jemand aus der Branche?«

»Wie man es nimmt. Er ist Whiskyfan und hat mich gebeten, ihm Proben zu senden.«

»Ein Bekannter von dir?«

»Welch grässliche Vorstellung!«, klagte MacDonald.

Carnegie legte die Stirn in Falten. »Habe ich etwas Falsches gesagt?«

Alberto lächelte. »Angus fühlt sich nicht mehr sicher in Pitlochry. Dieser Rough hat ihm ein zweideutiges Angebot gemacht.«

»So habe ich das aber nicht erzählt!«

»Was genau ist denn nun passiert, Angus?«

»Ich saß im Wartezimmer von Doktor Naughtie. Der einzige Sitzplatz befand sich neben diesem exotischen Mitglied der Gemeinde. Er hat vertraulich getan, so als ob er mich schon lange kennen würde.«

»Was erzähltest du dem Doktor, Angus?«
»Ach, das willst du nicht so genau wissen.«
»Doch nicht etwa, dass du krank bist?«
MacDonald transpirierte mehr, als ihm lieb war. »Lass dir etwas erklären, Alastair. Ein Detektiv muss sich häufig verkleiden und auch andere Identitäten annehmen. Das liegt in der Natur der Sache.«
Carnegie reagierte gereizt. »Aber du simuliertest keine Krankheit, oder?«
MacDonald war in eine Sackgasse geraten. Gott sei Dank half ihm Alberto heraus.
»Sie kennen diesen Rough wirklich nicht?«
»Mister Vitiello, wenn man wie ich mehr als das halbe Jahr unterwegs ist, begegnet man derart vielen Menschen, dass es unmöglich ist, alle im Gedächtnis zu behalten.«
»Siehst du, Alberto.«
Der Italiener ließ sich nicht beirren. »Kommen Sie oft nach Pitlochry, Mister Carnegie?«
»Ich dachte, Ihnen diese Frage bereits beantwortet zu haben. In der Regel, wenn ich in unserer Destillerie zu tun habe.«
»Im Moment machen Sie aber Urlaub hier?«
»Sie haben mich überführt. Es handelt sich um eine Ausnahme, aus gesundheitlichen Gründen. Wenn Sie keine weiteren Fragen an mich haben, würde ich mich gerne verabschieden«, sagte Carnegie indigniert. »Noch eine Sache, Gentlemen. Ich bin zwar kein Meisterdetektiv, aber wäre es nicht schlecht, herauszufinden, was Mister Rough beruflich macht?«

»Ich bin auf einer Whisky-Diät und habe auch schon drei Tage verloren.«

Tommy Cooper (1921-1984), walisischer Komiker und Zauberer

Verdeckte Ermittlung

»So ein Schwimmbad habe ich noch nie gesehen! Ich muss schon sagen, mein Kleiner hat es zu etwas gebracht.«

Miss Armour war für die Innenarchitektur nicht zu begeistern. Ja, das Bad war sauber gefliest und die Wand konnte sich sehen lassen. Alle zwei Meter hatte man den weißen Putz unterbrochen und die Steine, die gleichen wie auf der Außenseite des Hauses, beibehalten. Kinkerlitzchen, denn um das Schwimmen ging es.

»Als seine Mutter mir damals sagte, dass er nicht als Jurist arbeiten will, so wie sein Bruder William, habe ich mir große Sorgen um seine finanzielle Zukunft gemacht.«

»Unbegründet. Sie glauben gar nicht, wie hoch die Anzahl der Kaloriensünder ist. Und da Ihr Herr Sohn mit seinen Büchern und Fernsehsendungen ja für diese tätig ist, wird ihm die Arbeit so schnell nicht ausgehen.«

»Ist er auch für die Sünderinnen zuständig?«

Sie zeigte ihm die Ahnung eines Lächelns. »Ja, auch das. Zu viele Mitmenschen haben wir, die sich ungesund ernähren.«

»Also ist es auch für Sie gut! Im Moment sind Sie aber als Detektivin hier. Angus hat mich über diesen Turnbull und sein ehemaliges Restaurant in Glasgow informiert. Ich weiß genau, wie wir vorgehen müssen«, meinte er ausgelassen und zeigte aufs Schwimmbecken.

Armour war perplex. Bislang hatte sie angenommen, dass Malcolms Interesse, vom voyeuristischen einmal abgesehen, hier detektivischer Natur war. Nun kam ein dritter Faktor hinzu. »Sie scheinen unseren Besuch im Hotel richtig zu genießen?«

»Und wie! Ich bin passionierter Schwimmer.«

»Verkohlen Sie mich?«

»Bei der Ehre meines Clans schwöre ich es. Ich schwimme im Firth of Forth.«

»Sie wollen mir erzählen, dass Sie zu den Menschen gehören, die am Neujahrstag in die eiskalten Fluten steigen? Ein Loony Dooker?«

»Yes! Nur dass ich es das ganze Jahr über mache und auch ohne die Blaskapelle vorweg. Wozu wohnt man denn am Wasser! Dahinten kommt er!«

Turnbull war nicht zu übersehen. In seinen Nacken war ein Stern eintätowiert. Er trug eine modische Kappe und zu enge Badehosen. Nach jedem Schritt hielt er wie ein zänkischer Storch inne und sah sich in der Halle um. Sein Handtuch legte er auf einen der Liegestühle, ging einmal um das Becken herum und nahm dann einen Meter vor dessen Ende eine vollendete Sprungposition an, die Arme weit über dem Kopf erhoben. In dieser Haltung tippelte er direkt an den Wasserrand und sprang, die Füße voran. Nur Malcolm und Armour wunderten sich über dieses Gebaren, denn sie waren die Einzigen im Schwimmbad. Turnbulls Kopf tauchte schnell wieder auf. Er riss die Arme hoch und führte mit lauten und periodisch wiederkehrenden »Huh«-Lauten einen perfekten Schmetterlingsstil vor. MacDonald senior zwinkerte der Armour zu und sprang ebenfalls ins Wasser. Sein Vorschlag war also zu schwimmen, damit sie nicht auffielen. Warum sagte er das nicht einfach, anstatt ihr vermeintlich zweideutige Angebote zu machen?, dachte sie, glitt ins Wasser und suchte eine freie Bahn für sich. Dieser Koch schwamm in der Mitte und nahm so faktisch das gesamte Becken in Anspruch! Malcolm erkämpfte sich eine schmale Bahn zu seiner Linken. Sie probierte es auf der anderen Seite. Doch kaum war sie einige Meter weit gekommen, kehrte Turnbull auch schon um und zerschnitt das Wasser wieder in drei Teile, eine Bahn in der Mitte mit zwei allzu turbulenten Flächen. Ein typischer Machomann! Nach zehn Minuten verließ sie wutentbrannt das Becken. Sollten doch die Herren der Schöpfung sich bedrängen! Sie musste sich nichts beweisen. Malcolm verteidigte seine Position wacker und eine halbe Stunde später stieg erst Turnbull und dann Malcolm aus dem Wasser. Der Koch ging zu seinem Platz. Auf breiten Beinen stehend, trocknete er sich ab. Als er damit fertig war, schwang er sich das Handtuch wie eine Toga um den Körper und stelzte auf Miss Armour und Malcolm zu. »Guten Tag, die Dame und der Herr. Neu hier?«

MacDonald senior missfiel zwar, wie dieser Koch die Armour mit Blicken verschlang, aber als guter Detektiv musste er seinen Ärger hinunterschlucken. »So ist es.«

»Die Dame auch?«

Armour schlug die Beine übereinander. Ja, durfte das denn wahr sein? Jetzt zwinkerte ihr dieser Mann auch noch zu! Sie nickte kaum merklich.

Turnbull, ein übersensibler Mensch, empfand das als Zurücksetzung. »Woher kommen Sie beide, wenn man fragen darf?«

»Aus dem schönen Edinburgh«, sagte Malcolm. Der Koch machte einen Schmollmund. Als geborenem und überzeugtem Glaswegian behagte ihm das wohl nicht. MacDonald übernahm das Ruder, bevor es herrenlos wurde. »Sie kommen aus Glesca, nicht wahr?«

Nun strahlte Turnbull wie ein Honigkuchenpferd. »Korrekt. Aber woher wissen Sie das? Ich bilde mir ein, astreines Englisch zu sprechen.«

»Oh ay! Wie unsere Miss Armour hier. Ich heiße Malcolm.«

Was erlaubte dieser Edinburgher sich! Die Lassie redete einen kuriosen Singsang! Während er hingegen ohne jede Intonation sprach. Sein erster Chef hatte ihm diese ausgetrieben. Dehnte er nur ein Wort wie in Glasgow üblich, wurden seine Kochkünste in Frage gestellt. Derart lernte man schnell.

»Sie sind doch der berühmte Koch?«, lullte MacDonald ihn weiter ein.

»So berühmt auch wieder nicht.«

»Ich bitte Sie, Mister Turnbull. Sie führten ein legendäres Restaurant. Bis Ihnen eine Schar Gäste übel mitspielte.«

Turnbull deutete auf den freien Liegestuhl neben ihm. »Erlauben Sie, dass ich mich setze?«

Malcolm patschte die Hand auf den Liegestuhl. »Ay!«

»Woher kennen Sie meinen Werdegang so gut, mein Herr? Haben Sie je bei mir gespeist?«

»Das wollte ich, aber dann mussten Sie schließen.«

Turnbull legte sich die Hand auf den Magen.

»Fühlen Sie sich nicht wohl, Chef?«

»Alles okay, ich hatte nur einen kurzen Flashback. Manchmal überwältigt mich die Vergangenheit. Wie es scheint, ist noch nicht genügend Gras darüber gewachsen. Sie müssen wissen, dass ich kurz davor war, einen Michelin-Stern zu erhalten. Bis Neidhälse behaupteten, meine Pilze seien verdorben. Ich bemühte mich um Schadensbegrenzung. Doch das Angebot, ihnen kostenlos ein neues Menü zu kredenzen, lehnten diese Gesellschaftswichte ab!«

Malcolm nickte empathisch. »Wir alle wissen, wie hysterisch Menschen werden können. Mal ist es der Rinderwahnsinn, mal die Geflügelgrippe. Und wenn die Herren Reporter kein Thema zum Ausschlachten finden, weisen sie eben auf die angeblichen Gefahren von Pilzen hin.« Bevor Armour ihren Senf als Ernährungsfachfrau dazugeben konnte, legte Malcolm ihr die Hand aufs Knie.

»Ja! Genau so war es. Wie ein Rudel Hyänen lauerten sie mir auf.«

»Weil sie so berühmt sind«, erklärte MacDonald senior. »Über einen Niemand hätten sie kaum berichtet. Doch ein Löwe wie Sie lässt sich von Hyänen nicht unterkriegen.«

»Sie sprechen mir aus der Seele, mein Freund. Wie war noch mal Ihr Name?«

MacDonald streckte ihm die Hand entgegen wie ein Bündnispartner im Kriegsfall, erfreut und entschieden. »Malcolm.«

»Ich bin Fletcher. Wie kommt es, dass Sie sich so gut mit Journalisten und meiner Person auskennen, Malcolm?«

MacDonald senior verschlug es die Sprache. Auf diese Frage war er nicht vorbereitet. Miss Armour half ihm aus. »Malcolm liebt es, über die Gastronomie zu lesen. Er legt großen Wert darauf, immer im Bilde zu sein.«

»Ay! So bin ich!«

»Wir reden nicht von Hochglanzmagazinen und aufgeblasenen Kochbüchern, sondern von Berichten über die wahren Künstler. Helden, die jeden Tag am Herd stehen, schwitzen und schuften.«

Malcolm nickte vergnügt. Ausdrücken konnte die Lass' sich! Da hatte er wieder mal den richtigen Riecher gehabt, sie als Assistentin zu beschäftigen. Wenn der Koch sie nur nicht so angieren würde!

»Warum haben Sie von allen möglichen Plätzen Pitlochry ausgewählt, Fletcher?«

»Ich wollte mich auf meine Wurzeln besinnen und einfache Gerichte kochen. Aber auch an diesem Ort sind meinem Talent wieder einmal Grenzen gesetzt. Das Management lässt mich nicht wirken, wie ich möchte.«

»Ein Jammer«, sagte Malcolm. »Ich würde zum Beispiel gerne mal wieder Kutteln essen. In Ihrer Heimatstadt waren die doch früher eine Spezialität.«

»Malcolm, Sie sind ein wunderbarer Mensch! Wissen Sie das?«

»Danke für die Blumen. Ich gebe mir immer große Mühe.«

»Können Sie ein Geheimnis für sich bewahren?«

»Bin verschwiegen wie ein Grab, mein Freund!«

»Zum Thema Innereien plane ich eine Fernsehserie mit schönem Begleit-Kochbuch!«

»Ist nicht wahr! Den Band kaufe ich mir. Wann startet die Serie?«

»Der genaue, äh, Termin steht noch nicht fest. Aber ich begrüße sie gerne bei Twitter.«

MacDonald senior hatte keine Ahnung, was das zu bedeuten hatte, wollte aber die gute Atmosphäre nicht kaputt machen. »Ich Sie auch.«

»Haha! Wo du nur immer deine Bonmots hernimmst, Malcolm!«

Turnbull und MacDonald sahen zu Miss Armour, die albern lachte, und nach einer kurzen Verzögerung gröhlten sie ebenfalls. Der Koch nickte. »Ich muss auch sagen, Humor haben Sie, Malcolm. Wenn nur mehr Menschen wie Sie wären. Bleiben Sie lange in Pitlochry?«

»Zwei Wochen sind es. Nicht wahr, Schätzchen?«

»Ja!«

Ob die beiden Beziehungsprobleme hatten?, fragte der Chefkoch sich.

»Fletcher, wie kann sich ein Künstler Ihres Formats gegen seine Widersacher wehren? Das muss doch fast unmöglich sein.«

»Ich habe Mittel und Wege gefunden«, erwiderte Turnbull zögerlich. »Leider kann ich hier nicht darüber sprechen.«

»Oh ay?« MacDonald senior hatte einen großen psychologischen Vorteil. Aufgrund seines ruppigen Wesens unterschätzte man ihn leicht. Doch unter der Schale versteckte sich ein filigraner Mensch. Gesichtsausdrücke und minimale Stimmungsänderungen konnte er sehr gut deuten. In den Jahrzehnten seiner Ehe war ihm oft nichts anderes übriggeblieben. Die Misses stammte aus gutem Hause und kommunizierte, vor allem in Zeiten der Verstimmung, gerne ohne Sprache mit ihm. Dieser Turnbull wollte ihm unbedingt zeigen, was für ein toller Hecht er war. Mit Untergebenen konnte er nicht sprechen. Freunde hatte er keine. Also war er über diese rare Möglichkeit erfreut. Dennoch blieb er misstrauisch. »Sie denken an ein reines Herrengespräch, Fletcher?« Turnbull nickte selig und MacDonald legte der Armour wieder die Hand aufs Knie. »Süße, wolltest du dir nicht die Nase pudern gehen?«

»Niemals würde ich mir Chemikalien auf die Nase drücken. Viel Spaß beim launigen Herrenpalaver«, sagte sie verstimmt und verließ die Halle.

»Seid ihr schon lange verheiratet, Malcolm?«

»Was, verheiratet? Ich mache doch nicht zweimal denselben Fehler! Wir sind Partner. Früher hätte man wilde Ehe dazu gesagt.«

»Behaust ihr ein Doppelzimmer?«

»Fletcher, ich sage es Ihnen besser gleich, bevor Sie später enttäuscht werden. Wir wohnen im Purple Guest House.«

Der Koch bleckte die Zähne. »Kenne ich nicht!«

»Es ist sozusagen um die Ecke. Mit den Kindern war das immer sehr praktisch. Auch das Essen ist nach wie vor gut.«

Turnbulls Halsadern schwollen an. »So? Und was koche ich dann? Fettige Fish and Chips? Mit viel Salz und Essig dazu?«

Malcolm tätschelte ihm die Schulter. »Die Zeiten haben sich gewaltig geändert. Als ich mit der Familie hierherkam, waren Sie sicher bereits ein famoser Jungkoch, aber nicht ansässig. Hätte ich doch nur gewusst, dass Sie jetzt den Laden hier schmeißen. Denn die Hausmannskost im Guest House kann mit Ihrer Küche natürlich nicht mithalten.«

»Sie Schmeichler!«

»Also, mein Freund, was wollen Sie mir erzählen?«

»Was ich Ihnen jetzt sage, weiß kein Mensch.«

»Keine Bange. Ich bin die Diskretion in Person.«

»Als man mich um meinen Michelin-Stern brachte, schwor ich mir, meine Feinde in Zukunft rechtzeitig zu eliminieren. Das meine ich natürlich im übertragenen Sinn.«

»Sie verstehen es, eine Geschichte spannend zu präsentieren!«

»Hier im Hotel war es zunächst etwas schwieriger. Meine Brigade verlässt ja die Küche nicht. Es sind Kellner und vor allem die Zimmermädchen, welche die schmutzigen, kleinen Details der höheren Kreise mitbekommen. Aus freien Stücken rücken die aber auch nicht mit einer Information heraus.«

»Sie setzen also Daumenschrauben an?«

»So ist es! Zu Beginn versuchte ich es mit Geld. Aber die Bastarde wurden immer gieriger. An denen kann man sich eine Scheibe abschneiden! Also drehte ich den Spieß um.«

»Will heißen, Sie waren bereit, ihre schmutzige Wäsche zu ignorieren, sofern sie Ihnen die Geheimnisse der Gäste zuspielten?«

»Malcolm, Sie sind ein Genie. So habe ich es gemacht und nie bereut. Nehmen wir einmal an, ein aufgeblasener Fatzke reist aus Glasgow an und ignoriert meine Speisen. Als junger Mensch hätte ich getobt und geflucht. Heute denke ich mir: Warte nur, Freundchen, wenn ich erst von deinen Affären weiß, geht es dir an den Kragen.«

»Sie meinen diesen Carnegie?«

Turnbull drückte das Kinn auf die Brust und sagte diabolisch: »Den Namen habe ich noch nie gehört.«

»Der Master Blender aus Glasgow?«

»Malcolm, es war nett, mit Ihnen zu plaudern. Aber nun muss ich in meine Küche zurück.« Turnbull stand auf.

»Einen Moment noch. Sie fragen sich bestimmt, woher ich das weiß?«

»Ich sage weder ja noch nein.«

»Ein Freund von mir war früher Spion. Heute ist es seine Freizeitbeschäftigung. Er ist also gewissermaßen ein Kollege von Ihnen.« Malcolm bezweifelte zwar selbst, dass Jack vom Purple für die Regierung gearbeitet hatte. Aber wenn der Chefkoch ihn aufsuchte, würde sein übliches mysteriöses Gehabe genügen.

Der Koch nahm wieder Platz. »Ein professioneller Spion, der in Pitlochry wohnt?«

»Wie so viele Größen der Gesellschaft.«

»Charmeur! Nehmen wir an, es sei so: Wenn ich nichts schmecke, bestelle ich mir doch kein Menü mit gutem Wein dazu. Oder sehe ich das falsch?«

»Absolut nicht.«

»Die Schau vor dem Sommelier hätten Sie sehen sollen. Was für ein Geschlürfe!«

»Er wollte, dass Sie aus der Rolle fallen?«

»So vermute ich. Er hat von jedem Gang die Hälfte zurückgehen lassen! Das macht nur ein ganz perverser Mensch.«

»Einer der Tröpfe, die Ihnen in Glesca an den Karren fuhren?«

»So sieht es aus. Nun erschien er wohl, um mir den Rest zu geben.«

»Was haben Ihre Zuträger Ihnen berichtet?«

»Dass er nichts Vertrauliches im Zimmer liegen lässt.«
»Sehr verdächtig!«
»Das können Sie laut sagen. Aber nichts gegen Gäste, die Handschellen im Zimmer haben.«
»Sie hatten die Kriminalpolizei im Haus?«
Turnbull lachte hämisch, in hoher Tonlage wie eine Frau.
»Aber nein, Malcolm, die benutzen die Dinger für ihre Spiele im Bett.«

»Musstest du Alastair wieder so hart angehen, Alberto? Er leidet doch bereits fürchterlich.«
»Scusa. Werde mich bessern. Sollen wir deinen Freund Rough beschatten? Was meinst du?«
»Ich halte ihn für aufdringlich, meinen Freund. Aber ein Erpresser? Nun gut, machen wir es. Vielleicht erfahren wir dabei auch etwas Interessantes über andere Personen. Du bist sicher, dass die Adresse stimmt?«
»Wie gesagt, der Koch, mit dem ich mich angefreundet habe, ist vertrauenswürdig.«
»Rough wohnt auf der anderen Seite des Flusses?«
»So hat man es mir gesagt.«
»Ich frage nur, weil ich mich an Häuser in diesem Teil Pitlochrys nicht erinnern kann.«
»Wir werden sehen.«
»Am besten, wir nehmen den Wagen.«
Alberto fuhr sich mit der Hand über die lange Stirn. »Nichts anderes habe ich erwartet. In dem Fall müssen wir uns trennen, denn ich möchte zu Fuß gehen.«
»Aber das ist doch ...«
»Und eine weitere Diskussion über dieses Thema möchte ich auch vermeiden.«
»Heute wirst du deinem Ruf als Maresciallo wieder einmal sehr gerecht.« MacDonald tätschelte die Lehne seines Sessels. Ihn mochte er inzwischen fast ebenso wie sein Modell Churchill zu Hause in Edinburgh. »So soll es also sein. Begeben wir uns auf einen langen Marsch.«

»Wer ist denn hier der Maresciallo? Es sind nur ein paar hundert Meter und du redest wie der Oberbefehlshaber einer Truppe.«

»Hast du dir Roughs Website angesehen?«, fragte MacDonald unterwegs.

Vitiello ging mit schlenkernden Armen voran. »Flüchtig, denn der Whiskyexperte bist ja du.«

»Ich bin sehr glücklich, dass du keinen Spazierstock bei dir hast. Das könnte für den einen oder anderen Passanten gefährlich ausgehen«, witzelte MacDonald. »Hat er Anzeigen auf seiner Seite?«

»Mir ist nichts aufgefallen.«

»Auf diese Art kommt also kein Geld rein.«

Bereits am Anfang der Brücke über den Lachsterrassen hielt MacDonald an und stützte sich am Geländer ab.

»Soll ich eine Ambulanz rufen, Angus?«

»Nur ein leichter Schwindel. Irgendwie habe ich geahnt, dass mir so ein Marathon-Gang kurz nach dem Frühstück nicht bekommen wird!«

Nach zwei zusätzlichen Pausen auf den folgenden fünfhundert Metern standen sie vor einer Art Waldhaus, das einige Jahre auf dem Buckel hatte, aber noch gut in Schuss war. Nur den einen oder anderen Ziegelstein musste man bei Gelegenheit auswechseln. »Das kann es doch nicht sein, Alberto?«

Im oberen Stockwerk wurde ein Fenster geöffnet. »Juhu! Hallo, Freunde! Einen Moment, ich komme runter.«

»Höflich sind die Menschen in Pitlochry. Das muss man ihnen lassen. Abwechslung ist ebenfalls geboten: Juhu anstatt Juchhe.«

Rough trug wieder einen Pullover und Cordhosen in Waldfarben. Außerdem eine Strickmütze mit Bommel. »Mister MacDonald, das ist aber schön, dass Sie mich mit Ihrem Freund besuchen kommen.«

»So ist es«, sagte Alberto. »Freut mich, Sie wiederzusehen.«

»Kommen Sie doch rein, bitte.« Er nickte zu MacDonald, dem in Roughs Gegenwart wieder etwas mulmig war. »Verspüren Sie ein Unwohlsein? Ich stütze Sie gerne.«

»Nein! Es ist schon okay. Aber danke der Nachfrage.«

»Ein kleiner Schluck wird Sie auf Vordermann bringen.«

Rough führte sie in ein riesiges, blitzblankes Arbeitszimmer. Eine Wand nahm ein riesiges Eichenregal mit sieben Böden ein, durchgehend mit Scotch Whisky-Flaschen bestückt. An weiteren zwei Wänden standen Bücherregale. Die Front hatte ein großes Fenster zur Vorderseite des Hauses. Davor stand ein mächtiger Schreibtisch, auf dem einige akkurat gestapelte Bücher lagen, außerdem ein neuer Laptop und zwei Stapel mit bedrucktem Papier. Rough zeigte auf eine beachtliche Gruppe von Holzstühlen, die in vier Dreierreihen in der Mitte des Zimmers aufgestellt waren. »Aber nehmen Sie doch Platz. Ihr Gift?«

»Äh ...?«, sagte Alberto

»Wir nehmen einen Glen Garioch bitte«, antwortete MacDonald freudig.

»Gute Wahl.« Rough stieg auf einen Bibliotheksschemel und streckte sich nach einer Flasche auf dem obersten Regal aus. Bedächtig stellte er sie auf dem Schreibtisch ab, zauberte aus einer Schublade drei Gläser und schenkte ein.

»Sind die Flaschen geordnet?«, wollte MacDonald wissen.

»Das will ich meinen. Im unteren Bereich stehen diejenigen Sorten, welche ich gegenwärtig für meine Arbeit verköstige. Oben solche, die ich bereits probiert habe.«

»Die Kollektion eines Profis! Verzeihen Sie die Frage. Wozu benötigen Sie noch angebrochene Flaschen von Kollegen wie mir?«

»Oh, wie es mich freut, dass Sie mich so bezeichnen, obwohl ich Ihnen nicht das Wässerchen reichen kann. Ich denke mir eben, dass ein Fachmann auch Proben bekommt, die ein Normalsterblicher nicht in Augenschein nehmen kann.«

»Aber ich hatte Ihnen doch bereits geraten, sich direkt an die Destillerien zu wenden. Das ist viel besser, als wenn ich Flaschen durch die Gegend sende.«

Rough sah ihn wie ein geprügelter Hund an.

»Mein Freund Angus MacDonald kümmert sich darum! Außerdem möchte er sie zu einem Seminar einladen«, sagte Alberto.

»Wie nett von Ihnen. Veranstalten Sie es, Mister MacDonald?«

»Nein, mein guter Freund Alastair Carnegie. Er möchte Interessenten in die Kunst des Whiskyblendens einführen.«

»Ich komme gerne. Wann findet dieser Lehrgang statt?«

»In den nächsten Tagen. Es wird noch einen Hinweis im Mountain Palace geben.«

»Wer nimmt noch teil?«

»Jeder, der Lust hat und einen der freien Plätze bekommt.«

Rough machte aus seiner Enttäuschung keinen Hehl. »Also nicht nur Fachleute, sondern auch blutige Laien?«

»So ist es.«

»Ich weiß nicht, ob es dann das Richtige für mich ist!«, erwiderte er beleidigt.

»Haben Sie schon einmal an einem Seminar mit Mister Carnegie teilgenommen?«

»Nein, habe ich nicht!«

»Dann sollten Sie unbedingt erscheinen, mein Herr. Er ist der Popstar der Branche. Sie erfahren viel Neues und werden dabei noch glänzend unterhalten.«

»Fein, Sie haben mich überredet.«

»Womit beschäftigen Sie sich gerade?« Vitiello zeigte auf das Regal mit der Flaschenkollektion.

Rough zuckte ratlos die Schultern.

»Sie schreiben doch einen Internet-Blog über das Thema?«

»Wie?« Roughs Stimme quietschte leicht. »Ja, natürlich. Im Moment redigiere ich ein Interview mit Roderick Callander.«

»Dem Master Distiller von Edradour?«

»Sie kennen ihn?«

»Wir haben gestern eine Tour durch die Destillerie gemacht«, erklärte MacDonald.

»Aber wozu denn das? Sie sind doch ein Kenner der Materie.«

»Ich habe Mister Vitiello begleitet. Und Ihr Interview …?«

»Gewöhnlich spreche ich nicht über meine Arbeit, bevor sie im Netz steht. Aber da Sie gewissermaßen ein Kollege sind, kann ich wohl eine Ausnahme machen. Es geht um die Fässer bei Edradour.«

»So kann man es auch nennen, dachte MacDonald. »Sie sprechen von den vermissten Beständen?«

»Ich muss Sie leider korrigieren. Die Fässer waren nach den Unfällen noch vorhanden.«

»Sagt Mister Callander?«

»So ist es!«

»Aber zerbrochen und ohne Inhalt?«

»Wie das eben so ist bei einem Missgeschick. Ich weiß, dass böse Menschen Roderick für verdächtig halten. Doch ich schwöre Mark und Bein, dass er nichts damit zu tun hatte. Im Blog gebe ich ihm die Möglichkeit, seine Sicht zu äußern. Natürlich behandeln wir auch die neuen Produkte der Destillerie.« Mit einem Mal lehnte er den Kopf zurück, öffnete den Mund so weit, wie es seine beiden Besucher noch nie bei einem Mitmenschen gesehen hatten, und sprühte einen ergiebigen Niesregen in den Raum. Es hörte sich wie ein Schmerzensschrei an.

»Salute«, sagte Alberto. Und MacDonald übersetzte: »Jawohl, Gesundheit.«

Rough schien auf etwas zu warten. Gerade als sich seine Besucher sicher waren, dass Ruhe einkehren würde, nahm er Anlauf und niesbrüllte erneut.

»Gesundheit«, sagte MacDonald wieder und hoffte, dass keine animalischen Aussetzer mehr folgten.

»Danke. Die kann ich gebrauchen. Diese dumme Allergie!«

»Gegen was sind Sie denn allergisch?«

»Doktor Naughtie hat es noch nicht herausgefunden.«

»Hat er keinen Test mit Ihnen gemacht?«

»Doch, aber ohne Ergebnis. Ich habe auf keinen der eingepieksten Stoffe reagiert.«

»Wie misslich. Wir drücken Ihnen die Daumen für die Genesung.«

»Danke. Wie lautete noch mal Ihre Frage?«

»Oh, ich habe keine mehr.«

»Aber ich«, sagte Alberto. »Was ist das für ein Symbol in dem Bilderrahmen auf Ihrem Schreibtisch?«

MacDonald hatte diese Frage schon eine Weile befürchtet und wäre jetzt gerne an einen liebreizenden Ort entschwunden.

»Das Logo der Keepers of the Quaich.«

»Hast du mir nicht davon erzählt, Angus?«

»Üch?«, krächzte MacDonald.

Alberto nickte. »Sie sind auch Mitglied, Mister Rough?«

»Nein, ich arbeite noch daran.«

MacDonald sah auf seine Uhr. »Es ist spät geworden und wir wollen Sie nicht länger aufhalten.«

»Aber Sie haben ja nicht einmal ausgetrunken, Mister MacDonald! Soll der gute Whisky vaporisieren?«

»Ich bin untröstlich, aber wir müssen wirklich aufbrechen.«

Rough brachte sie zur Tür und winkte ihnen lange nach. Eigentümlicherweise rannte er dazu ins obere Stockwerk zurück. MacDonald übernahm auf dem Weg ins Hotel die Vorhut und erstaunte seinen Freund deshalb gleich in zweierlei Weise. »Ich habe noch nie erlebt, dass du einen Whisky stehen lässt!«, sagte Alberto.

»Immer musst du drauflos plappern!«

»Prego?«

»Wenn wir noch länger geblieben wären, hätte Rough mich gebeten, ihn den Keepers of the Quaich als neues Mitglied zu empfehlen.«

»Und das willst du nicht machen?«

»Meine Güte, Alberto! Es handelt sich um eine ehrwürdige Vereinigung, in die nicht jeder selbsternannte Journalist aufgenommen wird, nur weil er sich zufällig für Scotch begeistert.«

»Er scheint sich aber doch auszukennen.«

»Kann sein. Doch ich weiß so gut wie nichts über den Herrn. Was mich auch verblüffte, ist das gepflegte Innere des Hauses im Gegensatz zu seiner rustikalen Kleidung.«

»Womit er sein Geld verdient, wissen wir immer noch nicht!«

Sollte man darauf reagieren oder nicht?, fragte sich Alastair Carnegie. Ginge die Angelegenheit positiv aus, wäre er um weitere 7.000 Pfund ärmer, aber auch eine drückende Sorge los. Verdammt noch mal! Warum war sein Leben so kompliziert geworden? Er schenkte sich den dritten Dram Dalmore ein. Das Geld sollte er in einer halben Stunde an der Brücke bei den Lachstreppen befestigen. Wer dachte sich so einen Punkt für die Übergabe aus? Jeder Passant, der zufällig vorüberschritt, konnte sich bedienen! Ging es dem Erpresser nicht um das Geld? Wollte man Psychoterror ausüben? Zum wiederholten Mal spekulierte er, ob jemand seine Vitamine vertauscht und so seine Nase zerstört hatte. Er kannte sich selbst kaum noch. Grübelei, Selbstmitleid und Verzweiflung wechselten sich ab. Schluss damit! Auch die elende Trinkerei musste ein Ende haben. Alastair Carnegie würde sich am eigenen Schopf aus dem Sumpf ziehen. So wie er es immer getan hatte. Eine Kontrolle vor dem mannshohen Spiegel bestätigte ihm, dass Krawatte und Einstecktuch richtig saßen. Über vornehme Kleidung konnte man lästern, so viel es einem beliebte. Ihm gab sie Halt und Optimismus. Selbst zu Hause, beim Abendessen, begab er sich immer korrekt zu Tisch. Als kleiner Junge hatte er es an einem sehr warmen Sommertag einmal gewagt, das Jackett auszuziehen und über die Stuhllehne zu hängen. Sein Großvater sah kurz zu ihm hin und meinte dann lapidar: »Mischst du dich unters Volk, Alastair?« Zwei Generationen vor ihm war alles so einfach gewesen. Jeder hatte seinen Platz und wusste, was von ihm erwartet wurde. Er nahm den Plastikrucksack und legte das Geld hinein. Der Erpresser hatte ihn im Hotel angerufen und seine Instruktionen durchgegeben. »Wenn Ihnen Ihre Karriere etwas bedeutet, schieben Sie 7.000 Pfund in ein gefüttertes Kuvert und dieses in einen Rucksack.« Danach nannte er ihm das Geschäft, wo er diesen erstehen konnte, ein grässliches rot-blaues Etwas mit gelbem Schulterriemen. Auffälliger konnte eine Tasche nicht sein. Redete der Erpresser mit russischem Akzent oder bildete er sich es nur ein, weil er selbst Smirnof eine Absage erteilt hatte? Sein Assistent versprach ihm einen Rückruf, der nie erfolgte. Na wenn schon! So war es ihm sogar angenehmer. Zu guter Letzt hatte er seine Ruhe vor diesem windigen Geschäftsmann. Selbst bei dreifachem Gehalt hätte er nicht für ihn gearbeitet. Er kontrollierte, ob er auch nichts Wichtiges im Zimmer vergessen hatte, packte den Rucksack und verließ das Hotel. Auf dem Weg nach unten sah er sich intuitiv immer wieder um. Hoffentlich begegnete er nicht Angus und Mister Vitiello! Das würde eine peinliche Szene werden. »Geschafft«, sagte er leise beim Verlassen des Areals. In Zeiten wie diesen war man bereits über simple Dinge glücklich. Zur Brücke schaffte er es in zehn Minuten. Somit war er eine halbe Stunde zeitiger. Es hatte keine Anweisung gegeben, nicht früher zu kommen. Nur sollte er nach der Deponierung des Geldes sofort »verschwinden«. Der Lachssprung war spärlich besucht. Vier Senioren hatten die Hoffnung aufgegeben, einen Blick auf die Fische zu erhaschen und wanderten davon. Lediglich eine junge Familie, Vater und Mutter mit zwei kleinen Töchtern, schaute noch zu den Treppchen. Ein Mann mit einem Rucksack marschierte zielstrebig auf sie zu, zeigte auf die Lachsstufen und stellte dem Familienvater eine Frage. Der konnte trotz eines ausgeprägt guten Willens nicht verstehen. Ein Lippenleser wäre ein Segen gewesen. Zappelphilip gab nicht auf. Immer wieder deutete er nach oben. Dem Oberhaupt der Familie wurde es zu viel. Er drehte ihm den Rücken zu und ging mit seiner Familie weiter. Offensichtlich ging es dem Hektiker um eine Art Jagd, ein für die Highlands nicht ungewöhnlicher Sport. Ob er wohl auf das *Grouse* aus war? Carnegie streifte den Hemdärmel zurück: noch zwanzig Minuten. Nach einer Viertelstunde, die ihm wie eine Ewigkeit erschien, schlenderte der Hobbyjäger auf ihn zu. Zum Henker! Ihm war nach allem zu Mute, außer mit dem Typen zu sprechen.

»Haben wir die gleiche Tasche, Sir.«

Carnegie sah zu ihm auf. »Was Sie nicht sagen.«

»Sie glauben nicht? Schauen Sie nur.« Er zog seinen Rucksack von der Schulter und hielt ihn auf die Höhe von seinem. »Das ist Beweis.«

»Hören Sie, ich möchte nicht unhöflich sein. Aber ich bin sehr in Eile.«

»Jaja, glaube ich gerne. Ein großer Zufall aber, nicht wahr?«

»Ich kann schwerlich widersprechen. Auf Wiedersehen. Hat mich sehr gefreut.« Um zu zeigen, dass es ihm ernst war, drückte Carnegie ihm die Hand. Als er Richtung Brücke ging, spürte er, dass der Mann mit dem identischen Rucksack ihm fast ein Loch in den Rücken starrte. Auf der Mitte blieb er stehen und drehte sich um. Der Typ beobachtete ihn, nicht böse oder bedrohlich, nur extrem unverhohlen. »Auf Wiedersehen dann!«

»Hat mich sehr gefreut, der Herr.«

Carnegie winkte ihm zu.

»Erfolgreiche Jagd, der Herr.«

Er hatte bereits den Mund geöffnet, um zu antworten. Nein, lieber nicht, dann würde die Pseudokonversation niemals mehr enden. Stehen bleiben und warten, bis er verschwand. Noch drei Minuten. Geh, mein Gott, so geh doch! Er blieb wie verwurzelt an derselben Stelle stehen! Okay, dann musste es mit ihm als Beobachter vonstatten gehen. »Weidmannsheil«, rief er. Wie ihm befohlen, stellte er den Rucksack auf der Mitte der Brücke ab. Keine zwei Minuten mehr! Weggehen, aber schnell! Carnegie konnte der Versuchung, sich umzudrehen und nach dem Lösegeld zu schauen, nicht widerstehen. Was er wahrnahm, gefiel ihm ganz und gar nicht.

»Auf die Gesundheit, den Kuss einer Frau, und einen Whisky, klar wie Bernstein. Er ist so süß wie der Kuss einer Frau. Aber verdammt, ein Anblick von größerer Herzlichkeit!«

Schottischer Trinkspruch

Unangenehme Wahrheiten

»Das ist doch eine gute Idee!«, rügte MacDonald senior seinen Sohn. Gemeinsam mit Alberto saßen sie in Malcolms Zimmer im Guest House. Miss Armour hatte sich geweigert teilzunehmen. Keiner verstand so recht weshalb.
»Aber Dad! Weshalb soll ich mich denn für diesen Turnbull bei der BBC einsetzen?«
»Weil er ein Pfundskerl ist und eine Sendung zu Innereien machen will. Kutteln und Kollegen müssen unbedingt wieder auf schottische Speisekarten! Was meinst du, Südländer?«
»Möchte mich neutral verhalten, Mister MacDonald.«
»Und ich dachte, als Italiener jubelst du mir in der Sache zu.«
»Erzähl uns lieber, was du Wichtiges zu unserem Fall ermittelt hast.«
»Fletcher meint, dass dein Freund Carnegie einer seiner Gäste in Glasgow war und sich rächen möchte.«
»Das ist eine absurde Verkehrung der Tatsachen. Turnbull hat doch ihn schlecht behandelt und nicht umgekehrt.«
»Wegen seiner Erfahrungen in Glesca ermittelt er hier vorab gegen aufmüpfige Gäste.«
»Also stimmt es, was der andere Koch dir erzählte, Alberto.«
»In zwei Hotelzimmern liegen im Moment Handschellen«, sagte MacDonald senior. »Ich hätte eine Frage dazu. Fletcher sagte, die seien für Spiele im Bett. Wie soll ich das verstehen?«
Sein Sohn hüstelte verlegen. Es war dies kein Thema, das er mit seinem Herrn Vater besprechen wollte. Alberto half ihm aus der prekären Situation. »Für SM-Spiele, Mister MacDonald.«
»SM? Ist das eine Zigarettenmarke?«
»Nein, sadomasochistische Rollenspiele.«
»Igitt! Perverse also!«

»Inzwischen treten solche Leute sogar im Fernsehen auf. Auch Studios gibt es.«

»Filmstudios?«, fragte Malcolm.

»No. SM-Studios.«

»Aber wer bezahlt die Miete für solche Treffpunkte?«

»Mister MacDonald, es sind Etablissements, wo sich, wie soll ich sagen … Empfängliche bearbeiten lassen.«

Angus wusste nicht, wo er noch hinsehen sollte, so peinlich war ihm das Thema.

»Die zahlen Geld, damit man sie verprügelt? Das gibt's doch nicht!«

»Wissen Sie, welchen Hotelgästen die Handschellen gehören, Mister MacDonald?«

»Einer jungen Frau, die alleine angereist ist und einem Russen.«

»Hoffentlich ist es nicht Popow!«

»Ich weiß nicht, wie er heißt. Geld soll er jedenfalls im Überfluss haben.«

»Alles nur Tarnung.«

MacDonald stöhnte. »Was kannst du uns noch berichten, Dad?«

»Carnegie lässt keine vertraulichen Dinge in seinem Zimmer zurück.«

»Oho«, rief Alberto.

»Nun hör aber auf. Wenn dieser Koch Dossiers über Gäste anlegt, darf Alastair doch ebenfalls vorsichtig sein. Vor allem, nachdem ihm der Zettel mit der Lösegeldforderung abhanden kam.«

»Uns hat Carnegie aber erzählt, dass der vom Roomservice mitgenommen wurde.«

»Ja und?«

»Vielleicht war das geschwindelt.«

MacDonald senior meldete sich zu Wort: »Jungs, wenn ihr mich nicht mehr braucht, würde ich gerne cheerio sagen. Die Missie und ich haben etwas vor. *See ye efter.*«

»Du und Miss Armour? Was denn bitte?«

»Wir wollen uns Edradour ansehen.«

»Nicht zu fassen.«

»Tja, meinem Charme können eben die wenigsten Damen widerstehen.«

»Wir hätten noch eine Bitte, Mister MacDonald. Können Sie herausbekommen, womit ein gewisser Garry Rough seinen Lebensunterhalt bestreitet?«

»Oh, ay. Weiß schon, wen ich frage.«

»Dad ... du denkst daran, dass wir in geheimer Mission handeln, ja?«

»Meine Lippen sind versiegelt.«

»Hm.«

Sein Vater drohte ihm mit der Faust. »Soll das heißen, du glaubst mir nicht? *Daena fash me!*«

MacDonald senior ärgerte sich blaugrün. Sein Sohnemann unterstellte ihm, eine Schwatzbase zu sein. Und die Armour hockte auf ihrem Zimmer und weigerte sich, am Ermittlungsgespräch mit Jack teilzunehmen. Mit der kuriosen Begründung, dass ihr Landlord ein Chauvinist sei. Unmöglich! So lange kam er schon nach Pitlochry, dass es ihm aufgefallen wäre. Jack war ein Tausendsassa. Auf Männer seines Schlages ließ er nichts kommen. Lassies kamen und gingen. Aber Männerfreundschaften hatten Bestand. Mit einer Flasche Whisky in der Hand verließ er sein Zimmer und ging zur Veranda, wo er Jack treffen wollte. Der Armour war er vermutlich nur ein Dorn im Auge, weil sie selbst immer in Bewegung war. Dass ein Mannsbild auch sitzend gesund bleiben konnte, verstand sie nicht. Die Veranda war leer! Von Jack keine Spur. Er hatte nichts Sinnvolleres zu tun, als sich hinzusetzen und ein Schlückchen zu trinken. »Prost, Malcolm«, sagte er zu sich selbst.

»Unbedingt! Prost, Malcolm! Nur weil man alleine trinkt, muss man doch nicht seine Manieren vergessen.«

»Meine Rede! Wo hast du gesteckt?« MacDonald senior schüttelte den Kopf. Jack hatte sich verändert. Er war zwar schon früh ergraut, aber sein rostbraunes Gesicht hatte bislang keine Falten gehabt.

»Unterredung mit der Misses.«

»Was? Du auch?«
»Sie sagt, ich würde zu wenig arbeiten.«
»Das gibt's doch nicht.«
»Tja, leider schon. Die ganzen Jahre ging alles gut und nun spinnt sie ohne Grund. Möchte nur wissen, wer ihr die Flausen in den Kopf gesetzt hat.«
»Kann ich doch nicht sagen!«
»Puh! Fängst du jetzt auch noch zu krakelen an? Hat doch auch kein Mensch nicht behauptet, dass du den Grund kennen musst.«
»Ach so.«
»Es läuft wohl nicht so gut mit der Ernährungsdiplomatin, was?«
»Hör bloß auf. Diese modernen Frauen sind …«
»Was sind sie, Malcolm?«
»Nichts. Ich meine nur, dass … vergiss es. Ich wollte dich etwas fragen.«
»Geht es um deinen Fall?«
»Meiner und der des Kleinen. Er macht sich unheimlich wichtig.«
»Schau mal einer an. Kaum sind sie aus den Windeln raus, werden sie übermütig. Also?«
»Garry Rough, sagt dir der Name etwas?«
»In Pitlochry könntest du jeden nach ihm fragen. Rough ist bekannt wie ein bunter Hund.«
»Verbrecher oder nicht?«
»Was soll er denn angestellt haben?«
»Erpressung eventuell.«
»Jetzt wird es spannend. Ich sehe bereits die Schlagzeile vor mir: Pitlochry, der Kriminellensumpf im Hochland. Also, Rough kommt aus einer ungewöhnlichen Familie. Die haben irgendwie alle einen Vogel.«
»Wie viele Roughs gibt es denn?«
»Im Moment nur noch ihn. Die Eltern sind bereits gestorben, noch vor den Großeltern.«
»Könnte er ein Gangster sein?«

»Ach, weißt du, Malcolm, wenn ich in meinem Beruf eines gelernt habe, ist es, dass unter bestimmten Umständen fast jeder zum Verbrecher werden kann. Aber Rough? Nein, der ist harmlos.«

»Kannst du mir sagen, wie er sein Geld verdient? Mit der Schreiberei im Interweb, oder wie das heißt, funktioniert das ja wohl nicht.«

»Na! Er tut nur gerne so. Whisky ist seine große Liebe. Sie finanziert er mit dem Austragen von Zeitungen und allen möglichen Gelegenheitsjobs.«

»Was denn zum Beispiel?«

»Er hausmeistert auf Anfrage, ist handwerklich sehr begabt. Das Haus, in dem er wohnt, hat er selbst gezimmert. Ich denke, der verdient ganz gut. In der Edradour-Destillerie hat er auch schon ausgeholfen. Garry bekommt jedes kaputte Fass wieder hin. Schätze, dass Callander ihn halbtags einstellt, wenn er seine eigene Destillerie eröffnet.«

»Ein Hobby-Böttcher ist er also auch. Du denkst, dass er mit den Jobs finanziell zu Rande kommt?«

»Aber ja, Malcolm. Wenn ich es dir doch sage. Außerdem hat er das Haus der Großeltern geerbt. Da fließen jeden Monat Mieteinnahmen rein. Habe ich etwas Falsches gesagt?«

»Nein, alles okay. Ich werde jetzt mal nach der Missie schauen.«

»Ich bleib hier sitzen und lass den lieben Gott einen guten Mann sein!«

MacDonald senior tätschelte seinem Freund die Schulter und ging zu Armours Zimmer. »Missie, hallo, Miss Armour.«

»Ihre Fitness-Bekannte ist nicht da.« Das Zimmermädchen stand mit einem Korb frischer Bettwäsche hinter ihm.

»Mein Gott, haben Sie mich erschreckt. Ist sie spazieren gegangen? Das macht sie gerne.«

»Nein, abgereist.«

»Unmöglich!«

»Fragen Sie doch die Landlady, wenn Sie mir nicht glauben!«

»Hat sie wenigstens eine Nachricht für mich hinterlassen?«

Nach dem dritten Dram zählte Carnegie nicht mehr. Der Barkeeper des Hotels war wie alle diskreten Menschen der Zunft mit seiner Arbeit beschäftigt. Um diesen Gast musste er sich nicht sorgen. Er vertrug seinen Scotch. Liebeskummer? Das konnte gut sein. »Noch einen bitte«, sagte der Glaswegian.

»Wohin führt uns die Reise nun, Sir?«

»Kilchoman bitte.«

»Ah, zur Isle of Islay. Eine gute Wahl. Sie wissen sicher, dass die Jungs dort eine echte Farmhaus-Destillerie betreiben, mälzen ihre eigene Gerste und füllen das fertige Produkt vor Ort ab.«

Durch Carnegies Körper ging ein Ruck. »Sie verwenden Bourbon- und Sherryfässer. Der Whisky wird nicht so stark getorft wie manche Kollegen auf der Insel. Er hat Zitrusnoten und ein herrliches Finish!«

»Den haben Sie schon mal probiert?«

Carnegie lächelte matt. »Bitte einschenken.«

Der Barkeeper zog die bauchige Flasche vom Regal und schenkte behutsam ein, bis ein doppelter Dram im Glas war. Sein Gast hielt das Nosinggläschen von sich weg und studierte die Farbe, roch aus alter Gewohnheit daran und trank einen Schluck. »Ein Hoch auf Schottland! Trinken Sie mit mir, bitte.«

»Würde ich gerne. Aber während der Dienstzeit ist das nicht erlaubt.«

»Muss es denn jemand mitbekommen?«

»Im Prinzip nicht. Also gut, ein kleiner Dram kann sicher nicht schaden.«

»Sehen Sie. Slàinte mhath! Oh weh, die Vernunft ist mahnend im Anmarsch.«

Angus baute seine imposante Figur vor ihm auf. »Hier steckst du also, Alastair. Wir müssen reden.«

»Bald mag ich nicht mehr.«

»Du trägst dich doch hoffentlich nicht wieder mit Selbstmordgedanken?«

»Keineswegs. Ich denke nur, das ständige Sprechen bringt nichts.«

»Lass uns in den Garten gehen, Alastair.«
»Was soll ich denn da? Blumen pflücken?«
MacDonald sah ihn scharf an. »Wir müssen uns unterhalten!«
»Man könnte meinen, du arbeitest in einem Callcenter.«
»Ich muss doch sehr bitten, Alastair!«
»Politiker lieben es ebenfalls, einen fortwährend mit Namen anzusprechen.«
MacDonald nickte Vitiello zu und zählte stumm bis drei. Dann hakten sie Carnegie links und rechts unter.
»Hey, was soll das denn werden! Wollt ihr mich kidnappen?«
»Keine Widerrede«, sagte Angus streng. »Du brauchst frische Luft!«
Weil der Italiener kleiner war als Carnegie, kippte er auf seiner Seite ein Stück nach unten. »Kommst du zurecht, Alberto?«
»Senza problema. In meinem Guest House habe ich im Laufe der Jahre mehr als einen Trunkenbold rausgeworfen.«
Carnegie riss sich los. »Also, ihnen will ich mal etwas sagen, Sie ...«
MacDonald fasste noch kräftiger zu. »Alastair! Sag nichts, was du später bereuen könntest.«
»Nun lass mich schon los, Angus! Ich komme freiwillig mit.«
»Sollen wir dir vor unserem Gespräch eine kalte Dusche verabreichen?«
»Wie in einem Westernfilm, meinst du? Danke, kein Bedarf!«
»Bist du sicher?«
»Ja doch!«
MacDonald marschierte voraus, hinter ihm Carnegie, gefolgt von Alberto. Man hätte sie für drei Herren im Zirkus halten können.
»So, das wäre geschafft«, sagte Angus im Garten. »Wir haben neue Fakten zusammengetragen. Es ist nicht viel. Aber erzählen werde ich dir trotzdem alles. Oder möchtest du das übernehmen, Alberto?«
»Sisi. Wir wissen von einem Russen und einer jungen Dame.«

Carnegie wurde unruhig, ahnte, was nun kommen würde.
»Der Russe ist wohl sehr reich. Die finanziellen Verhältnisse der Dame kennen wir nicht. Aber beide benutzen sie gerne Handschellen. Wenn Sie verstehen ...«
»Einen Bezug zu meiner Nase sehe ich nicht.«
Alberto, der Menschenkenner, spürte, dass etwas im Busch war. »Könnte die junge Frau eine Bekannte von Ihnen sein?«
»Mister Vitiello, ich weiß Ihre Hilfe zu schätzen, aber wenn Sie unterstellen wollen, dass ich eine Freundin habe, die Handschellen benutzt, gehen Sie zu weit!«
»Nichts dergleichen habe ich gesagt. Und der Russe? Kennen Sie den?«
»Ich weiß ja nicht einmal, wie er heißt!«
»Aha, das heißt, Sie kennen welche?«
Carnegie imitierte seinen Tonfall. »Sie doch auch, wie ich verstanden habe!«
»Der Hotelgast könnte ein gewisser Smirnof sein«, sagte MacDonald. »Läuten die Glocken der Erinnerung nun?«
»Ihr beiden redet tatsächlich wie Beamte der Kriminalpolizei. Ich muss mich setzen.«
»Da drüben ist ein schönes Bänkchen«, erwiderte Angus ein wenig versöhnlicher. »Könnte es sein, dass dieser Russe McVicar and Whitelaw kaufen möchte?«
»Wieso denn?«
»Ich habe einige Telefonate gemacht und dabei so dies und jenes herausgehört.«
»Übernahmegerüchte gibt es in der Branche immer wieder. Ich würde nicht allzu viel darauf geben, Angus.«
»Alastair, Alastair«, erwiderte MacDonald schulmeisterlich.
»Hat jemand etwas zu trinken dabei? Mich dürstet nach einem Dram.«
»In der letzten Zeit konsumierst du eine Menge.«
»Das ist allein meine Sache! Hat dein Vater immer noch ein Fläschchen bei sich?«
MacDonald widerstrebte es zutiefst, direkte Bemerkungen zu machen. Aber ebenso notwendig wie der Hinweis auf seines

Freundes Alkoholkonsum war auch Folgendes: »Alastair, ich halte es für extrem unwahrscheinlich, dass du Smirnof nicht kennst. Und ein Unternehmer, der an die Bestände von McVicar and Whitelaw heranmöchte, wird auch mit dem Master Blender der Firma ein paar Takte sprechen wollen, vor allem wenn er vor Ort ist.«

»Ich gestehe es«, sagte Carnegie unvermittelt.

»Wie? Sie haben gar kein Nasenproblem?«

MacDonald trat Alberto mit aller Macht auf den Fuß, sodass es ihm die Sprache verschlug. »Berichte uns in aller Ruhe, was du auf dem Herzen hast, Alastair.«

»Smirnof will McVicar and Whitelaw kaufen. Er hat vor, in Russland Blended Whisky herzustellen. Ich traf Smirnof hier und hörte ihn an. Aber nur weil Mister Whitelaw mich darum bat, ebenso wie um Stillschweigen, das ich nun brach. Doch wenn wir den Erpresser nicht finden, kann auch die Firma großen Schaden erleiden. Nun, kurz darauf habe ich Smirnof eine Absage erteilt. Ein Assistent hat meine Nachricht entgegengenommen. Der versprochene Rückruf erfolgte nie. Stattdessen rief mich der Erpresser wieder an.«

»Was? Das hätten Sie uns aber erzählen müssen!«

»Er ist doch gerade dabei!«

Alberto bewegte sich instinktiv von MacDonald weg.

»Er forderte 7.000 Pfund. Ich packte das Geld wie gewünscht in ein Kuvert und verstaute es in einem kunterbunten Plastikrucksack. Diesen legte ich auf der Mitte der Brücke ab.«

»Hast du bei der Übergabe etwas Verdächtiges bemerkt?«

»Nein, denn man trug mir auf, das Geld zu hinterlassen und dann zu verschwinden. Eine Sache war jedoch sehr ungewöhnlich. Ein junger Mann, Russe wohl, verwickelte mich in ein Gespräch. Er hatte den gleichen Rucksack wie ich und wollte einfach nicht weggehen. Wünschte mir eine erfolgreiche Jagd.«

Alberto schlug die rechte Faust in die linke Hand: »Popow!«

»Er ist es nicht, Alberto!«

»Aber ...«

»Ruhe!«

Vitiello verstand gar nichts mehr. Normalerweise verlor doch er die Geduld und nicht Angus. Es war bestimmt der Ärger, den er sich mit Karen eingehandelt hatte.
»Kann ich weitersprechen?«, fragte Carnegie.
MacDonald nickte gravitätisch.
»Ich deponierte den Rucksack auf der Brücke und ging zurück. Als ich nach dem Geld sah, war es weg, und so auch der Mann.«
»Du denkst, der Rucksackmann hat etwas mit der Erpressung zu tun?«
»Es könnte sein, Angus.«
»Schön, dass wir nun alle Fakten besitzen. Wenn der Herr Verbrecher sich wieder rührt, sag uns aber bitte gleich Bescheid!«
»Um Himmels willen! Der wird sich doch nicht noch einmal melden!«
»Es ist leider nicht auszuschließen.«

»Ich kann es immer noch nicht glauben«, jammerte MacDonald senior. »Sie hat mich ohne einen Gruß verlassen.«
»Wenn Sie nur etwas früher aufgetaucht wären! Ihre Flasche hätten wir gut gebrauchen können.«
»Dad, fast könnte man meinen, dass du mit der Armour verheiratet bist.«
»Was redest du denn für einen Bullshit?«
»Mum hätte sicher nichts dagegen.«
»Jetzt hör aber auf.«
Alberto grinste. »Hatten Sie nicht vor, mit Ihrer Hübschen die Edradour-Destillerie unsicher zu machen?«
»Ay! Dann wollte sie plötzlich nicht mehr. Hat mich zu den Frauen in der Geschichte des Whiskys befragt. Obwohl sie schon alles wusste.«
»Verstehst du, was er meint, Angus?«
»Selbstverständlich. Denken wir etwa an Elisabeth Cumming von Cardhu oder an Bessie Williamson von Laphroaig. Die Damen bewiesen ein unglaubliches Händchen im Führen

von Destillerien. Oft verhalfen sie ihren Marken zu nationaler und mitunter sogar zu internationaler Bedeutung. Zudem ...«

»Blablabla, hast du mir schon erzählt, Kleiner. Ich sag nur eins: Whisky schmeckt nach Whisky und nicht nach Himbeeren! Mir ist auch nicht klar, woher die Missie das alles weiß. Selbst über das Blenden von Whisky hat sie sich ausgelassen, in feindseligem Ton. Irgendjemand muss sie aufgehetzt haben.«

»Mit wem hat sie denn seit eurer Ankunft gesprochen?«

»Schwer zu sagen. Ich weiß ja nicht, wen sie beim Joggen getroffen hat.«

»Was? Die Armour joggt? Ich dachte, sie macht bloß Turnübungen und fährt Rad.«

»Geturnt hat sie nur am ersten Morgen. Aber eine ältere Dame im Purple hat gedacht, ein Tier leidet Schmerzen und sich bei Jack beklagt. Danach ist sie in aller Herrgottsfrühe davongespurtet. Ich konnte sie noch aus der Ferne brüllen hören.«

»Hm, ich frage mich, ob ich sie nun los bin.«

»Mach dir keine falschen Hoffnungen, Angus. So wie ich Karen kenne, sorgt sie für gleichwertigen Ersatz«, meinte Alberto.

»Damit hast du vermutlich recht. Hoffentlich fühlt Thomasina sich angesichts dieser neuen Umstände noch an ihr Versprechen gebunden, Sir Robert zu füttern.«

Malcolm schüttelte den Kopf. »Wenn nicht, fängt dein Haustiger sich eben Vögel und Mäuse. Kümmert es einen von euch beiden, was ich zu Rough ermittelt habe?«

»Natürlich, Mister MacDonald, wir sind ganz Ohr.«

»Mein Freund Jack sagt, er habe genügend Gelegenheitsjobs, um sich zu ernähren. Außerdem hat er das Haus seiner Großeltern vermietet.«

»Somit scheidet er als Verdächtiger aus.«

»Das war mir von Anfang an klar«, stellte Alberto fest.

»Ihr Italiener seid eben ganz schlaue Burschen.«

Vitiello verschränkte die Arme. »Nach fünf Jahren kehrt ein Schotte in seine Heimat zurück ...«

»Nicht schon wieder!«, jammerte MacDonald.

»… am Flughafen sucht er vergeblich nach seinen beiden Brüdern, die ihn abholen wollten. Bis ihn zwei Männer mit ellenlangen Bärten ansprechen: Erkennst du uns nicht? Wir sind's, deine Brüder. Warum tragt ihr so lange Bärte? Spaßvogel! Du hast doch den Rasierapparat mitgenommen!«

»Was schenkt ein verliebter Schotte seiner Freundin?«, fragte Malcolm und gab auch gleich die Antwort: »Einen Lippenstift natürlich.«

»Und weshalb?«, fragte Angus, der alle Witzchen schnell hinter sich bringen wollte.

»Ist doch klar: Den Lippenstift kann er sich nach und nach zurückholen.«

»Ihr solltet zusammen auftreten. Ein Schotte und ein Italiener, die zusammen Schottenwitze erzählen! Leider muss ich euren Überschwang nun etwas zügeln. Wenn Rough als Verdächtiger ausscheidet, bleiben noch dieser Smirnof, der Arzt und MacRitchie.«

Alberto begehrte auf: »Außerdem Turnbull und Callander.«

»Lasst mir doch Fletcher in Frieden! Der war's nicht.«

»Es ist das Beste, wenn Alastair sein Seminar bald veranstaltet. Ich bin mir ziemlich sicher, dass der Verdächtigte erscheinen wird. Dad, kommst du auch?«

»Gibt es was zu trinken?«

»Dass Sie immer nur an das eine denken können!«

»Und?«, fragte Malcolm.

»Nicht im Übermaß, Dad.«

»Red deutlich, Junior!«

»Im Rahmen eines Tastings gibt es gewöhnlich den einen oder anderen Dram. Da Alastair in Pitlochry aber nicht den Bestand von McVicar and Whitelaw zur Verfügung hat, sitzt du für deine Begriffe eventuell auf dem Trockenen. Deine Hilfe könnten wir jedenfalls gut gebrauchen.« Und wenn sein Dad in Sichtweite war, konnte er am wenigsten Unfug anstellen.

»Okay, natürlich helfe ich euch aus der Patsche. Aber nur unter der Bedingung, dass ich meine Drams nicht ausspucken muss. Schönen Tag noch.«

»Wo willst du denn hin?«

»Zu Edradour. Was man sich vorgenommen hat, setzt man auch um.«

Eine junge Dame sang melodisch »The Flower of Scotland«.

»Warum nimmt der Kleine nicht ab?«

»Er hört gerne Amy Macdonald trällern. Außerdem möchte ich wetten, dass er ein Gespräch mit Karen vermeiden möchte.«

Angus machte ein böses Gesicht. »Hallo, MacDonald hier. Karen, Sie sind's. Danke für die Info. Ja, ist gut. Auf Wiederhören.«

»Ärger mit der Ärztin, Kleiner?«

»Karen hat gesagt, dass sie die nächsten Tage nicht erreichbar sein wird.«

»Nur für dich nicht?«

»Für alle Menschen!«

»Hat sie etwas von der Lassie erzählt?«

»Nein. Und das wundert mich fast noch mehr, als dass sie in ein Gebiet ohne Funkmäste reist. Denn sie versteht sich sehr gut mit der Armour.«

»Vielleicht können Sie über die Uni in Edinburgh etwas herausbekommen, Mister MacDonald.«

»Na. *It wis a rare terr.* Aber so wichtig ist es auch wieder nicht. Ich geh jetzt einen heben.«

»Was hab ich gesagt, Alberto?« MacDonald stand mit Vitiello in einem der Konferenzräume des Mountain Palace Hotels. Goldgefasste Stühle mit rotem Polster warteten in exakt ausgemittelten Viererreihen. Auch der dicke Teppichboden war in rot gehalten. In der Mitte der Decke hing ein prunkvoller Kronleuchter. Die Detektive sahen Carnegie beim Aufbauen seiner Seminarunterlagen zu: Scotchflaschen, schlanke wie bauchige, Nosinggläschen und eine Landkarte, auf der alle hiesigen Destillerien eingezeichnet waren. Obwohl MacDonald Alastair schon häufig in Aktion erlebt hatte, erfreute er sich immer wieder daran. In der Vortragswelt der Branche war er so etwas wie ein Rockstar. »Zehn Flaschen, Alastair? Hast du sie aus Glasgow schicken lassen?«

Carnegie hatte nicht bemerkt, das die beiden ihn beobachteten und erschreckte sich. »Hallo, ihr beiden. Nein, vor Ort gekauft. Vom Büro aus wären sie nicht zeitig genug hier angekommen. Möchtet ihr etwas probieren?«

»Danke, nein«, sagte MacDonald.

»Und Sie, Mister Vitiello?«

»Sisi. Bildung ist eine wunderbare Sache.«

»Welche Region darf es denn sein?«

»Ich folge gerne Ihrer Empfehlung.«

»Das ehrt mich.« Carnegie ging die Flaschen durch. »Kennen Sie sich mit Scotch aus, Mister Vitiello?«

»Nicht so sehr. Ich weiß allerdings, wie man das Gläschen richtig hält.«

MacDonald brachte sich in Deckung: Sein Freund wusste nicht, was er sich einbrockte.

»Ausgezeichnet! Ich gebe Ihnen einen Glenkinchie. Die Destillerie ist nicht weit von Edinburgh entfernt.«

»Certo! Ich war schon dort! Mit dem Tourist Board.«

»Wollen Sie lieber einen anderen Dram verkösigen?«

»No, ist schon gut. So genau kann ich mich nicht mehr erinnern.«

»Okay, Glenkinchie soll es sein.« Der Master Blender goss eine kleine Portion in das Glas, schwenkte es hin und her und beförderte den Whisky dann in einer eleganten Kurve auf den Teppichboden. Dann schenkte er einen doppelten Dram ein.

»Warum haben Sie das getan?«

»Eine essentielle Maßnahme, um das Glas von ungewünschten Gerüchen zu reinigen.«

Alberto nahm das Nosingglas entgegen und wärmte es pflichtbewusst mit beiden Händen an.

»Was zum Teufel soll das? Sie sind wohl toll geworden!«

Vitiello schüttelte den Kopf. »Prego? Non capisco!«

»Angus, will er mich ins Grab bringen?«

»Nein, nein. Aber bedenke bitte, dass Alberto aus Italien kommt. Er wird diese Sitte also von zuhause übernommen haben.«

»Trifft das zu, Mister Vitiello?«

»Assolutamente. Außerdem habe ich einen Teil meiner Ausbildung im Elsaß absolviert. Wir haben den Cognac immer so getrunken!«

»Ich schenkte Ihnen keinen Franzosentrunk, sondern einen *Single Malt* ein! Und wenn Sie das noch mal machen, kille ich Sie! Eine Todsünde ist das!«

Vitiello wandte sich an MacDonald. »Macht er Possen, Angus?«

»Ich fürchte nicht.«

Alberto legte sich die Hand aufs Herz. »D'accordo, Signor Carnegie. Ich bin einverstanden und bereit, Ihre Expertise in diesem Bereich anzuerkennen. Wollen Sie mir den Rest auch noch erläutern?«

Carnegie hielt sein Glas gegen ein Blatt weißes Papier. »Zunächst betrachten Sie die Farbe Ihres Drams. Dann schwenken Sie das Glas leicht hin und her, damit sich die Aromen gut entfalten. So, nun riechen Sie bitte daran.«

Angus war sehr froh, dass Alberto einen gefestigten Charakter hatte, denn Alastairs imperative Art vorzutragen, konnte einen einschüchtern.

»Erst mit dem linken Nasenloch, dann mit dem rechten. Die Nase bitte ganz im Glas versenken. So ist es gut. Was riechen Sie?«

»Es riecht süß, nach Gras. Noch etwas ... leichter Rauch.«

»Sehr gut, Mister Vitiello. Sie sind ein Naturtalent. Nun nehmen Sie einen ordentlichen Schluck in den Mund, schlucken ihn aber erst, wenn ich es sage, ja? Wir wollen diese kostbare Essenz nicht wie ein Cowboy nach staubigem Prärieritt hinunterhauen.«

»Capito.« Die Sache begann Alberto Spaß zu machen, denn sie forderte ihn heraus.

»Auf mein Kommando!« Carnegie setzte das Gläschen an und summte seine Anweisung mit vollem Mund zehnmal: »Uhm, uhm, uhm, uhm ...« Erst dann schluckte er den Whisky und animierte seinen Eleven, das Gleiche zu tun. »So! Das war's. Wie ich immer sage: Ein zehnjähriger Scotch beispielsweise sollte mindestens zehn Sekunden im Mund verweilen.

Alles andere zeugt von mangelndem Respekt gegenüber den Erzeugern.«

Alberto hätte Carnegie gerne gefragt, ob er seinen Whisky immer und überall so zu sich nahm. Konnte es zum Beispiel sein, dass er abends am Kamin uhm, uhm, uhm und uhm summte? Hatte er keine Nachbarn? Was war, wenn er im Flugzeug einen Dram zu sich nahm?

»Sie sehen so aus, als ob Sie eine Frage auf dem Herzen hätten, Mister Vitiello.«

»Nein, ist schon gut. Sind wir fertig?«

»Erst wenn Sie mir etwas zu Körper, Geschmack und Finish sagen.«

»Immer noch ein leichter Scotch. Am Ende schmeckt er würzig. Ist es Ingwer?«

»Superb! Einfach superb! Sie könnten direkt in der Branche arbeiten.«

»Das sagt er nicht zu jedem, Alberto.«

Der Italiener verbeugte sich. »Ich fühle mich geehrt.«

»Als Lektüre empfehle ich Ihnen *David Wisharts* hervorragendes Werk. Den Rest meines Vortrages hören Sie später, wenn Sie möchten.«

»Unbedingt. Das lasse ich mir nicht entgehen.«

»*Liebe läßt die Welt sich drehen? Mitnichten! Whisky läßt die*
Welt sich zweimal so schnell drehen«

Compton Mackenzie (1883-1972), Autor vieler schottischer
Komödien, beispielsweise der »Whisky Galore«

Wer ist der Täter?

Angus und Alberto hatten rechts in der letzten Reihe Platz genommen, wo sie einen passablen Blick auf die Tür hatten. Der Doktor erschien als Erster. Er trug einen perfekt sitzenden Tweedanzug, mit dem er eine Darbietung im Freien mühelos hätte überstehen können. Im gut beheizten Vortragsraum beneidete MacDonald ihn allerdings nicht darum. Um den Hals hatte Naughtie sich einen Schal in der Farbe der Royal Mail geschlungen. Auch auf große Distanz hätte man ihn mühelos ausmachen können. Er nickte MacDonald wie auch Carnegie düster zu.

»Wie schön, dass er trotz seiner schlechten Stimmung gekommen ist«, flüsterte Angus, »das nenne ich Pflichtbewusstsein.«

Danach betrat Katherine MacRitchies gewaltiger Sommerstrohhut den Raum, dicht gefolgt von der Besitzerin. Die große Krempe schränkte ihre Sicht stark ein, sodass sie sich dankbar auf einen Stuhl in der vorletzten Reihe fallen ließ. Anschließend – und noch schneller als MacDonald befürchtet hatte – tauchte Garry Rough auf, in vollendeter Waldmeisterkleidung.

»Grün ist die Hoffnung«, sagte Alberto. Und Angus unternahm einen hilflosen Versuch, sich kleiner zu machen.

»Hallo, Mister MacDonald. Lange nicht gesehen. Ist hier noch frei?«

»Aber natürlich! Warum auch nicht?«

»Vielen Dank nochmals für die Einladung.«

Der Doktor schnalzte mit der Zunge, als er das hörte.

»Gern geschehen. Haben Sie es gut gefunden?«

Alberto prustete los über diesen hilflosen Versuch, Konversation zu machen. Angus hatte Angst, dass Rough ihn wieder um Whiskyproben oder auch etwas anderes anging. Doch der betrachtete begierig die zehn Flaschen, die Carnegie aufgebaut hatte, als ob er noch nie welche gesehen hätte. Irgendwann spürte der Glaswegian, dass man ihn beobachtete, sah auf und nickte Rough zu. Dann marschierte Distiller Callander auf, mit angewinkelten Armen und abgehackten Schritten. Verwechselte er das Seminar mit einer militärischen Aktion? Wer konnte es wissen, dachte Alberto. Den interessantesten Auftritt absolvierte Turnbull. Er ging in karierter Kochhose und grüner, eng ansitzender Jacke bedrohlich auf Carnegie zu und hielt erst kurz vor seinem Tisch. Der Master Distiller ignorierte ihn gänzlich, was unter diesen Umständen wohl das einzig Vernünftige war. Erst als der Doktor eine Niesattacke erlitt und selbst darüber verzweifelte, rückte der Chefkoch wieder ab und pfiff eine Melodie, die aus einem dramatischen Spaghettiwestern mit Clint Eastwood stammte. Alberto stupste seinen Freund mit dem Ellbogen an. Aber Angus reagierte nicht. Der Letzte im Bunde war ein Herr, der eine frappante Ähnlichkeit mit einem ehemaligen Premierminister Italiens hatte. Smirnof nahm in der ersten Reihe Platz, unmittelbar vor Carnegie, der ihn unsicher grüßte. Der Russe revanchierte sich mit einer imperialen Geste, die Alberto einmal in einem Sandalenfilm gesehen hatte. War heute der Tag der großen Filmstars? Er verkniff sich, Angus zu fragen, ob er es ebenso empfand. Erst nachdem die leicht und hoch Verdächtigen im Raum waren, trafen weitere Zuhörer ein, etwa 20 an der Zahl. »Das ist aber jetzt komisch. Oder nicht, Angus? Wie bei einem Theaterstück.«

»Ja, schönes Wetter haben wir heute«, wisperte MacDonald. Schließlich kam auch noch Malcolm MacDonald. Smirnof telefonierte lauthals. Carnegie rieb sich die Hände und ging zum Ausgang. »Bekommt er kalte Füße?«, murmelte Vitiello. Erst fünf Minuten später kehrte der Master Distiller mit rotem Gesicht zurück. Er schloss die Tür hinter sich und ging zu seinem Tisch.

»Von wegen kalte Füße«, sagte MacDonald, »einen Carnegie wirft so leicht nichts aus der Bahn.«

»Meine Damen und Herren, schön, dass Sie so zahlreich erschienen sind. Immerhin präsentiere ich nur Whisky.«

»Was heißt hier nur?«, rief Rough dazwischen.

Carnegie integrierte den Einwurf mit professionellem Habitus. »Es freut mich immer, gleich zu Beginn Wortmeldungen zu bekommen. Vielen Dank für Ihr Interesse, junger Mann.«

»Stets zu Diensten.«

»Wer hat dieses exquisite, zweifach destillierte Getränk erfunden? Waren es die Iren oder die Schotten? Eine Frage, die seit Jahrhunderten immer wieder gestellt wird. Der erste schriftliche Beleg für die Produktion stammt jedenfalls aus dem Jahr 1494 und ist in einem Steuerdokument, der Scots Exchequer Roll, zu finden. Bis heute haben die Iren den Bogen noch nicht raus und müssen ihren Stoff dreimal destillieren, damit er trinkbar ist.«

»Auchentoshan«, rief jemand. War es Callander?

»Ja, das entspricht der Wahrheit. Unsere schöne Lowland-Destillerie geht ebenfalls dreimal dran. Sie ist aber die einzige. Anfangs wurde Whisky in Schottland noch auf gut Gälisch Uisge Beatha, Wasser des Lebens, genannt. Die Menschen, die Englisch sprachen, machten daraus Whisky. Wasser des Lebens existiert zwar auch in einigen Ländern des Kontinents und in Übersee. Aber keines dieser Getränke darf sich Scotch nennen. Wie Cognac und viele andere Bezeichnungen ist Scotch ein geschützter Begriff und meint Whisky, der in Schottland mit Gerste bzw. anderem Getreide, Hefe und Wasser produziert wird und mindestens drei Jahre im Fass bleibt. Einige von Ihnen werden wissen, dass wir in Schottland fünf Whiskyregionen unterscheiden. Es gibt die Lowlands, die Highlands, Speyside, Campbeltown und Islay. Wobei zu bemerken ist, dass Speyside geografisch innerhalb der Highlands liegt.«

»Eine verhältnismäßig neue Unterscheidung«, sagte Rough laut.

»Korrekt. Vor einigen Jahren entschloss man sich dazu, zwei Gebiete daraus zu machen. Wie ist Ihr Name, junger Mann? Hallo! Sie da in der letzten Reihe!«

MacDonald berührte Rough leicht an der Schulter. »Ihr Typ wird verlangt.«

Der Whiskyfan nahm aufrechte Haltung an. »Garry Rough«, antwortete er ärgerlich.

»Wollen Sie uns verraten, warum man die Unterscheidung einführte, Mister Rough?«

»Weil das Speysidegebiet so groß ist.«

»So ist es. Wie groß?«

»Bitte?«

»Da Sie ein Experte sind, verraten Sie uns bitte, wie viele Whiskys in der Speyside und wie viele in den Highlands produziert werden.«

»Im Moment kann ich das nicht aus dem Gedächtnis abrufen.«

»Ich auch nicht. Aber es sind 37 in den Highlands und 48 im Speysidegebiet. Könnte das stimmen?«

Rough nickte und schwieg für den Rest des Seminars.

»Da wir dieses Faktum etabliert haben, lassen Sie mich erzählen, wie sich die Regionen unterscheiden. Scotch Whiskys haben Charakter. Jeder schmeckt anders. In den Lowlands destilliert man leichte Tropfen. Fünf Stück gibt es. Und in den Highlands? Im Westen, auf dem Festland, haben wir nur wenige Betriebe. Die Whiskys sind trocken und schmecken leicht torfig, wie der berühmte Autor Michael Jackson in einem seiner Bücher festhielt, meine Damen und Herren. Im Norden der Highlands treten Heidekraut und Gewürztöne hervor. Wie sieht es in der Speyside aus? Elegante und vielseitige Scotch sind es auch dort. An einem Ende der Skala finden wir einen kräftigen Sherrytyp wie etwa Aberlour oder Macallan. Gegen diese behaupten sich die Wasser des Lebens mit einem leichten Stil. Auch in dieser Beschreibung gehe ich mit Michael konform. Betrachten wir nun den Westen unseres Landes. Campbeltown besitzt heute nur noch drei von 34 Destillerien im Jahr 1794. Was haben sie gemeinsam? Die Whiskys sind salzig, ölig, von der See beeinflusst. Bleibt noch Islay, die wunderschöne Insel mit acht Betrieben. Entweder man mag ihre Whiskys oder man hasst sie. Torf bestimmt ihren Charakter. Laphroaig und Bowmore sind Paradebeispiele dafür.«

»Wann gibt's was zu trinken?«, rief MacDonald senior.

»Ich sehe, einige unserer Teilnehmer sind durstig gekommen.«

»Schließlich wollen wir was lernen!«

»Sie haben es erfasst. Deshalb möchte ich auch noch einige Worte über das Blenden verlieren. Davon handelt unser Seminar ja. Ich darf meinen berühmten Kollegen Richard Paterson und seine hervorragende Autobiografie ›Goodness Nose‹ paraphrasieren. Besser als Richard kann ich es nicht ausdrücken. Sinngemäß sagt er: Der Blender ist eine Art Psychologe. Die Whiskys in einem Blend benötigen Zeit, um ihre Verschiedenheiten zu regeln und notwendige Kompromisse zu machen. Jeder große Blend muss Ausdruckskraft, Komplexität, Muskeln und eine natürliche Autorität besitzen. Wie bei einer Party gibt es zum Beispiel Casanovas, hübsche Damen, eloquente Menschen, Personal und Stargäste ...«

»Nun? Wo bleibt der Stoff?«

»Also schön, Sie haben mich überredet.« Carnegie läutete mit einem Tischglöckchen. Vier schwarz gekleidete Damen des Hotels trugen Tabletts mit Degustiergläschen herein.

»Ich bitte Sie, nun die Gläschen in die Hand zu nehmen und den Staubschutz zu entfernen, damit die Damen Ihnen unsere erste Probe, einen Glenkinchie von den Lowlands, eingießen können. Wie Sie sehen, benutzen wir keine amerikanischen Goldgräberbecher, sondern spezielle Nosinggläschen. Unsere Gläser sind peinlich sauber. Wenn Sie irgendwo anders auf der Welt an einem Tasting teilnehmen, reinigen Sie bitte unbedingt vorher Ihr Glas.« Carnegie schenkte sich eine kleine Portion Glenkinchie ein, schwenkte sie ausgiebig hin und her und schüttete sie dann in einer steilen Kurve hinter sich. Auch in diesem Seminar erntete er »ahs« und »ohs«. Und noch immer freute er sich darüber. »So, das wär's! Mein Glas ist frei von missliebigen Gerüchen.« Carnegie schob die Nase ins Gläschen, inhalierte ausgiebig und fiel in Ohnmacht.

Angus hatte befürchtet, dass die Plätze in der letzten Reihe auch einen Nachteil mit sich brächten. Nun zeigte er sich überdeutlich: Sie hatten Mühe, sich zu Alastair vorzukämpfen. Als Journalist sah er bereits die Schlagzeile vor sich: Berühmter Master Blender verliert das Bewusstsein – nachdem er an einem Single Malt Scotch schnupperte! Was bedeutete das für die Präsentation des Jahrhundertwhiskys? Konnte Alastair sie überhaupt durchführen?

»Aus dem Weg! Ich bin Arzt!«

Auch das noch: Naughtie gelangte als Erster zu ihm. Hoffentlich ging er sensibel vor. Alastair war hingefallen, schien aber unversehrt. Der Arzt fühlte ihm den Puls und nickte. Gott sei Dank! Aber woher kam dieses Geschrei? Smirnof telefonierte wieder. Ein mitfühlender Mensch würde das diskret machen. Rough sah dem Arzt über die Schulter wie bei einem naturwissenschaftlichen Experiment. Katherine MacRitchie verließ den Raum fluchtartig.

»Will sich jemand unter meiner Anleitung an Mund-zu-Mund-Beatmung versuchen?«, fragte Naughtie mit Häme. Alle Umstehenden drehten den Kopf weg. Selbst Alberto, der ein gefälliger Mensch war, aber panische Angst vor Bakterien hatte. »Nein? Gut, dachte ich mir bereits. Dann werde ich es eben selbst machen müssen. Lassen Sie mir wenigstens etwas Platz dafür!« Er drückte Carnegie die Nasenlöcher zu, als ob er ihn umbringen wollte.

»Ist das nicht zu fest?«, protestierte MacDonald.

»Lassen Sie mich meine Arbeit verrichten! Ich quatsche auch nicht in Ihre Schreibereien rein!«

»Rüpel!«

»Selber!«

MacDonald sah wie gebannt auf den roten Schal Naughties.

»Wollen Sie seine Nase gar nicht mehr loslassen?«, fragte nun Alberto.

»Ist das hier eine demokratische Veranstaltung? Ruhe jetzt!«

Im Moment, als Naughtie dem Master Blender seinen Atem einhauchen wollte, öffnete der die Augen und schnappte nach Luft. Der Arzt zog die Finger weg.

»Habe ich das Seminar beendet?«

»Aber Alastair, das spielt doch keine Rolle. Hauptsache, es geht dir wieder besser.«

»Darf ich mal durch bitte?«, sagte einer der Seminarteilnehmer, drückte Naughtie und MacDonald weg und fotografierte den am Boden Liegenden.

»Wenn Sie nicht augenblicklich verschwinden, werden Sie es bereuen«, knurrte MacDonald und der Dämon in Menschengestalt zog von dannen. Nur Alberto sah, dass er Smirnof angrinste. »Ende der Vorstellung, meine Damen und Herren. Wie Sie sehen, ist Mister Carnegie wieder wohlauf. Geben Sie ihm nun bitte etwas Platz zum Atmen.«

»Hab ich doch gesagt«, sagte Naughtie sauer. »Ach, lasst mich doch alle in Ruhe.« Er erhob sich und ging schimpfend davon. Bis auf Rough folgten ihm alle Zuhörer.

»So jemand will ein seriöser Arzt sein!«, schimpfte Alberto.

Angus machte eine beschwichtigende Geste. »Lass ihn ziehen. Sonst richtet er noch weiteren Schaden an.«

Carnegie setzte sich auf einen Stuhl und massierte seine Nase. »Was machte dieser Naughtie bloß? Es brennt entsetzlich.«

»Er wollte dir seinen Odem einflößen.«

»Zum Henker! Ein Glück, dass ich vorher wach wurde.«

»Wie fühlst du dich, Alastair?«

Carnegie sah zu Rough, der ihn fast berührte. »Kann ich Ihnen helfen, mein Herr?«

»Wissen Sie schon, wann das Ersatzseminar stattfinden wird?«

»Mister Rough, wir werden Sie früh genug mit einem Hausbesuch informieren!«, sagte MacDonald. »Wenn Sie uns nun bitte entschuldigen würden?«

»Aber gerne. Auf bald, die Herren Kollegen.«

»Es hat keine Eile«, antwortete Alberto und schob ihn zur Tür. Endlich stolperte Rough davon.

»Wie war das Seminar?«, fragte Carnegie. »Bis zu meiner Unpässlichkeit, meine ich.«

»Alastair, es ehrt dich wirklich, dass du so pflichtbewusst bist, aber das ist im Augenblick nicht so wichtig. Darf ich dir einen Whisky reichen?«

»Oh ja. Den zuletzt präsentierten bitte.«
»Das ist nur konsequent.«
Carnegie nahm das Gläschen entgegen, roch am Scotch und verzog das Gesicht.
»Du hofftest, nach der Ohnmacht wieder riechen zu können?«
»Ein bisschen schon, um ehrlich zu sein.«
Alberto beugte sich zu ihm. »Hatten Sie in der letzten Zeit Gleichgewichtsstörungen?«
»Nichts, das in einem Blackout geendet hätte. Wenn ich jedoch an den Paparazzo denke, bekomme ich fast den nächsten.«
»An deiner Stelle würde ich mir nicht zu große Sorgen machen. Jedem Menschen kann mal schwindlig werden.«
»Aber in den wenigsten Fällen werden Fotos davon gemacht. Habt ihr etwas Interessantes observieren können?«
»Dieser Russe hat vor dem Seminar und auch während deiner Ohmacht in sein Telefon gebrüllt.«
»Was hat er gesagt?«
»Leider bin ich des Russischen nicht mächtig.«
»Der Erpresser scheint ein Profi zu sein«, meinte Alberto.
»Sie meinen, er ging vor mir bereits andere Leute um Geld an?«
»Si, signore.«
»Sag mal, Angus, wo ist dein Herr Papa eigentlich abgeblieben?«
»Dad! Richtig, wo steckt der bloß? Hast du ihn während des Seminars rausgehen sehen, Alberto?«
»No, habe ich nicht.«
»The Flower of Scotland
When will we see your like again
That fought and died for
Your wee bit hill and glen
And stood against him ...«
Carnegie stellte sein Glas ab. »Was ist denn nun los?«
»Mister Angus bekommt einen Anruf.«

»Kann ich auf mein Zimmer gehen? So richtig wohl ist mir noch nicht.«

Angus nickte. »MacDonald hier. Wer dort? Hallo, Karen, wie freue ich mich ... Einverstanden. So? Ich verstehe. Auf Wiederhören.«

»Stress?«, fragte Vitiello.

»Die Universität hat mich von der Liste der Versuchskaninchen gestrichen.«

»Das ist doch eine positive Nachricht. Oder hast du Angst, dass deine Ärztin dir nun eine Brigade Ökodingsdas auf den Hals hetzt, die dich in einer einsamen Waldhütte aushungern?«

»Sei nicht albern. Karen war natürlich sehr ungehalten. Sie macht mich auch für Miss Armours Horrorerlebnis auf der Heimfahrt verantwortlich.«

»Was ist denn passiert?«

»Sie ist einem Irrsinnigen begegnet.«

MacDonald senior musste frühzeitig den Raum verlassen, was ihn wurmte, denn es standen noch einige Drams aus. Und was gab es Schöneres, als die Kehle mit kostenlosem Scotch zu benetzen? Das geniale Ermittlerpaar hatte nicht gesehen, dass Turnbull nach seinem kurzen Auftritt zurückgekehrt war! Er lehnte an der Rückwand des Raumes und sah Carnegie hasserfüllt an. Vom alten Fletcher hätte er das nicht erwartet. Auch seine zweite Stippvisite währte nicht lange. Als Vollblutermittler wusste Malcolm sofort, dass er ihm nachgehen musste. Turnbull ging entspannten Schrittes davon, wähnte sich in völliger Sicherheit. Es würde ihn teuer zu stehen kommen! Die anderen Bediensteten duckten sich weg, als sie ihn sahen und änderten ihre Marschrichtung. Hatte er etwa hier ein Zimmer gemietet? Als Turnbull den Aufzug nahm, versteckte MacDonald senior sich hinter einer Topfpflanze. Von der Anzeige konnte er ablesen, dass er in die oberste Etage fuhr. Dort wohnte Carnegie. So ganz konnte er es noch nicht glauben. Der Mann hatte einen soliden Eindruck auf ihn gemacht. Wie wollte er überhaupt in das Zimmer des Glaswegians gelangen? Als Hotelkoch besaß er keinen Universalschlüssel. Malcolm nahm den nächsten Aufzug und bezog Position am Ende des Flurs. Die Jungspunde hatten gelacht, weil er alles über den Fall wissen wollte, selbst die Zimmernummer von Carnegie. Wo waren sie nun, Junior und der Kleine! Lümmelten auf ihren Stühlen und süffelten den guten Stoff weg! Unerhört! Ehemals hätte er die Sache mit den Fäusten ausgetragen, dem Köchlein links und rechts eine gewickelt. Im 21. Jahrhundert war aber alles so überkorrekt. Ja, mein Herr, dankeschön, bitteschön und auf Wiedersehen, blablabla. Nicht dass er etwas gegen Höflichkeit hätte. Aber immer half sie einem nun mal nicht weiter. Als er oben ankam, war von Turnbull nichts zu sehen. Er musste schon im Zimmer sein. Fünf Minuten vergingen, dann zehn. Am Ende ließ ihn die Ungeduld alle dreißig Sekunden auf die Uhr sehen. Mit einem Grmpf-Laut schluckte er sein Erstaunen hinunter, als Turnbull dann aus dem Raum trat, ein Badehandtuch über der Schulter. Sammelte er die Dinger? Oder war er Kleptomane? Er zog die Tür hinter sich zu und nahm den Aufzug nach unten. Was? Nein, das konnte kaum Carnegie sein, der jetzt den Aufzug verließ. Das Seminar lief doch noch. Der Doppelgänger besaß einen Schlüssel für das Zimmer und trat ein! Jetzt endete die vorsichtige Tour. Er traktierte die Zimmertür mit den Fäusten. Keine Reaktion! »Sofort rauskommen! Ich weiß, dass Sie da drin sind.«

Carnegie öffnete die Tür, ein Handtuch auf dem Kopf. »Mister MacDonald. Warum veranstalten Sie denn ein solches Getöse?«

Malcolm zwickte ihn in den Oberarm. »Sind Sie's wirklich?«

»Als ich das letzte Mal in den Spiegel sah, war ich es noch!«

»Warum treten sie hier mit einem Turban wie ein indischer Sikh auf? Sie müssten doch unten sein und das Seminar halten!«

»Wollen Sie weiter den Korridor beschallen? Oder sollen wir uns in meinem Zimmer unterhalten?«

»Können wir machen.«

»Wie sehr mich das freut!« Carnegie zog die Tür weiter auf und winkte seinen spontanen Gast hinein.

»Also, was ist nun mit dem Seminar? Sind Sie in Ohnmacht gefallen?«

»So ist es.«

»Machen Sie Witze, Carnegie?«

»Mister MacDonald! Meine Gesundheit ist das Letzte, mit dem ich dieser Tage Scherze mache. Das können Sie mir glauben! Zu meinem großen Unmut musste ich die Präsentation vorzeitig abbrechen. Wo wir gerade dabei sind: Ihren Hinweis auf meine Kompresse finde ich auch unpassend.«

»Der Koch war hier!«

»Mister Fletcher Turnbull, der Erste? Wo denn bitte?«

»In Ihrem Zimmer. Kurz bevor Sie gekommen sind.«

»Das glaube ich nicht!«

»Ist aber so! Fast eine Viertelstunde hat er sich hier aufgehalten.«

»Warum stellten Sie ihn nicht zur Rede?«

»Ein guter Detektiv lässt den Halunken im Ungewissen und fasst ihn erst, wenn er alle Beweise beisammen hat.«

»Entwendete er etwas?«

»Ein Handtuch.«

»So? Erlauben Sie, dass ich mich kurz umsehe?«

»Machen Sie nur. Mich interessiert es ja auch.«

MacDonald senior kannte den Master Blender kaum. Ob es seine Art war, schnell hektisch zu werden, konnte er deshalb nicht sagen. Aber ein bisschen spinnig war es schon, wie ein Huhn vor Tagesanbruch durch die geräumige Suite zu rennen, vom großen Raum in das angrenzende Zimmer und zurück. War er auf der Suche nach einem bestimmten Gegenstand?

»Kann ich ihnen helfen, Mister Carnegie?«

»Sehr nett. Aber das schaffe ich schon alleine.« Sein Turban wippte vor und zurück wie ein Schaukelpferd, als er das sagte.

»Vermissen Sie etwas?«

Carnegie nahm auf einem Sessel Platz und sprang sofort wieder auf. »Nun drängen Sie mich doch nicht so!« Er stöberte noch eine Weile, bis er einen Schrei ausstieß.

»Das hätten Sie nicht tun sollen«, tadelte MacDonald senior.

»Ob Regen oder Sonnenschein, ein Whisky passt immer rein.«

Unbekannte Quelle

Neues Lösegeld

»Welche Art Verrückter war es denn, Angus? Exhibitionist, extremer Triebtäter oder Serienkiller?«
Vitiello und MacDonald sammelten die Seminarunterlagen auf Carnegies Tisch ein. Es war nur konsequent, sie dabei auch ein wenig zu studieren.
»Weiterbildung ist doch die schönste Bildung«, stellte MacDonald fest und setzte das Gläschen an. »Du bist ja gut informiert über die Spezies des Schwerverbrechers.«
»Vergiss nicht, dass meine Frau Sex and Crime-Geschichten verschlingt, ob im Fernsehen, in der Presse oder als Romane. Sie hat so viele Bücher auf dem Nachttisch gestapelt, dass ich manchmal fürchte, es lösen sich Schüsse aus den Geschichten. Und wenn das nicht geschieht, fallen mir die Schwarten irgendwann auf den großen Zeh.«
»Wie auch immer, ein Unbekannter hat Miss Armour beim Trampen angesprochen.«
»Hätte nie gedacht, dass die per Anhalter fährt!«
»Ich auch nicht, ist sie doch eine Person mit einem strikten Korsett an Maximen, Regeln und Verdikten. Was ich vergessen habe, besitzt sie auch noch. Jedenfalls hat ein junger Mann sie gefragt, wo er in den Highlands wilde Tiere sehen kann.«
Alberto wurde es kribbelig zumute. »Trug er eine Jagdausrüstung bei sich?«
»Danach habe ich mich nicht erkundigt.«
»Es hätte ja sein können, dass Karen es erwähnte.«
»Nein, das hat sie nicht«, erwiderte MacDonald unleidlich. »Der Herr hat Miss Armour jedenfalls einen gehörigen Schrecken eingejagt. Moment mal, wieso fragst du, ob es ein Jäger war?«

Alberto zog mit dem Zeigefinger ein Augenlid nach unten. »Popow!«

»Das wird noch zu einer Manie von dir. Mal sind es Japaner, dann wieder Russen. Reden wir lieber über das Seminar.«

»Va bene! Das vergangene oder das im Moment?«

»Eine Anspielung darauf, dass ich mir einen doppelten Dram genehmige! Da sage ich haha. Welche Erkenntnis haben wir gewonnen? Gehen wir die Verdächtigen der Reihe nach durch.«

»Jetzt erinnere ich mich wieder an den Filmtitel!«

»Bitte was?«

»Turnbull hat die Melodie eines Western gepfiffen: ›The Good, The Bad and The Ugly‹.«

MacDonald wurde ungeduldig. »Ja, und weiter?«

»Vielleicht sind es drei verschiedene Erpresser.«

»Unserer Phantasie sind heute wohl keine Grenzen gesetzt. Meinethalben! Was ist mit Garry Rough?«

»Auffällig, aber meines Erachtens harmlos.«

»So sehe ich es auch. Katherine MacRitchie wiederum hat nichts gesagt und ist nach Abbruch des Seminars sehr schnell verschwunden. Ich weiß nicht, was ich davon halten soll.«

»Smirnof ist auch ein kauziger Geselle.«

»Ja, und hast du gesehen, dass Alastair sehr unsicher wurde, als er ihn im Publikum erkannte?«

»Schön, dass du mir erspart hast, es zu sagen!«

»Der Arzt Naughtie?«

»Trug einen Schal, ausgesprochen rot.«

»Mehr und mehr frage ich mich, ob er praktizieren sollte. Selbst mein Geruchsvermögen wäre nach seiner harschen Behandlung beeinträchtigt! So drückt man doch niemandem die Nase zu, einem Ohnmächtigen schon gar nicht.«

»Hast du in seinem Sprechzimmer eine Examensurkunde gesehen?«

»Ich kann mich nicht daran erinnern, habe bei meinem Besuch allerdings auch nicht darauf geachtet. Master Distiller Callander?«

»In seiner Gegenwart fühle ich mich unwohl.«

»Das kann ich verstehen. Sein Einwand, dass Auchentoshan auch dreimal destilliert wie die Iren, war mehr als entbehrlich. Wie schön könnte die Welt ohne die Neunmalklugen sein!«

»Oh ja, in meinem Guest House vergeht nicht ein Tag ohne sie! Ich erinnere mich noch genau, wie eines Tages ein Mann aus ...«

»The Flower of Scotland«, schmetterte MacDonalds Telefon. »Was? Das gibt es doch nicht! Natürlich, wir sind bereits unterwegs.«

Malcolm MacDonald saß breitbeinig auf dem großen Sofa, das zu Carnegies Suite gehörte. Weil seine mobile Flasche Famous Grouse leer war, blickte er abwechselnd zur Hausbar und auf die Kiste, die Angus in den Händen hielt. Doch das Triumvirat aus Junior, dem Kleinen und Carnegie war nicht einmal halb so bedürftig wie er. Detektiv spielen war amüsant, aber an Durst zu sterben eine arge Sache.

»Dad, weilst du noch unter uns?«

»Hä?«

»Geistig meine ich!«

»Aber ja, voll da. Worum geht es?«

»Es wäre gut zu wissen, was genau Turnbull getan hat.«

»Habe ich euch doch erzählt. Mir ist vom vielen Reden schon die Kehle ausgetrocknet!«

»Darf ich Ihnen etwas zu trinken anbieten, Mister MacDonald?«, fragte Carnegie.

»Nimmt doch noch einer Rücksicht! Wüsste nicht, was mir lieber wäre!«

Der Glaswegian öffnete die Zimmerbar, fand jedoch außer Wasser und Limonade nichts vor.

Die Peinlichkeit nahm ihm MacDonald: »Wir könnten eine Flasche vom Seminar nehmen, wenn du möchtest, Alastair? Wir waren so frei, alles für dich einzupacken.« MacDonald holte vier Gläschen aus dem Schrank und goss ein. »Nun, Dad, du hast also Turnbull aus Alastairs Zimmer kommen sehen?«

»Reingehen auch. So habe ich es gesagt!«

»Danach habt ihr beide eine neue Erpressernote vorgefunden?«

»Nur dein Freund ...«, Malcolm machte eine kurze Pause, bevor er seinen Satz beendete, »... ich nicht. Er hat die Nachricht angefasst, ohne Handschuhe!«

»Jawohl, dieses Missgeschick ist mir leider unterlaufen!«

»Da wir mit der Spurensicherung nicht vertraut sind, halte ich es für halb so schlimm.«

»Es könnte aber später einmal von Bedeutung sein«, wandte Alberto ein.

Malcolm verschüttete fast seinen Dram. »Unser Römer hat recht!«

»Ich komme aus dem Friaul!«

»Ist dasselbe!«

»So? Dann sind Sie aus *Greenock*!«

MacDonald bekam Kopfschmerzen von den vielen Stimmen. Viele Detektive verderben den Fall, hätte man in Abwandlung des bekannten Sprichwortes sagen können. »Der Koch hat sich nicht lange hier aufgehalten?«

»Yes, yes and yes! Wieso fragst du nur mir Löcher in den Bauch? Dein Kumpel Alastair ist doch auch noch hier.«

Carnegie zitterte leicht, als er sein Glas abstellte. »Es war alles so, wie dein Vater sagte.«

»Was steht in dem Brief? Damit alle Anwesenden zufrieden sind, werde ich ihn nicht in die Hand nehmen.«

»Ich habe es mit einem Nimmersatt zu tun. Der Schuft fordert noch mehr Geld!«

»Verrätst du uns auch, wie viel er möchte?«

»Zehntausend Pfund. Sag jetzt bloß nicht, dass du mich gewarnt hast, Angus!«

Alberto pfiff durch die Zähne. »Madonna! Dafür müsste ich eine Menge Eier braten!«

»Siebenhundertsiebzig Flaschen Famous Grouse«, stimmte Malcolm ihm zu.

»Wo soll die Übergabe stattfinden, Alastair?«

»Am Loch Tummel.«

»Also wieder ein See, wie beim ersten Mal? Das ist ungewöhnlich.«

»Oft kehren Verbrecher an den Ort des Geschehens zurück«, sagte Alberto altklug.

»Mörder ja. Von mir aus auch Brandstifter. Aber Erpresser? Ich weiß nicht ... Wann soll es stattfinden?«

»In zwei Tagen.«

»Du hättest somit genügend Spielraum, den Betrag zu besorgen?«

»Das Geld kümmert mich nicht sehr. Doch rückt der Präsentationstermin näher.«

»Ich bin sicher, dass der Herr Erpresser dieses Mal einen Fehler machen wird. So vollkommen ist kein Mensch. Wir lassen dich jetzt alleine, Alastair. Nach dem doppelten Schreck wirst du dich ein wenig ausruhen wollen.«

»Wie wollt ihr den Mann denn überführen?«

»Morgen reden wir weiter. Einverstanden?«

»Okay. Danke euch allen.«

MacDonald senior war als Erster vor der Tür und nahm seinen Sohnemann zur Seite.

»Dad, was hast du denn?«

»Muss dir dringend was sagen! Es ist komisch, dass Carnegie das Schreiben vor mir gesehen hat. Wo es doch direkt unter dem Tisch, neben dem ich saß, gelegen haben soll.«

»Hast du auch richtig geschaut?«

»Kleiner, wenn dir nach einer Backpfeife zumute ist, musst du es nur sagen!«

»Warum haben Sie sich gerade eben nicht dazu geäußert?«, fragte Alberto keck.

»Weil ich den Mann nicht bloßstellen wollte.«

»Dad, ich bin stolz auf dich.«

»Ay! Was sagst du zu der Sache?«

»Ich gebe zu, dass es ein wenig merkwürdig ist.«

Nach MacDonalds Erfahrung war es für Italiener untypisch, sich viel zu bewegen. Lag es bei seinem Freund daran, dass er aus dem gebirgigen Nordosten kam? Was blieb den Bewohnern der Gegend früher übrig, als sich auf Schusters Rappen zu begeben? Die Wanderlust hatten sie sich wohl nach der Erfindung des Automobils bewahrt. Die Strecke vom Parkplatz zur Übergabe am Loch Tummel artete wieder in Anstrengung aus. In anheimelnden Landschaften wie diesen bedauerte er es, Stadtbewohner zu sein. Edinburgh hatte vieles zu bieten. Aber zwei schöne große Seen mit solcher Umgebung zählten nicht dazu. Alastair besorgte das Geld überraschend schnell und überreichte es ihnen, wie vom Erpresser gefordert, in einem wattierten Kuvert, eingewickelt in eine wasserdichte Tüte, wie die Royal Mail sie verwendete. »Ich wünsche mir viel Glück«, hatte er noch ironischerweise gesagt und Angus freundschaftlich die Hände auf die Schultern gelegt. Sein älterer Herr lief angesichts dieser emotionalen Äußerung davon. MacDonald kannte es nicht anders von ihm. Und begleiten wollte er sie »sowieso nicht«. Langeweile beim Beschatten schob er vor. Doch Angus vermutete, dass ihn ein Alterszipperlein gepackt hatte. Sein ausgeprägtes Selbstwertgefühl hielt ihn natürlich davon ab, das zuzugeben. Ein MacDonald war stark wie eine Eiche. Diese ignorierte die ersten hundert Lebensjahre sämtliche Beschwerden, behauptete zumindest sein Herr Papa.

»*Disteln* hätten wir mitnehmen sollen«, sagte Alberto bedeutsam.

»Sorry? Mir ist es wieder einmal nicht möglich, dich zu verstehen.«

»Ich muss doch einem waschechten Schotten vom Clan der MacDonalds nicht erklären, welche Rolle das Gewächs in eurer Geschichte gespielt hat?«

»Selbstverständlich nicht. Aber was sollen wir denn im Augenblick damit anfangen? Eine Suppe kochen?«

»Hm, daran habe ich noch gar nicht gedacht. Kennst du ein Rezept?«

»Mein lieber Freund. Wir sind in einer wichtigen Mission unterwegs und sollten uns nicht von unserem gemeinsamen Interesse für die Kulinarik ablenken lassen.«

»Ich dachte nur, dass der Erpresser wie der Nordmann in der überlieferten Episode in die Distel tritt und schreit.«

»Dass er barfuß kommt, glaube ich kaum! Wir sind hier ja nicht im sonnigen Süden.«

»Oh nein! Gleich kommt wieder ein Wolkenbruch runter. Was schätzt du denn, wo die rote Baummarkierung für die Übergabe sein wird, Angus?«

»Hoffentlich nicht allzu weit von hier. Meine Füße schmerzen bereits.«

»Nur weil du keine bequemen Wanderschuhe anziehen wolltest.«

»Ja, ja, das hast du mir alles schon gesagt. Aber ein Gentleman stellt nun einmal gewisse Verpflichtungen an sich.«

»Wie zum Beispiel seine Gesundheit zu vernachlässigen. Kann ich die Funkgeräte noch mal sehen?«

MacDonald schnaubte und reichte ihm die kleine Tasche, in der er das Set mit den beiden Walkie-Talkies verwahrte.

»Sind es dieselben wie bei unserem letzen Fall?«

»Da sie uns treue Dienste lieferten, dachte ich mir, wir benutzen sie noch einmal.«

Alberto runzelte die Stirn. »Du glaubst, dass sie unseren Anforderungen genügen?«

»Ich habe sie gestern mit Dad getestet und …«

»Was? Ohne mich?«

Nein! Auf diese Attacke kindlicher Eifersucht würde er jetzt nichts erwidern!

»… und wir konnten feststellen, dass man laute Geräusche über das zweite Gerät gut hören kann.«

»Geräusche? Was soll der Bandit denn machen? Blöken zum Zeichen, dass er da ist?«

»Zum Beispiel das, ja. Oder singen und tanzen. Viele Menschen haben auch die Angewohnheit, mit sich selbst zu reden.«

»Eines behalten wir bei uns und das andere versteckst du im Gebüsch?«

»Damit jemand drauftritt und ich meinem Kollegen von der BBC die Geräte ersetzen muss? Zusätzlich zum Menü, das er kredenzt bekommt? Nein! Ich werde es an einem anderen Baum befestigen.«

»Dafür brauchst du aber doch ein Klebeband«, antwortete Alberto, der stolz auf seine handwerklichen Fähigkeiten war und in seinem Guest House so gut wie alles selbst reparierte.

»Sieh mal in dem Täschchen nach, das du noch in der Hand hältst.«

Vitiello griff blind hinein und freute sich schon, dass sein intellektueller Freund wieder einmal so unpraktisch gewesen war, als er ganz unten in der Tasche etwas aufspürte. »Aber wo ist die Schere?«

»Zu Hause im Schrank, nehme ich an.«

»Prego? Wie willst du denn das Band abtrennen? Mit den Zähnen?«

»Entweder so oder mit meinem Taschenmesser, das ich zu jeder Wanderung mitnehme. Schau mal, da vorne. Ich glaube, du hast recht. Das ist wohl der Baum.«

»Ich denke ja immer noch, dass wir in der Nähe warten sollten, um den Vagabunden zu stellen.«

»Ohne zu wissen, mit wem wir es zu tun haben?«

»Zu zweit könnten wir ihn doch überwältigen.«

»Nein, besser wir entfernen uns schleunigst.«

»Gegen die Funkgeräte hat Mister Carnegie nichts? Wo er uns doch um extreme Vorsicht gebeten hat?«

»Mit diesem Detail unserer Operation habe ich ihn nicht belästigt. Der Mann ist angeschlagen genug. Erst der Verlust seiner Nase, die mehrmalige Erpressung und jetzt noch die Ohnmacht. Wer weiß, was seine Feinde daraus machen. Schlecht ist die Welt!«

Die beiden Freunde hatten in sicherer Entfernung vom markierten Baum Position bezogen. Das Walkie-Talkie machte keinen Mucks, was Alberto sehr seltsam vorkam. Immer wieder stöhnte und nickte er in Richtung des Gerätes.

MacDonald verstand seine Unruhe überhaupt nicht. »Was um alles in der Welt ist denn los?«

»Hast du das Ding auch hoch genug eingestellt?«
»Ich bin doch kein Amateur!«
»Und das zweite ...«
»Selbstverständlich auch dieses! Wir müssen uns nun bitte sehr ruhig verhalten. Auch wenn es schwer fällt.«
»Wie die Zenbuddhisten, meinst du?«
»Wenn man so möchte«, antwortete Angus.
Alberto hielt zehn Minuten durch, bis er wieder ruhelos wurde.
»The Flower of Scotland ...«
»Von wegen kein Amateur«, sagte Vitiello aufgebracht, »mach sofort dein Handy aus!«
»Das ist nicht mein mobiles Gerät! Im Wald, da singt jemand! Sicher nicht der Erpresser, denn so wie du gebrüllt hast, ergriff er wohl die Flucht.«
Im Gehölz, nicht weit weg von ihnen, bewegte sich etwas.
»Hoffentlich ist kein Jägersmann unterwegs«, meinte Alberto.
»Ach, das glaube ich nicht. Seit wir uns hier versteckt haben, flog nicht ein einziger Haggis vorbei!«
»Juchhe! Juchhe!«, rief jemand zwischen den Bäumen und war langsam immer besser zu verstehen.
Alberto rieb sich die Augen. »Siehst du, was ich sehe?«
»Wenn nicht, hätten wir dieselbe Vision. Das wäre eher ungewöhnlich.«
»Juchhe, Angus! Juchhe, Alberto! Was macht ihr denn hier im Walde?« Katherine MacRitchie trug einen knielangen Pullover, Wildlederstiefel, einen riesigen Hirtenhut, unter dem ihr Gesicht wieder kaum zu erkennen war, und einen weißen Sonnenschirm.
»Das Gleiche könnten wir Sie fragen, Gnädigste«, sagte MacDonald.
»Mein lieber Angus, wie bin ich enttäuscht. Schon wieder siezt du mich. Willst du es nimmermehr lernen?«
MacDonald sah sie nur an und wartete auf den nächsten versprachlichten Wulst.

»Angesichts unseres possierlichen Wetters habe ich einen kleinen Spaziergang unternommen. Nun bin ich glücklich, euch beiden Hübschen zu begegnen. Es tat mir schrecklich leid, euch bei der Soiree so schnell verlassen zu müssen.«

»Was denn für eine Soiree?«, stotterte Alberto.

»Unsere Katherine hier meint Alastairs Seminar. Ist es nicht so?«

MacRitchie nickte graziös unter ihrem Hut vor. »Ich kann einfach kein Blut sehen.«

»Bitte was?!«, riefen beide Ermittler.

»Nicht unbedingt Blut im wörtlichen Sinne. Nur eben alles Beschwerliche, was mit Kranken zu tun hat.«

»Dennoch warst du lange Jahre in einem Spital tätig?«

»Ach Gott, Angus. Das hast du aber jetzt nett umschrieben. Eben drum! Auch eine Krankenschwester hat einmal genug von allen Wehwehchen, gell.«

»Haben Sie ...« Alberto unterbrach sich. Wie MacDonald scheute er sich, die Dame per du anzureden. Wer wollte ihnen das verübeln? »Hast du eben gesungen?«

Sie sah ihn mit Oberlehrermiene an. »Na, na, na, fehlt da nicht etwas?«

»Hast du gerade geträllert, Katherine?«

»So gefällst du mir gut, Alberto. Die Antwort ist ein deutliches Nein. Ich war nicht diejenige, die ein Lied darbot.«

»The Flower of Scotland?«, fragte MacDonald.

»Kenne ich wohl! Ein schönes Lied, leider mit einer etwas eintönigen Melodie.«

»Es ist nur, weil du von da hinten kamst und wir ...«

Besser, er verriet nicht zu viel. Man konnte ja nicht wissen, in welche Richtung der Fall sich noch entwickelte.

MacRitchie schüttelte den Kopf. »Sei nicht albern, Angus. Von irgendeiner Richtung muss ich ja kommen, oder etwa nicht? Aber was macht ihr denn hier, wenn man fragen darf?«

»Wir jaggen Haggis. Oder, Alberto?«

»Sisi. Hab gerade zu Angus gesagt, dass wir heimgehen sollten. Die Viecher scheinen zu schlafen.«

»Ihr Spaßvögel! Ich setze nun meinen Weg fort. Bitte bestellt Mister Carnegie meine Grüße. Ihr sagt mir Bescheid, wenn er sein Seminar wiederholt? Ich trage es ihm nicht nach, dass er unterbrochen hat.«

»Alastair Carnegie wird sich riesig freuen, das zu hören.«

»Juchhe! Juchhe! Bis bald, ihr beiden Hübschen.«

Die Detektive standen wie Salzsäulen im Wald.

»Also, Angus ...«

»Einen Moment noch. Ich will sicher sein, dass sie tatsächlich entfleucht. So, ich denke, nun können wir sprechen.«

»Ich glaube, sie ist der Erpresser!«

»Dass sie zufällig aus dem Wald kam, kann ich mir auch kaum vorstellen. Andererseits hätte sie doch das Geld bei sich haben müssen. Aber wo? Unter der Kleidung wäre es zu erkennen gewesen.«

»Vielleicht hat sie's im Wald vergraben. Auf zum roten Baum!«

Geschwind gingen sie zum Ort der Übergabe. Alberto inspizierte den Baum und MacDonald sah nach seinem zweiten Funkgerät. »Alles in Ordnung«, rief er und entfernte die Blätter, welche er zur Tarnung rundum befestigt hatte. Es war nicht einfach gewesen, denn der Lautsprecher hatte frei bleiben müssen. Sicher konnte man nicht sein: Doch hatte der Kriminelle wohl nichts von seiner Beschattung bemerkt, die, das musste man sich leider eingestehen, nicht erfolgreich gewesen war. »Hab was gefunden! Komm schnell rüber! Ein Schal, ein Schal!«, sagte Vitiello, als ob er eine Silbermine entdeckt hätte.

MacDonald behielt die Ruhe. »Wem der gehört, weiß ich!«

»Bist du gewillt, dein Wissen mit mir zu teilen?«, sagte Alberto, die Sprachweise seines Freundes karikierend.

Angus bemerkte es in der Aufregung nicht. »Naughtie!«

»Der olle Doktor? Wie kommst du auf den?«

»Hast du nicht bemerkt, dass der Schal nach einer Überdosis Rasierwasser riecht?«

»Sisi, natürlich«, sagte Alberto, ohne zu wissen, worauf er sich damit einließ.

»Naughtie trägt immer zu viel davon auf. Bei meinem Besuch in seiner Praxis ist mir das schon aufgefallen. Du erinnerst dich daran, dass er diesen Schal auch beim Seminar trug?«
»Essato! Jetzt, wo du es sagst! Hm ... es ist nur komisch, dass es heute gar nicht so frisch ist.«
»Vielleicht ist er erkältet.«
»Aber ein Doktor kann doch nicht krank sein.«
»Nun hör aber auf. Seit wann sind Ärzte denn unverwundbar?«
»Ich habe immer gedacht, dass sie die beste Arznei bekommen. Sollen wir jetzt die Polizei verständigen?«
»Auf gar keinen Fall! Alastair ist strikt dagegen. Ich verstehe gar nicht, warum du mich das immer wieder fragst.«
»Va bene? Wie willst du vorgehen?«
»Wir gehen zum Auto, fahren zu seiner Praxis und stellen ihn zur Rede! Die Sache muss geklärt werden!«

»Hören Sie, wir müssen sofort mit Naughtie sprechen!«, sagte MacDonald zu seiner kuriosen Sprechstundenhilfe, die mit Schreibarbeiten beschäftigt war.
»Sprechen Sie vom Herrn Doktor, Mister MacDonald?«
»Grmpf! Für wie viele Naughties arbeiten Sie denn?«
»Also, erlauben Sie mal, junger Mann. Ihre Ansprache lässt zu wünschen übrig! Ein Doktor ist nun einmal ein Doktor.«
»Ist er in seinem Zimmer?«
»Ich habe Ihnen bereits gesagt, dass wir heute keine Sprechzeiten haben. Kommen Sie morgen früh um acht Uhr wieder. Falls Ihr Problemchen dann noch so schrecklich wichtig wirkt wie heute!«
»Wir gehen jetzt in sein Zimmer!«
»Nein! Das werden Sie schön sein lassen. Und wenn Sie nicht augenblicklich das Weite suchen, rufe ich die Polizei.«
Alberto zog ihn sanft am Ärmel. »Angus, ich glaube, wir gehen besser.«
»Das würde ich aber auch sagen!«
Vor der Tür zückte Angus sein Telefon.

»Wen rufst du an?«

»Dad. Er soll seinen Freund Jack fragen, wo Naughtie wohnt.« Fünf Minuten später standen sie vor des Doktors Grundstück. Für das futuristisch wirkende Haus auf der West Moulin Road hatte man viel Holz und Glas verwendet, wie bei einem Entwurf von Frank Loyd Wright. Nur hatten die Handwerker Schwierigkeiten mit der Ausführung gehabt. Noch nie hatte er so viele schiefe Wände gesehen. Es war erstaunlich, dass der Schuppen nicht umkippte. MacDonald konnte sich nicht erinnern, es bei seinem letzten Besuch vor zwei Jahren gesehen zu haben. Er klingelte wie bei einem Feueralarm. Doch vom Doktor keine Spur. Alberto nickte seinem wütenden Freund freundlich zu. Der zog ihn mit der Hand hinter sicher her und ging um das Haus herum, auf dessen Rückseite. In einem großzügig angelegten Garten standen Repliken von antiken Frauenbüsten. Der Arzt hatte die Rollläden heruntergelassen. Auf der Terrasse sahen sie Gartenmöbel in italienischem Stil. MacDonald setzte sich auf einen Stuhl und legte die Hände in den Schoß. Alberto bedauerte, keine Thermoskanne mitgebracht zu haben. Denn so wie es aussah, würden sie hier noch länger warten. Nach einer halben Stunde fuhr auf der Vorderseite des Hauses ein Wagen vor. Er wollte bereits aufspringen. Doch Angus drückte ihn mit seiner großen Pranke sanft auf den Stuhl zurück. Die fünf Finger, die er ihm dann zeigte, sollten wohl für ebenso viele Minuten stehen. Schon vor Ablauf der Frist wurde er erlöst. Naughtie fuhr die Rollläden nach oben. MacDonald war der Erste auf den Beinen. Die Tasche mit den Funkgeräten in der einen und den roten Schal in der anderen Hand rannte er los. Alberto staunte wieder einmal, dass er trotz seiner Leibesfülle eine passable Geschwindigkeit an den Tag legte, ein bisschen wie eine Dampflok. An der fensterlosen Seitenfront bremste er ohne Vorwarnung ab. Alberto rannte in ihn hinein und meckerte. Wieder gebot man ihm zu schweigen! Noch einmal und er würde den nächsten Zug nach Hause nehmen! Naughtie rumpelte auf der Terrasse mit einem Stuhl. Kurz danach stand er mit einem Jagdgewehr vor ihnen.

»Sieh mal einer an! Wen haben wir denn da?«

»Erwarten Sie eine Antwort, Naughtie?«, fragte MacDonald und verbarg den Schal hinter seinem Rücken.

»Die beiden neugierigen Städter! Sicher ist unbefugtes Betreten auch in Edinburgh verboten?«

»Wollen Sie uns dafür erschießen?«

»Ich habe mich noch nicht entschieden. Ein bisschen hängt es davon ab, was Sie mir zu sagen haben.«

MacDonald zog die Hand hinter dem Rücken vor und hob das Beweisstück in die Luft. »Gehört der Ihnen?«

Naughtie sah seinen Schal lange an. »Wo haben Sie ihn her?«

»So! Sie geben es also zu!«

»Mister MacDonald, Sie sind ein komischer Mensch. Wissen Sie das?«

»Beleidigungen werden Ihnen nicht weiterhelfen. Ich wiederhole: Ist das Ihr Schal?«

»Ja! Wenn Sie es unbedingt wissen möchten! Kann ich ihn nun bitte wiederhaben?«

»Haben Sie ihn bei Loch Tummel verloren oder nicht?«

»Selbst wenn es so wäre, würde es Sie nichts angehen! Geben Sie mir den Schal oder es knallt!«

»Alberto, du bist Zeuge dieser Bedrohung und …«

Naughtie machte einen Schritt auf ihn zu und piekste ihm die Flinte in den Bauch. MacDonald warf ihm den Schal entgegen, der auf dem Boden landete. »Das ist doch nicht Ihr Ernst! Der älteste und plumpeste Trick zur Überrumpelung, den es gibt! Sie halten uns Landeier wohl für sehr dumm? Aufheben und noch mal reichen, aber dieses Mal zivilisiert!«

Angesichts der drückenden Gewalt tat MacDonald, wie ihm geheißen und reichte ihm langsam den Schal.

»Schon besser! Verschwinden Sie jetzt von meinem Grund und Boden.«

»Möchten Sie gar nicht wissen, welcher Sache wir Sie verdächtigen?«, fragte Alberto.

»Im Prinzip nicht! Auf Nimmerwiedersehen!«

»Trotzdem sage ich es Ihnen. Alastair Carnegie wird wegen seines Geruchsverlustes erpresst. Den Schal haben wir bei der letzten Lösegeldübergabe gefunden. Das macht Sie sehr verdächtig, Herr Doktor.«

Naughtie hob das Gewehr in die Luft und drückte ab. »Wollen Sie mir sonst noch etwas mitteilen? Nur zu. Tun Sie sich keinen Zwang an.«

Als sie nicht mehr in Reichweite von des Doktors Patronen waren, blieb Alberto auf dem Gehweg stehen. »Ich hätte nie gedacht, dass ich das einmal sagen würde. Aber du bist den Doktor zu barsch angegangen.«

»Soll das heißen, du befürwortest rohe Waffengewalt?«

»No, tue ich nicht. Was ist bloß los mit dir?«

»Mir geht es gut«, wiegelte MacDonald ab.

»Eine gute geistige Einstellung. Es erinnert mich ein bisschen an die Queenmutter, die mit einem bunten Kleid und Schirmchen auf den Weltkriegstrümmern Londons herumspazierte, um die Bevölkerung moralisch aufzurichten. Ganz gleich, wie sie sich fühlte.«

»Spielst du jetzt auf Katherine MacRitchie und ihren Schirm an?«

»No, signore! Ich denke, dass die berühmte steife Oberlippe von euch Briten nicht schlecht ist. Aber in diesem speziellen Fall möchte ich doch genau wissen, was los ist. Bedrückt dich die Sache mit Karen?«

»Nun, ein wenig schon. Dann ist da auch noch Thomasina.«

»Prego? Wer ist das denn?«

»Die junge Frau Tochter der Armour. Sie betreut Sir Robert. Das weißt du doch. Ihre Mutter hat es mir erzählt. Und ich dir.«

»Natürlich. Ich erinnere mich. Hast du Angst, dass die beiden zusammen durchbrennen?«

»Alberto, es ist wenig sinnvoll, mich nach meinem Befinden zu fragen, wenn du es nur als Gelegenheit für wunderliche Späßchen benutzt.«

»Da hat einer wirklich schlechte Laune.«

»Ich möchte einfach nach Hause, um Karen gegenüber Missverständnisse aus dem Weg zu räumen.«

Alberto starrte einem vorbeifahrenden Auto hinterher.

»Hast du ein Gespenst gesehen?«

»Popow! Es war Popow! Der Russe!«

»Ich weiß, aus welchem Land er stammt. Du hast mir oft genug von ihm erzählt.«

»Manchmal wünsche ich mir für die Villa Buongiorno ein Gespenst!«

»Um einen guten Draht in die Vergangenheit zu haben?«

»No! Um aufmüpfige Gäste wie ihn ordentlich zu erschrecken.«

»In dem Fall wäre die Bezeichnung Exgast aber treffender, oder?«

»Ich habe die Befürchtung, dass er immer wiederkommt!«

Angus bewegte den Kopf hin und her, wollte das Lachen zurückhalten und schaffte es doch nicht.

»Musst du dich räuspern?«, fragte Alberto mit halbem Blick auf die Straße. »Capito, der Herr macht sich über mich lustig.«

»Tut mir leid. Aber dein Verhältnis zu den Hotelgästen ist zu ulkig. Du solltest die Geschichten aufschreiben.«

»Perche, warum denn das?«

»Um eines Tages ein Buch daraus zu machen.«

»Ich weiß nicht. Mit dem Schreiben habe ich es nicht so.«

Mit dem Lesen genau genommen auch nicht, dachte sich MacDonald. »Wollen wir weitergehen?«

»Hängt von dir und deinen Lachanfällen ab!«

Als sie sich dem Hotel näherten, machten sie bereits von weitem einen energisch winkenden Mann aus. »Könnte das Alastair sein?«

»Das fragst du mich? Carnegie ist doch dein Freund«, antwortete Alberto.

»Eben deswegen. So ungebührlich benimmt er sich doch nicht? Wenn der Herr da vorne so weitermacht, fallen ihm noch die Arme ab.«

»Benutzt er eine Art Morsealphabet?«

»Nein, es ist wirklich Alastair. Irgendetwas muss geschehen sein.«

»Dem Himmel sei Dank! Wo habt ihr denn bloß gesteckt?«, rief Carnegie. »Ich habe einen Anruf erhalten!«

»Vom Erpresser?«, fragte Alberto.

»Wie? Ach so, nein. Mrs Yarrow gab sich die Ehre und wählte meinen Privatanschluss.«

»Was sagt er, Angus? Welche Mrs Yarrow?«

»Das ist deine Kollegin, die Dame vom Controlling, nicht wahr, Alastair?«

»So ist es. Ich hatte bereits etwas in der Art geahnt. Zunächst redete sie um den heißen Brei herum, fragte mich nach dem Wetter und dergleichen und ...« Carnegie hielt inne.

MacDonald mutmaßte, dass er einen Dram benötigte. »Alastair, wollen wir gemeinsam ...«

»Jetzt habe ich den Faden wieder gefunden! Dann plapperte sie von einer Ohnmacht, die ihr zu Ohren gekommen sei. Dass sie sich das aber bei einem bärenstarken Mann wie mir gar nicht vorstellen könne. Eine scheinheilige Person! Man muss sich fragen, wer ihr davon erzählt hat. Ich tippe auf Smirnof.«

»Haben die beiden denn Kontakt miteinander?«, wollte MacDonald wissen.

»Wundern würde es mich nicht. Sie ist die Art von Mensch, die nur auf ihren Vorteil bedacht ist.«

»Ich nehme an, du hast deine kleine Schwäche überspielen können?«

»Oh ja. Und ich habe ihr auch gleich gesagt, dass sie sich um den Präsentationstermin keine Sorgen machen muss. Doch das ist gar nicht das Entscheidende. Nach dem Gespräch geschah etwas Unglaubliches.«

»Merke dir bitte, was du uns erzählen möchtest, Alastair. Ich sehe gerade einen tollwütigen Arzt auf uns zukommen.«

»Ich hätte niemals von Scotch auf Martinis umsteigen sollen.«

Humphrey Bogart (1899-1957), Filmschauspieler

Abschied von Pitlochry

Die Enttäuschung war Carnegie anzumerken, doch sagte er nichts und folgte Angus' Bitte, sie mit Naughtie alleine reden zu lassen.

»Herr Doktor, was können wir für Sie tun?«, fragte MacDonald süffisant. »Wollen Sie zur Abwechslung Patronen sparen und handgreiflich werden?«

Naughtie sah ihn wie einen Patienten an, neugierig und doch emotionslos. »Wo bitte können wir ungestört reden?«

Mit einer derart defensiven Haltung hatte Angus nicht gerechnet. »Im Garten«, erwiderte er und bedeutete dem Doktor, ihm zu folgen. Alberto traute dem plötzlichen Frieden nicht und behielt ihn im Auge.

»Also«, hob der Arzt mit knappem Atem an, »ich habe nachgedacht ...«

»Eine willkommene Alternative zu Ihren Rowdy-Manieren!«

»Was soll das nun wieder heißen?«

»Vorhin wollten Sie uns erst erschießen und dann mit uns sprechen!«

»So ein Quatsch! Wenn Sie tot sind, kann ich doch nicht ... egal. Nachdem Sie mein Grundstück widerrechtlich betraten, habe ich jedenfalls nachgedacht. Es bleibt dabei: Der rote Schal gehört mir. Nur habe ich ihn nach dem abgebrochenen Seminar Ihres Bekannten nicht mehr getragen.«

»Ist das Ihr Ernst?«, wollte Alberto wissen.

»Allerdings ist es das! Und ich würde es sehr begrüßen, wenn Sie mich ausreden ließen, ja?« Vitiello nickte und das genügte ihm als Versprechen. »Ich vermute, dass Rough ihn sich geborgt hat.«

»Sie betreiben aber keinen Kostümverleih?«

»Ich bin Mediziner!«

»Auch nicht als Nebenerwerb? Ich meine, heutzutage freut man sich doch über jedes Zubrot.«

»Komiker! Glauben Sie doch, was Sie wollen! Das ist die einzige Erklärung, die ich dafür habe.«

MacDonald baute sich majestätisch vor ihm auf. »Garry Rough hat sich Ihren roten Schal also tatsächlich geliehen?«

»Sagen wir, er hat ihn mitgenommen, ohne mich zu fragen.«

»Was macht Sie so sicher?«

»Nach seinem letzten Besuch in meiner Sprechstunde gestern fehlte der Schal.«

»Könnte es nicht auch jemand anders gewesen sein?«

»Nein, Rough war der letzte Patient an dem Tag. Meine Sprechstundenhilfe wiederum ist abgehärtet und immer nur leicht bekleidet.«

»Haben Sie eine Erklärung, warum er das getan haben könnte?«

»Woher soll ich wissen, was in seinem Kopf vorgeht? Ich bin ja kein Nervenarzt. Aber wenn er irgendetwas mit Erpressung zu tun hat und mich da reinreiten möchte, schieße ich ihm den Allerwertesten weg. Soll er einen anderen mit seiner Spinnerei belästigen!«

»Sagen Sie, Mister Naughtie, trifft es zu, dass Rough handwerklich begabt ist?«

»Dem kann ich nicht widersprechen.«

»Hat er auch hier im Hotel schon einmal ausgeholfen?«

»Soweit ich weiß, schon öfter. Er hat ein Händchen für kleinere Reparaturen. Das Hotel ist in der Beziehung wohl einer seiner Hauptauftraggeber. Noch etwas will ich Ihnen sagen: Ich bin ein gewissenhafter Arzt. Niemals würde ich Patientendaten veräußern oder in irgendeiner anderen Form weitergeben. Damit das klar ist!«

»Wie danken Ihnen für Ihre erschöpfende Offenheit, Mister Naughtie.«

»Goodbye, Gentlemen! Angenehmen Tag wünsche ich! Viel Erfolg beim Bereinigen der Sache mit Garry.«

Nach dem ominösen Gespräch eilten Angus und Alberto zu Carnegies Zimmer.

Doch er öffnete nicht. »Ich frage mich, wo Dad steckt«, sagte MacDonald besorgt.

»Als ich ihn zuletzt sah, brabbelte er etwas von Schwimmübungen. Schätze, er wird auch seine Besichtigungstour ausweiten.«

»Hm, das könnte natürlich sein. An Destillerien mangelt es im hohen Norden nicht gerade. Aber verabschieden hätte er sich können!«

»Angus, wie lange kennst du deinen Vater nun?«

»Es dürften so um die 45 Jahre sein.«

»Und du hast nie bemerkt, dass er ein Eigenbrötler ist?«

»Jetzt, wo du es sagst ... meine Mutter machte einmal eine Bemerkung in dieser Richtung.«

In Carnegies Zimmer knallte es.

»Alastair, bist du in Gefahr? Mach bitte sofort auf.«

Der Glaswegian kam an die Tür. Er trug einen weißen Hotelbademantel und hatte eine Champagnerflasche in der Hand. »Seid ihr schon lange hier? Ich war gerade im Badezimmer. Tretet bitte ein. Das Fläschchen reicht für uns drei.«

MacDonald war erleichtert, dass keine Gefahr drohte. Doch die Aussicht, ein Glas Champagner trinken zu müssen, stimmte ihn nicht fröhlich. Von dem blubbernden Getränk, das ihm so gar nicht schmeckte, bekam er immer Sodbrennen. »Was feiern wir denn, Alastair?«

»Nicht mehr und nicht weniger als die Befreiung von all meinen Kümmernissen!«

»Sicher macht es dir nichts aus, ein wenig präziser zu werden?«

»Ich habe meine Nase zurück!«

»Soll das heißen, Sie können wieder riechen?«

»So ist es, Mister Vitiello. Ab heute haben Sie frei.«

»Von wegen frei! Ein Guest House-Besitzer ist immer im Einsatz!«

MacDonald erzürnte sich ebenfalls. »Aber das wäre doch schmählicher Leichtsinn, wenn ich so sagen darf, Alastair. Überlege es dir bitte noch einmal.«

»Das habe ich schon getan, mein lieber Freund. Ihr könnt eure detektivischen Tätigkeiten niederlegen. Wir sehen uns bei der Präsentation in Glasgow wieder. Sie sind natürlich auch eingeladen, Mister Vitiello.«

»Grazie. Heißt das, Sie reisen heute noch ab?«

»Wie rüde wäre das von mir. Nein, heute Abend möchte ich euch noch zu einem Festessen einladen.«

»Es ist phantastisch, dass du deinen Geruchssinn wieder hast. Gerne feiern wir mit dir …«

»Ja …?«

»Ich möchte bloß zu bedenken geben, dass der Erpresser wahrscheinlich nicht an sich hält und weiterhin vorhat, dir zu schaden.«

»Aber ich kann doch wieder riechen.«

»Er kann dich fotografiert oder gefilmt haben. Denk nur an die Person während deines Seminars.«

»Was soll er denn damit anfangen?«, fragte Carnegie kleinlaut.

»Es kommt darauf an, wie die Leute das Material verwenden, Alastair. Ist dir diesbezüglich etwas aufgefallen?«

»Smirnof! Es kann sein, dass er mich auch hat filmen lassen. Beim Treffen im Wald konnte ich mich des Gefühls nicht erwehren, dass jemand auf einem Baum sitzt und mich beobachtet. Ihr wisst, wie das ist. Man spürt ja auch, wenn jemand einen von hinten anstarrt.« Carnegie stellte sein Sektglas ab. Seine Hand zitterte wieder leicht dabei. »Ich sehe jedoch eine ganz andere Gefahr. Angenommen, ihr spürt den Übeltäter noch auf und er fühlt sich in die Enge getrieben. Nicht auszudenken, was er dann macht.«

»Aber wir wollen ihn doch gerade stellen, weil er ein Übeltäter ist!«

»Wir sehen uns beim Dinner, ja? Ist euch Turnbulls Küche genehm?«

»Es ist deine Entscheidung: wenn du unbedingt russisches Roulette spielen möchtest.«

Beim zweiten Besuch wirkte Roughs Haus noch kurioser auf den Betrachter, wie einem Gruselmärchen entsprungen. Anstelle einer bösen Hexe saß Master Distiller Callander auf dem Dach, mit Ziegeln hantierend.

»Knusper, knusper, Knäuschen«, sagte Alberto.

MacDonald formte die Hände zu einem Trichter. »Wie ist das Wetter bei Ihnen?«

Callander überlegte, was er mit dem Dachziegel machen konnte. Ihn den beiden Städtern auf den Kopf zu werfen, war eine Option. »So wie unten, schätze ich. Bewölkt!«

»Wir würden gerne mit Ihnen reden, Sir.«

»Über Whisky?« Das Wurfgeschoss hatte er immer noch in der Hand. »Und verschwundene Fässer?«

»Aber nein, Mister Callander, wir wollten fragen, wo Garry Rough steckt.«

»Was macht Sie so sicher, dass er nicht hier ist?«

»Ist nur eine Vermutung. Aber eine recht starke, wenn ich so sagen darf. Nun, wären Sie gewillt, mit uns auf dem Erdboden zu stehen?«

Callander legte den Ziegel auf dem Dach ab und kletterte durch ein schmales Fenster ins Haus.

Alberto nickte fachmännisch. »Er scheint das schon öfter gemacht zu haben.«

»Ließe sich denken. Warum er dem geschickten Rough aushilft und nicht umgekehrt, ist mir aber nicht klar. Hoffentlich erscheint er bald. Ich möchte nicht zu spät zu unserem Dinner kommen.«

»Manchmal glaube ich, dass du italienische Vorfahren hast, Angus. Kein Schotte denkt so oft ans Essen wie du.«

»Eher französische Ahnen würde ich sagen. Denk nur an die *Auld Alliance*. Dem Krach nach muss er im Erdgeschoss angelangt sein.«

Callander öffnete, sagte aber nichts. Immerhin hatte man ihn bei einer wichtigen Arbeit gestört. Nach unten zu kommen, war bereits ein großes Zugeständnis.

»Sie möchten hier vor der Tür mit uns parlieren?«, fragte MacDonald.

Der Master Distiller nickte finster.

»Schön. Da es keine Nachbarn gibt, kann unser Plausch Mister Rough nicht zum Schaden gereichen. Ihr Bekannter könnte in Schwierigkeiten stecken.«

»Hin und wieder tun wir das alle!«

»Mister Callander! Allgemeinplätze bringen uns nicht weiter. Es besteht Grund zur Annahme, dass Mister Rough in ein Verbrechen verstrickt ist.«

»Sie spinnen wohl!«

»Mein Bedarf an Beleidigungen in Pitlochry ist gedeckt, mein Herr!« Nun verspürte MacDonald das Bedürfnis zu schweigen.

So ruppig er sich auch gebärdete, merkte Callander doch, dass er zu weit gegangen war. »Entschuldigen Sie bitte.«

»Das soll mir genügen. Also …?«

»Ich weiß nicht, wo Garry steckt.«

»Komm, Alberto, wir gehen!«

»Das ist die Wahrheit.«

»Sie turnen auf seinem Dach herum, haben freien Zugang zum Haus, aber kennen seinen Aufenthaltsort nicht?«

»Genau so ist es. Warum sollte ich Sie anlügen?«

»Oh, da fällt mir eine Reihe von Gründen ein.«

»Er hat mich vom Handy aus angerufen und gebeten, die undichte Stelle auf dem Dach zu reparieren. Das ist alles.«

»Dass er so schnell verschwand, kam Ihnen nicht komisch vor?«

»Nein, Garry hat schon ganz andere Sachen gemacht.«

»Wie bitte?«

»Mister Rough passt in keine Schublade. Das ist aber meines Wissens noch kein Verbrechen. Was soll er denn angestellt haben?«

»Ich fürchte, darüber können wir nicht sprechen. Woher wissen Sie, dass er vom Handy aus anrief? Konnten Sie seine Nummer erkennen?«

»Nein, die ist verdeckt. Aber um ihn herum war so viel Lärm, dass ich annahm, er sei unterwegs: Verkehrsgeräusche, von hupenden Taxis und Doppeldeckern. Wie zur Hauptverkehrszeit in einer Großstadt.«

»Könnte es Glasgow gewesen sein?«, wollte Alberto wissen.
»Oder Sidney. Oder Hongkong. Ich bin kein Experte in diesen Dingen. Fragen Sie einen Tontechniker!«
»Noch eine andere Frage, Mister Callander. Wie weit ist Ihre eigene Destillerie gediehen?«
»Sie denken, das sei Ihr Metier?«
»Unbedingt. Ich habe ein starkes berufliches Interesse an allem, was mit Whisky zu tun hat.«
»Wenn das so ist, nehme ich Sie in meinen Verteiler auf! Okay?!«

Das letzte Dinner im Mountain Palace verlief ohne Zwischenfälle. Turnbull linste immer wieder durch die Schwingtür der Küche, ließ sich aber nicht blicken. Ob er das Essen vergiftet hatte, würde sich nach MacDonalds Meinung erst noch rausstellen. Alberto sah die Lage etwas entspannter und Alastair kam sich nach eigener Aussage wie ein dem Schafott knapp entronnener Mann vor. Letztendlich ließ sich der große Gourmet von seinen Dinnerpartnern gerne zu Frohsinn animieren, obwohl Alastair auf ihn bestenfalls wie ein Mann mit gemischten Gefühlen wirkte. Er nahm ihm und Alberto noch einmal das Gelöbnis ab, in der Sache »des berühmten Master Blenders Geruchsverlust und dessen Auswirkungen« nichts weiter zu unternehmen. Doch so einfach würde die Sache nicht enden. Dafür war sie zu unschön. Was Alastair nicht verstehen wollte, war, dass der Erpresser nichts von seiner wundersamen Heilung wissen konnte. Schon deshalb gab es keine Garantie, dass er sein schmutziges Handeln unterlassen würde. Während der Fahrt nach Edinburgh am folgenden Tag spähte Alberto immer wieder aus dem Fenster. Als Angus ihn fragte, ob er fliegende Haggis oder gar Black Puddings suche, wies er das entschieden von sich. In seinem Viertel Foutainbridge sprang er dann aus dem Wagen und rief ihm ein hastiges »ciao« zu. »Auch so«, erwiderte MacDonald und setzte den Wagen wieder in Bewegung. Die Fahrt nach Dean Village dehnte sich, und das nicht zufällig. Thomasina wohnte noch immer in seinem Haus. In regelmäßigen Abständen hatte er angerufen, um sich nach dem Befinden von Sir Robert zu erkundigen. Sein Kater war bezüglich seiner Versorger etwas eigen. Miss Armour junior kannte er schließlich noch nicht lange. Es lief aber alles gut. Aus einer harmlos gemeinten Frage waren längere Telefongespräche geworden, denn die junge Dame konnte über Gott und die Welt philosophieren. All das in einem reizenden und unbefangenen Timbre. Nicht dass es ihm missfallen hätte. Aber immerhin war er so gut wie liiert mit Karen. Was würde sie denken, wenn sie davon hörte? Die junge Frau stand in Kontakt mit ihrer Mutter. Und diese wiederum mit Karen! Auf diese dumme Atkins-Diät hätte er sich nie einlassen oder doch zumindest die Aufsicht vermeiden sollen! Mit gemischten Gefühlen parkte er seinen Käfer in der Nähe des Hauses und fühlte sich wie ein Schüler, der eine Klassenarbeit verhagelt hatte. Sein Koffer hielt mehr ihn als umgekehrt. Um prekäre Situationen im Keim zu ersticken, klingelte er an seiner eigenen Tür. Wie absurd konnte es noch werden? Kein Reaktion im Haus. Langsam schloss er auf.

»Hallo, ist da wer?« Fehlte nur noch, dass ein Troll antwortete.

»Juchhe«, rief jemand aus dem oberen Stockwerk. Dieses »Juchhe« wurde zu einer regelrechten Unsitte! Sir Robert war nicht zu sehen. Dann kam sie die Treppe herunter, in hautengen Jeans, einem dieser obligatorischen Kapuzenpullis und Turnschuhen! Sich selbst konnte er sich in solcher Bekleidung nicht einmal denken, doch ihr passte sie wie das Tüpfelchen auf dem i.

»Da sind Sie ja«, sagte Thomasina mit einem grandiosen Lächeln.

»Äh, ja. Hatten Sie mich früher erwartet, wenn ich fragen darf?«

»Vielleicht?«

»Wollten Sie gerade ausgehen, Miss Armour?«

»Nop.«

MacDonald deutete auf ihre Füße. »Ich frage wegen der Sportschuhe.«

Sie streckte ein Bein nach hinten und hielt es mit der Hand fest. »Sind sauber.«

»Fühlen Sie sich im Besitz aller Kräfte?«, fragte er in altväterlicher Manier.

Mit einem entwaffnend freundlichen Gesicht antwortete sie: »Absolut klasse! Und Sie?«

»Auch so. Wo ist denn Sir Robert?«

»Liegt entweder auf der Couch und macht Siesta oder jagt im Garten alle möglichen Tiere, die er mir dann präsentiert.«

»Was? Das macht er normalerweise nur für mich!«

»Mindestens ein Mäuschen pro Tag. Robbie und ich sind richtige Kumpels geworden.«

»Robbie? Wie in Robbie Burns?«

»Jop. Ist es Ihnen nicht recht, dass ich den kleinen Racker so nenne?«

»Nein, nein. Großartig. Es ist nur ... ungewohnt. Denn nicht der Dichter, sondern unser Befreier Robert the Bruce ist sein Namensgeber. Wie geht es denn Ihrer werten Frau Mutter?«

»Sie kennen sie doch. Immer damit beschäftigt, die Menschheit auf den richtigen Ernährungspfad zu bringen.«

»Hoho, ja, so ist sie! Warum ist sie denn Hals über Kopf von Pitlochry abgereist?«

»Die Universität hat ihr gekündigt. Eigenmächtiges Verlassen des Projektes war, glaube ich, die Begründung. Im Lebenslauf macht sich das nicht gut. Es wird nicht einfach sein, einen neuen Job zu finden.«

»Ihre Mutter ist mir doch nur gefolgt, um das Projekt fortführen zu können.«

»Mir müssen Sie das nicht sagen, Mister MacDonald. Aber könnten Sie bei der Uni ein gutes Wort für Mutter einlegen?«

Das fehlte gerade noch! Sein Mitgefühl hatte die Frau. Doch so groß war seine Liebe zu dem Projekt auch wieder nicht, dass er es künstlich wiederbeleben wollte. »Meinen Sie wirklich, das führt zu etwas? Die Verantwortlichen kennen mich doch gar nicht.« Er dachte nach. Wenn die Armour seinem Haus künftig fernbliebe, hatte auch Miss Armour junior keinen Grund mehr, hier zu sein. War er mit einem Schlag alle Probleme los? Nun, fast alle, denn Karen musste noch besänftigt werden.

Thomasina zog ihn aus seinem Wachtraum. »Mutter denkt wirklich, dass Sie das ausbügeln müssen. Bis dahin sollte ich bei Ihnen wohnen dürfen, sagt sie auch. Sie haben doch nichts dagegen, dass ich noch ein bisschen bleibe?« Sir Robert tänzelte geschmeidig wie ein Tiger auf sie zu und schnurrte. »Der Kleine würde sich jedenfalls freuen.«

Sein Kater drehte sich in einer eleganten Bewegung auf den Rücken und ließ sich den Bauch kraulen!

»Völlig neue Angewohnheiten hat der Herr!«

»Nun?«, fragte Thomasina, »was halten Sie davon, die Frauenquote im Haus zu verbessern?«

»Sie wirken irgendwie verändert, Mister Carnegie. Wollte Ihnen nur ein Besüchchen abstatten.«

Mrs Yarrow, das Entchen, tauchte als Erste in seinem Sampling Room in Glasgow auf und natürlich musste sie sich gleich vorwurfsvoll und sphinxhaft geben. Er würde neutrale Miene zum bösen Spiel machen. »Darf ich hoffen, dass Sie es positiv meinen?«

»Unbedingt. Alle haben Sie sehr vermisst!«

»Nun ja, so lange war ich auch wieder nicht weg.«

»Wenn Sie es sagen.«

»Kann ich etwas für Sie tun, Mrs Yarrow?« Wenn sie nur schnell wieder ginge! Mit ihrem penetranten Parfüm.

»Oh ja. Sie können. Ich wollte wissen, ob die Präsentation morgen stattfindet?«

»Von meiner Seite aus ja. Warum fragen Sie?«

Sie stieß mit unschön dicken Backen eine gewaltige Ladung Luft aus. »Och, nur Routine, die mein Job so mit sich bringt.«

»Und doch gehören sie zum Controlling und nicht zur Marketingabteilung. Oder änderte sich das in der Zwischenzeit?«

»Nein! Ich mache meine Arbeit nach wie vor sehr gerne.«

Es war ihm nie aufgefallen, welch starken East End-Akzent sie hatte.

»Haben Sie nette Leute getroffen? Bei Ihrem Aufenthalt in den Bergen?«

»Woher wussten Sie denn, dass ich in Pitlochry war?«

»Hatten Sie es nicht vor Ihrer Abfahrt erwähnt?«

»Nein.« Mit Ausnahme Whitelaws hatte er niemanden über sein Reiseziel informiert.

»Vielleicht lässt Ihr Gedächtnis Sie im Stich, Mister Carnegie. Sie sind immerhin weggefahren, um sich zu erholen. Es wäre auch nicht das erste Mal, dass jemand während einer Reise Bekanntschaften macht.«

»Vergessen wir es einfach, ja?«

»Schon geschehen.«

»Wie laufen die Geschäfte, Mrs Yarrow?«

»Bitte? Welche Geschäfte denn?«

Carnegie hob eine Augenbraue. Sie wirkte verstört. War es unstatthaft gewesen, das zu fragen? »Verzeihen Sie bitte. Aber immerhin höre ich häufig, dass McVicar and Whitelaw sehr schlecht dasteht.«

»Davon reden Sie also. Ich dachte schon, Sie ...«

»Was denn bitte?«, fragte er mit gespielter Nachsicht.

»Es ist ... nicht so wichtig. Da Sie fragen: Wir setzen alles auf den guten Absatz Ihres Whiskys für die Engel.«

»Unseres Whiskys. Ich habe ihn zwar kreiert. Doch ist das Produkt aus der Arbeit des Teams erwachsen. Auch mit Ihrer Hilfe, Mrs Yarrow.«

»Danke vielmals. Die Marketingabteilung hat mich übrigens gefragt, ob Sie die Gästeliste noch einmal durchsehen wollen.«

»Ich wüsste nicht wozu. Einen Tag vor der Präsentation könnte man ja auch schlechterdings jemanden ausladen.«

»Kaum realisierbar, ja. Ich frage nur, weil mir aufgefallen ist, dass auch Handwerker teilnehmen werden.«

»Wie zum Beispiel Maler, Klempner oder Schornsteinfeger?«

»Komisch. Haha.«

Carnegie würdigte sie keiner Antwort.

»Kennen Sie einen Mister Roderick Callander?«

»Es wäre sehr unprofessionell, wenn ich das nicht täte. Ist er doch der Master Distiller unserer Destillerie in Pitlochry. Er wird morgen teilnehmen, meinen Sie?«

»In Fleisch und Blut.«

Carnegie schauderte. »Gibt es sonst noch Handwerker auf der Liste?«

»Nein, ich glaube, er ist der Einzige.«

»Ich hätte schwören können, dass Sie von einer Mehrzahl redeten. Wie dem auch sei. Ein Interesse am Thema kann man ihm kaum absprechen.«

»Jaja, natürlich. Bin auch sehr gespannt, wie Ihr Elixier schmecken wird«, sagte sie in einem seltsam fordernden Ton.

»Wenn Sie sonst kein Anliegen mehr haben, würde ich nun gerne …«

»Weiterarbeiten? Aber ja. Man sieht, Sie stecken voll neuen Tatendrangs. Das lobe ich mir.«

»Nur eines noch: Wer erzählte Ihnen von meiner Unpässlichkeit in Pitlochry?«

»Ein alter Bekannter, der dort Urlaub macht.«

Nachdem sie gegangen war, öffnete er erst einmal das große Fenster. Die Parfümwolke war scheußlich. Eine üble Mischung von Moschusnoten. Gäbe es wilde Wasserbüffel in Glasgow, könnte sich Madame nicht vor ihnen retten. Sie hatte es geschafft, ihn zu verwirren. Wer hatte ihr wirklich von Pitlochry erzählt? Und was sollten die Anspielungen auf neue Bekanntschaften? Meinte sie Angus und Mister Vitiello oder etwa Smirnof? Damit noch nicht genug, ließ sie ihm auch noch die Information zukommen, dass Callander morgen aufkreuzen würde. Wo doch nur Journalisten eingeladen waren. Wer hatte ihn während seiner Abwesenheit auf die Liste gesetzt? Vor allen Dingen weshalb? Nur eines war gewiss: Menschen wie Yarrow, die sich für den rollenden Rubel begeisterten, landeten immer auf den Füßen. Ob bei McVicar and Whitelaw oder anderswo.

»Blended Whisky ist ein Kunstwerk, komponiert aus vielerlei inspirativen Quellen.«

Richard Paterson, Master Blender, in seinem Buch »Goodness Nose. The Passionate Revelations of a Scotch Whisky Master Blender« (gemeinsam mit Gavin D. Smith)

Feuertaufe für den Jahrhundertwhisky

Mit der üblichen Verspätung des Busses auf der Schnellstraße kamen Angus und Alberto in Glasgows Buchanan Busstation an, die geschäftig, quirlig und zugleich entspannt war. Alberto sprang die Stufen des Fahrzeugs hinunter, nur mit einer leichten Jacke bekleidet. Angus ließ es gemächlich angehen, bedankte sich beim Fahrer und schob sein Aktentäschchen vor sich her.
»Hast du wichtige Unterlagen mitgebracht, Angus?«
»Spotte nur, doch ein Journalist verlässt das Haus nicht ohne Schreibwerkzeug und Block.«
»Bei Veranstaltungen wie unserer liegt so etwas doch auf den Tischen.«
»Auch das erkläre ich gerne noch einmal: Ich schreibe ausschließlich mit meinem guten Watermankugelschreiber. Für Briefe benutze ich meinen Füllfederhalter derselben Marke.«
»Meinen Segen hast du. Gehen wir zu Fuß zu McVicar? Ich habe mir im Internet den Stadtplan Glasgows angesehen und es ist …«
Da Alberto so schnell von einem Thema zum anderen sprang, konnte man ihn zum Glück auch leicht von etwas abbringen. »Hör mal, wusstest du, dass Prince Charles den örtlichen Akzent schlecht versteht?«
»Hast du dich nach der Lektüre deiner Prinz Philip-Bücher jetzt dem Sohnemann zugewandt?«
»Ich habe, wie du dich zu erinnern geruhst, die Bücher nur gelesen, weil der Duke von Edinburgh auch die Atkins-Diät praktiziert. Nein, die Episode stand in der englischen ›Times‹.«
»Molto bene. Und Thomasina?«

»Pardon?!«

»So heißt deine Mitbewohnerin doch. Weiß Karen denn Bescheid?«

Teilte er Alberto seine Befürchtung bezüglich des Informationsflusses in der Damenwelt mit, würden sie definitiv zu spät kommen.

»Wie muss ich mir das Frühstück im Hause MacDonald vorstellen? Sitzt du mit der jungen Dame am Küchentisch und liest ihr deine Artikel vor?«

»Nein, sie steht lieber.«

»Prego?«

»Sie löffelt ihr Müsli aus einer tiefen Schale, lehnt dabei an der Spüle und sieht in den Garten.«

»Hält sie nach Sir Robert Ausschau?«

»Ja, wenn du es unbedingt wissen musst!«

»Oha! Noch ein Wespennest. Der kleine Kater fremdelt wohl ein wenig?«

»Noch hat er sich nicht von mir losgesagt. Schlau wie er ist, wartet er erst einmal ab, wer bei ihm bleibt.«

»Der gewitzte, alte Katzenbotschafter.«

»Du sagst es.« Zwischenzeitlich waren sie beim Taxistand angelangt. »Einen Augenblick, Alberto, ich will nur etwas fragen.« MacDonald klopfte an die Scheibe des Taxifahrers, der ihn frohgemut ansah, sich bereits auf das Trinkgeld freute.

»Womit kann ich dienen, Sir?«

»Wir möchten gerne in die Argyle Street, zu McVicar and Whitelaw«, informierte MacDonald ihn leise. »Doch nicht auf direktem Weg.« Ohne Umwege ließe sich die Firma auch zu Fuß gut erreichen. Fuhren sie also eine Weile, ersparte Angus sich eine neue Diskussion mit Alberto über die Wonnen des Spaziergängers.

Der Taxifahrer lächelte. In seinem Beruf erlebte er die tollsten Sachen. Einmal hatte er einen berühmten Hollywoodstar vom Flughafen direkt zu einem Tante-Emma-Laden gefahren, wo die Leibwächter ihn anwiesen zu warten. Immer auf neue Geschichten aus, hatte er dennoch den Wagen verlassen und kam gerade dazu, als der Schauspieler an der Kasse zahlte. Der Shopbesitzer nahm jeden einzelnen Artikel in die Hand und hielt ihn in die Luft: unter anderem einen Löffel und Alufolie. Dann sah er dem überbezahlten Prominenten mit der verspiegelten Sonnenbrille direkt ins Gesicht und meinte: »Sie wollen wohl etwas Spaß haben heute Nacht?« Der Mann rastete aus, beleidigte den Shopbesitzer und musste von den Bodyguards aus dem Laden gezogen werden. Jahre später verlor er wegen seiner Drogensucht die millionenschwere Rolle in einer US-Sitcom.

»Soll die Fahrt über die Westküste gehen?«, fragte er den dicken Mann nun listig.

»Wir müssen nicht übertreiben. Ein kleiner Umweg genügt völlig.«

»Klappt alles bei dir?«, rief Alberto.

MacDonalds Stimme nahm an Volumen an. »Jawohl. Du kannst einsteigen.«

Vitiello begutachtete den Fahrer und misstraute ihm sofort. »Viel mehr als 3,50 Pfund sollte es nicht kosten!«

Das wurde immer besser. Einer wollte zu viel bezahlen und der andere um den Preis feilschen. »Woher wollen Sie das wissen?«

»Ich habe im Internet gesurft.«

Bevor er antwortete, kratzte der Taxifahrer sich erst einmal am Kopf, wie um das Gehirn zu aktivieren. »Dann muss es stimmen! Die dürfen ja nichts Falsches schreiben.«

Dass sie am George Square vorbeifuhren, kam Alberto bereits betrügerisch vor. Aber als er dann noch den Glasgow Central Bahnhof sah, wurde er der Faxen überdrüssig. »Hören Sie, das ist jetzt wirklich zu viel!«

»Da sind wir, Gentlemen«, erwiderte ihr Chauffeur kurz darauf, »Argyle Street, wie gewünscht.«

»Wo ist das Hochhaus?«

»Es kommt gleich, Alberto. Nur etwas Geduld.«

»Ja, junger Mann. Sonst bekommen Sie noch einen Infarkt. Ihr Kollege zahlt doch die Zeche.«

»Es geht hier um das Prinzip!« Der Fahrer stieg in die Bremse und Alberto, nicht angeschnallt, hatte Mühe, seine Position zu halten. »Incredibile! Wollen Sie uns umbringen?«

»Bitteschön, das Hochhaus von McVicar and Whitelaw!«

Angus meldete sich mit seiner Einladung im Erdgeschoss an, wo eine junge, rothaarige Dame sie erwartete. Alberto wurde wieder lustig. »Mister MacDonald und Mister Vitiello?«

»So ist es«, erwiderte Angus.

»Mein Name ist Chisholm. Ich werde sie nach oben geleiten. Folgen Sie mir bitte zum Aufzug. Schönes Wetter haben Sie mitgebracht.«

Zwar versuchte ein Wolkenbruch seit ihrer Ankunft, seine schwere Last loszuwerden. Aber theoretisch konnte es ja bald aufreißen. »Ja, außerordentlich schön«, sagte MacDonald deshalb. »Sind wir die Letzten?«

»Aber nein. Wir warten noch auf Mister McKay. Sie sind ihm nicht zufällig unterwegs begegnet?«

»Wer ist das?«, fragte Alberto unbefangen.

»Charlie McKay, einer der bedeutendsten Whiskyautoren«, informierte Angus ihn. »Er wohnt in den Pentlands, bei Edinburgh. Nein, meine Liebe. Wir sind mit dem Bus gekommen. In dem saß Charlie nicht. Wie geht es Alastair?«

»Sehr gut. Mister Carnegie ist ganz in seinem Element. Sie wissen ja, wie sehr er es liebt, Reden zu halten.«

»Das kann man wohl sagen.«

Als sie aus dem Aufzug traten, kam er ihnen bereits entgegen. »Hallo, da seid ihr ja!«

»Gibt es Probleme?«, fragte Angus, der eine neue Erpressung befürchtete.

»No! Alles unter Kontrolle.« Carnegie lächelte ihm aufmunternd zu. »In jedweder Hinsicht, ich wollte euch nur angemessen begrüßen.« Er wies mit beiden Händen in Richtung des Präsentationsraumes. »Tretet doch ein, bitte.«

Auf seinem Tisch lag eine imposante Holzkiste und in dem großen Zimmer saßen etwa zwanzig Personen, die Crème de la Crème der Zeitungs- und Autorenwelt. Vertreter des »Guardian«, des »Daily Telegraph«, der »Times« und Redakteure diverser Whiskymagazine. Mit Charlie McKay würde die Runde komplett sein. MacDonald ging auf Jim Marshall zu und drückte ihm wie auch den meisten anderen Anwesenden die Hand. Nur eine Person hatte er noch nie gesehen, einen in schwarz gekleideten Herrn. Sein Anzug zeugte von ausgesuchtem Geschmack, so auch die Krawatte. Auf dem Schädel fand sich kein einziges Haar, weder in Form einer Frisur noch eines Bartes. Sein After Shave war kräftig. Wer konnte es sein? Angus nickte Carnegie zu und blickte dann in Richtung des Glatzkopfes. Doch Alastair wusste auch nicht, mit wem man es zu tun hatte. Schön, dann musste er eben Miss Chisholm fragen. Sie konnte in der Einladungsliste nachsehen. Im selben Moment trat Charlie McKay in den Raum. Alastair hieß ihn willkommen und dann begann auch schon die Veranstaltung, begleitet von einem wütenden Donner im Freien. Wenn das mal erfreulich endet, dachte MacDonald. Alastair zog eine Scherzpistole aus der Tasche und feuerte sie mit lautem Knall ab. Konfetti in allen denkbaren Farben flog durch die Luft. Bisher kannte er diesen Gag nur von Einsteigerseminaren. Der Master Blender fragte immer, wer am wenigsten Erfahrung mit Whisky hatte. Dann musste der Verlierer nach vorne kommen und bekam einen sechzig Jahre alten Dram zu kosten. Doch zuvor explodierte neben seinem Ohr die Pistole.

MacDonald kannte den Scotch gut und fand, dass der Preis nicht zu hoch war. Nun nutzte Alastair die Knallnummer also für eine Präsentation vor Experten, die überschwänglich klatschten. Natürlich, wenn man den Effekt noch nicht kannte, und das traf paradoxerweise auch auf diese Runde zu, war es eine feine Sache. Oder wollten die Anwesenden nur höflich sein?

»Meine Damen und Herren, ich fand, dass der Whisky für die Engel eine gebührende Einführung verdiente. Am liebsten hätte ich eine Kapelle bestellt. Aber wie Sie sehen, reicht der Platz dafür nicht aus.«

Gelächter im Raum.

»Nein?«, fragte der Kahlköpfige und drehte, um alle Anwesenden genau inspizieren zu können, den Kopf – so drahtig, dass selbst ein Vogel Strauß neidisch werden konnte.

Carnegie nickte ihm zu, antwortete aber auf diese dumme Frage nicht. »Verehrte Anwesende, Sie haben die Entwicklung unserer neuesten Kreation freundlicherweise von Anfang an begleitet. Von den Ursprüngen des Whiskys in Pitlochry ...«

»Jawohl!«, rief der Störenfried, »in den Highlands.«

»... über die Sicherstellung der hundert Jahre im ewigen Eis der Antarktis ruhenden Flaschen bis zur Nachbildung des Göttertrunkes. Eine Gelegenheit, wie sie ein Master Blender nur einmal im Leben erhält.«

»Oder auch nicht!«

Miss Chisholm waltete ihres Amtes und baute sich vor dem Unbekannten auf. »Mein Herr, ich darf Sie eindringlich bitten, sich ruhig zu verhalten!«

MacDonald bezweifelte, dass sie den Burschen damit beeindruckte. Doch wenigstens hatte sie es probiert. Dafür beklatschte er sie geräuschlos, was ihm einen bösen Blick einbrachte. Carnegie zog die erste Flasche aus der edlen Holzkiste und wandte sich an seine Mitarbeiterin.

»Miss Chisholm, würden Sie mich unterstützen?«

Ein Raunen ging durch den Raum. Vorfreude ist die schönste Freude, hatte MacDonalds Großvater immer gesagt. Manchmal begnügte er sich sogar mit ihr und ließ das freudige Ereignis gänzlich ausfallen, um Geld zu sparen! Miss Chisholm öffnete eine zweite Flasche Whisky für die Engel. Das waren bereits 400 Pfund, die McVicar and Whitelaw springen ließ. Sein Vater würde untröstlich sein. Er hatte gewaltig gejammert und immer wieder gebeten, ihn zur Präsentation mitzunehmen. Wo er doch quasi mitgeholfen habe, den Fall zu klären! Alastair säuberte sein Glas auf die altbekannte Art. MacDonald betrachtete die Flasche. Wie beim historischen Original hatte man sich für eine hohe schlanke Form entschieden. Die Angabe mit der Alkoholstärke fehlte. Von Alastair wusste er, dass die Firma deshalb eine Sondergenehmigung einholen musste. Im Raum war nur noch das sanfte Gluckern des Jahrhundertwhiskys zu vernehmen. Alastair und Miss Chisholm machten höchst feierliche Gesichter.

»Haben alle Anwesenden etwas im Glas?«, fragte Carnegie rhetorisch.

»Nein«, antwortete der Glatzkopf.

Das durfte nicht wahr sein, dachte MacDonald. Sein Glas war wirklich leer. Er hatte es auf einen Ruck hinuntergehauen! Barbaren in Glasgow!

Carnegie wies in seine Richtung. »Dem Herrn da hinten bitte etwas nachgießen.«

Der Trunkenbold hob sein Nosinggläschen in die Luft. Miss Chisholm ließ sich nicht beeindrucken und wartete, bis er es wieder auf den Tisch stellte. Der Mann war auf Krawall aus. Was MacDonald sehr an seine letzte TV-Serie für die BBC, »Kochen mit Hafer«, erinnerte. Auch dabei war es zu unerfreulichen Unterbrechungen gekommen.

»So«, sagte Carnegie resolut, »schreiten wir zur Tat. Was sehen Sie, liebe Anwesende?«

MacDonald konnte nicht mehr länger an sich halten. »Hellen Honig und Strohgold mit schimmernden Glanzlichtern.«

»Gut erkannt, Mister MacDonald«, sagte Carnegie. »Wer sagt uns etwas zum Geruch bitte?«

Jim Marshall strich sich über den Bart und meldete sich zu Wort: »Ein weicher und eleganter Whisky. Sehr feine Aromen von Äpfeln, Birnen und frischer Ananas nehme ich wahr.«

»Für einen Irishman nicht schlecht«, neckte Carnegie ihn. »Was noch?«

»Ich rieche Eiche, volle Vanille, cremigen Karamell und Mazis«, sagte der Glatzkopf, zur Verblüffung aller Anwesenden nun sehr moderat.

»Nicht schlecht, der Herr im dunklen Anzug, den ich leider nicht kenne.«

»Armani«, erwiderte er.

»Diese Vorlage habe ich Ihnen gerne gegeben. Ich darf mir erlauben, einen Hauch von Zitrusmarmelade, Zimt, Ingwer und Muscovadozucker zu erwähnen.«

»Ja, genau!«

»Freut mich sehr, dass wir schon wieder übereinstimmen. Nun zum Geschmack, liebe Freunde des Whiskys.«

»Also, das ist ...«

»Wir wollen auch andere Teilnehmer zu Wort kommen lassen, mein Herr?«

McKay kam in Form. »Etwas stärker als die üblichen 44, 45 Prozent, wie ich annehme?«

»Gut erkannt, Charlie.«

»Dennoch strömt der Whisky eine milde Wärme aus. Harmonisch und aufregend zugleich. Langsam machen sich Karamellbonbon, dunkler Zuckersirup und Pekannüsse bemerkbar. Diese Noten bezaubern den Gaumen. Es schließen sich komplexe Noten von Crème brulée, Orangenschale und frisch gebackenem Weißbrot an. Kurzum, eine bemerkenswerte Versammlung von Geschmackssensationen. Ein Meisterstück, Alastair. Ich ziehe den Hut. Bloody marvellous!«

Die anderen Teilnehmer nickten ehrfurchtsvoll. MacDonald klatschte und alle schlossen sich an. Bis auf einen!

»Nicht schlecht, Mister Carnegie. Doch ich habe eine besondere Herausforderung für Sie!«

»Was Sie nicht sagen!« MacDonald bemerkte, dass Alastairs Mund leicht zitterte. Hatte er zum zweiten Mal seinen Geruchssinn verloren?

Der haarlose Störenfried im noblen Anzug zog einen Rucksack unter seinem Stuhl vor und stellte ihn vor sich auf den Tisch. Er hatte die Aufmerksamkeit aller Anwesenden. »Ich habe mir erlaubt, einen anderen guten Tropfen mitzubringen. Er hat historischen Wert und Ihnen wird es ein Leichtes sein, den Whisky zu erkennen, Mister Carnegie.«

»Ein bemerkenswerter Vorschlag«, sagte Miss Chisholm, »aber leider geht es heute ausschließlich um den Whisky für die Engel. Nur er ist der Star.«

»Was meinen Sie, Mister Carnegie? Kneifen Sie oder werden Sie es wagen?«

Hoffentlich hielt Alastairs Gesundheit das aus, dachte Angus. Zwei Ausfälle hintereinander konnte er sich nicht leisten.

»Jetzt ist mir alles klar«, flüsterte Alberto ihm ins Ohr.

»Ich bitte um Verzeihung?«, antwortete Angus, weil er ein nicht zur Situation passendes Thema befürchtete.

»Kommt dir der Kerl nicht bekannt vor?«

»Um ehrlich zu sein, überlege ich schon länger, wer es sein könnte.«

»Ist doch ganz einfach!«

»Alberto, spann mich bitte nicht auf die Folter!«

»Schau genau hin. Und dann stell ihn dir mit üppiger Frisur und wallendem Bart vor.«

»Aber warum ... tatsächlich! Er ist es! Aber jetzt geht es ihm an den Kragen! Packen Sie sofort die Flasche wieder ein, junger Mann!«

»Erzählen Sie uns alles von Anfang an. Sie werden sehen, dass Sie sich dann wohler fühlen«, sagte MacDonald besänftigend. Man hatte den Delinquenten in ein anderes Zimmer gebracht, sodass Carnegie die Präsentation erfolgreich beenden und sich danach den Detektiven anschließen konnte.

»Woher wollen Sie wissen, was mir gut bekommt und was nicht?«, antwortete der Mann eigensinnig.

»Gibt es Mittäter?«, fragte Alberto.

»Ich muss Ihnen nichts sagen!«

»Schön, wir rufen die Polizei. Vielleicht werden Sie dann etwas leutseliger.«

»Ob das Mister Carnegie behagt?«

Der Master Blender vermied es, in seine Richtung zu sehen.

»Was soll ich denn getan haben?«

»Und wir dachten schon, Sie wollen gar nicht mehr fragen! Nun, Sie erschlichen sich beispielsweise den Zugang zu dieser Präsentation.«

»Habe ich nicht. Meine Einladung liegt vor Ihnen.«

MacDonald fächelte sich mit dem Blatt Luft zu. »Die ist auf Mister Callander ausgestellt.«

»Na und?«

»Somit haben Sie unter falschen Voraussetzungen teilgenommen.«

»Das ist das Problem von McVicar and Whitelaw. Die Firma sollte sich eine bessere Security zulegen!«

»Wir können Ihnen versichern, dass es ab der nächsten Veranstaltung eine Ausweiskontrolle geben wird. Die Einladung alleine genügt dann nicht mehr. Nun, haben Sie alleine gehandelt, Mister Rough?«

Garry Rough drehte und wendete sich wie eine Echse in Verteidigungshaltung.

»Sie haben doch nicht geglaubt, mit dieser läppischen Tarnung durchzukommen? Gesicht und Kopf kahl zu scheren hilft nur bis zu einem bestimmten Grad. Seine eigene Person kann man nicht komplett verstecken. Sie sind nun mal ein markanter Mensch.«

Rough verneigte sich in MacDonalds Richtung. »Herzlichen Dank.«

»Es war eine ebenso simple wie neutrale Feststellung, mein Herr.«

»Haben Sie Mister Callander ermordet?«, fragte Alberto.

»Sind Sie des Irsinns? Roderick ist doch mein Freund!«

»Steckt er mit Ihnen unter einer Decke?«

»Nein! Sicher nicht!«

»Aber Sie sind im Besitz seiner Einladung.«

»Der Briefträger hat bei uns seine festen Zeiten. Ich bin ihm zwei Wochen lang gefolgt. Als Post von McVicar dabei war, habe ich sie vor der Destillerie an mich genommen.«

»Das sollen wir Ihnen glauben? Warum hat Callander nicht hier nachgefragt, als seine Invitation ausblieb? Immerhin war es eine nette Geste der Firma, ihn einzuladen.«

»Weil ihn der Kram, wie er die Präsentation nannte, nicht interessierte. Und ich meine immer noch, dass Sie mich nicht hier festhalten dürfen.«

Alberto schob seinen Stuhl direkt vor ihn und setzte sich rücklings darauf, die Arme auf der Lehne. »Sie sind doch der Erpresser, nicht wahr?«

»Erpressung? Ich? Erpressung?«

»Wir meinen es nur gut mit Ihnen. Während wir mit Ihnen sprechen, durchsucht die Polizei bereits Ihr Haus.«

»Ohne Durchsuchungsbefehl?«

»Mister MacDonald ist ein Mann von Welt. Er hat überall seine Kontakte.«

»Aber was will die Polizei dort finden?«, fragte Rough mit brüchiger Stimme.

»Banknoten zum Beispiel!«

»Ist es mittlerweile ein Verbrechen, Geld im Haus zu haben?«

»Wenn es von einer Erpressung stammt, ja. Auf unser Anraten hat Mister Carnegie die Nummern aller Scheine notiert. Ein einfacher Abgleich der Liste mit dem Geld in Ihrem Haus wird uns Aufschluss bringen.«

»Ohne Anwalt sage ich gar nichts mehr.«

»Sie geben also Ihre Schuld zu?«

»Nein, das tue ich nicht.«

Carnegie ergriff zum ersten Mal das Wort. »Hören Sie, junger Mann, wenn Sie kooperieren, können wir den Vorfall vergessen.«

»Kunststück! Sonst erzähle ich doch allen, dass Sie Probleme mit der Nase haben!«

»Jetzt haben Sie einen Fehler gemacht. Denn woher wollen Sie das wissen?«

»Der Doktor hat es mir erzählt.«

»Doktor Naughtie?«

»Ja!«

»Er behauptet das Gegenteil. Haben Sie uns noch etwas zu sagen, bevor wir die Polizei verständigen?«

»Vom Geld ist nicht mehr viel da«, sagte Rough kaum vernehmlich.

»Was haben Sie da gesagt?«, fragte Alberto aufgekratzt.

»Der Anzug war sehr teuer. Außerdem habe ich meine Kollektion vervollständigt.«

»Meinen Sie Ihre Garderobe?«

»Nein, diejenige mit seltenen Whiskysorten. Die Herren Carnegie und MacDonald wollten mir ja partout nichts spenden!«

»Eines möchte ich von Ihnen wissen, Mister Rough: Warum haben Sie mich überhaupt erpresst?«

»Um das Geld ging es mir nicht. Ich wollte nur einer von Ihnen sein.«

»Was soll das heißen, einer von uns?«

»Ein Keeper of the Quaich.«

»Aber warum haben Sie sich nicht an mich gewandt? Eventuell hätte ich Ihnen ja helfen können.«

»Sie müssen mich nicht auch noch verspotten!«

»Angus, könntest du bitte weitermachen? Ich verstehe den Herrn leider nicht.«

»Sie haben also Mister Carnegie nicht nur um Proben angegangen, sondern auch um Hilfe bei Ihrer Ernennung zum Keeper of the Quaich gebeten?«

»Sie auch!«

»Daran kann ich mich gar nicht mehr erinnern.«

»Keiner von Ihnen beiden kann sich irgendwie an mich erinnern! Da wundern Sie sich, wenn ein Mensch auf Abwege gerät.«

»Aber warum ist Ihnen die Mitgliedschaft denn so wichtig?«, erkundigte Alberto sich. Ihm war das nicht verständlich.

»Weil es die höchste Anerkennung für einen Freund des Wassers des Lebens ist!«

»Hätten Sie sich nicht auf ein anderes Getränk spezialisieren können?«

»Sie gemeiner Kerl!«

»Mister Vitiello hat es nicht böse gemeint«, erklärte MacDonald ihm.

»Das sagen die Menschen immer, wenn sie einen verletzt haben.«

Alberto stellte befriedigt für sich fest, dass eine der wichtigsten Fragen noch gar nicht gestellt worden war: »Haben Sie Mister Carnegie vergiftet?«

»Wie sollte ich wissen, wie man jemandem den Geruchssinn nimmt?!«

»Vielleicht hatten Sie einen Helfershelfer.«

»Nein, hatte ich nicht.«

»Turnbull?«

»Der Chefkoch des Mountain Palace? Den kenne ich nur vom Sehen.«

»Sagt Ihnen der Name Smirnof etwas?«

»Nein! Wenn ich Ihnen doch sage, dass ich alleine handelte! Das Geld war mir egal. Ich habe immer mehr verlangt, weil das im Fernsehen so gemacht wird.«

»Mister Vitiello, lassen Sie es gut sein«, sagte Carnegie. »Letztendlich ist mir die Ursache für mein Malheur egal. Hauptsache, ich kann wieder riechen.«

»Und Popow?«, bohrte Alberto weiter.

»Hör bloß mit dem auf!«

»Man wird ja wohl noch fragen dürfen!«

»Es ist Ihnen klar, dass Sie für die Whiskywelt gestorben sind?«, fragte Carnegie Rough. »Das ist die Bedingung dafür, dass ich keine Anzeige erstatte.«

»Darf ich auch meinen Blog nicht mehr schreiben?«

»Alles, was irgendwie mit der Öffentlichkeit zu tun hat, ist tabu. Was Sie in Ihrer Freizeit machen und wie viel Whisky Sie konsumieren, ist mir egal.«

»Soll das heißen, mein Haus wird gar nicht durchsucht?«

»Die Antwort darauf überlassen wir Ihrer Vorstellungskraft. Jedenfalls kann man das, was Sie uns gesagt haben, als Geständnis betrachten«, informierte MacDonald ihn. »Nun, nehmen Sie Mister Carnegies großzügiges Angebot an oder nicht?«

Rough saß angespannt auf seinem Stuhl. Wie eine Raubkatze, die jeden Moment ihr Opfer zerfetzen würde.

»Freedom and whisky gang thegither. Freiheit und Whisky gehören zusammen.«

Robert Burns (1759-1796), Nationaldichter Schottlands

Nahezu ohne Sorgen

MacDonald und Alberto saßen im Bus in Richtung Edinburgh und klatschten, als sie ihre Stadt erblickten. Der Fahrer hupte. Auch er freute sich, seine Heimatstadt, die große Rivalin Glasgows, zu sehen.

»Angus, ich habe eine Frage.«

»Bitte nicht zu Mister Popow«, antwortete MacDonald und legte sich des Spaßes halber die Hände auf die Ohren.

»Du hast leicht reden! Und man merkt auch, dass du keinen Schimmer vom Hotelbusiness hast. Aber lassen wir das. Nein, ich würde gerne wissen, ob du daran gedacht hast, die Uni anzurufen, um die Armour anzupreisen?«

»Ach du liebes Whiskyfass! Das habe ich völlig vergessen.«

»Wenn du mich und meinen Sinn fürs Praktische nicht hättest.«

»Wohl wahr.«

»Da wir gerade dabei sind ... ich möchte dir noch einen Rat zu Karen geben. Mit den Frauen ist das folgendermaßen ...«

»So gerne ich deine gedanklichen Impressionen vernehmen würde, drängt mich doch eine innere Stimme, vorher die Scharte mit der Aufsicht auszuwetzen.«

»Va bene.«

Als Alberto die Haustür der Villa Buongiorno aufschloss, hielt er einen Moment inne. Hoffentlich war der Russe nicht zurückgekehrt. Er stellte seine Reisetasche vor der Treppe ab und rückte ein Schildchen auf der hölzernen Anschlagstafel zurecht. Entweder ein Gast war ausgegangen oder er befand sich im Zimmer. Was auch immer, das jeweilige Schildchen musste ganz links oder ganz rechts stehen. Nicht in der Mitte!

Es war hohe Zeit, dass er das Guest House wieder auf Vordermann brachte. Die Mäuse tanzten auf dem Tisch Tango! Er ging durch Wohnzimmer und Küche, um den Garten zu inspizieren. Dort war alles okay. Die eine oder andere Pflanze musste gewässert werden. Aber in Marias Angelegenheiten wollte er sich nicht einmischen. Nicht mehr, denn es war ihm nicht gut bekommen. Kaum hatte er es sich mit einem Glas Orangensaft auf der Couch bequem gemacht, als es im Flur schepperte. Er schlüpfte in seine Pantoffeln und stürmte nach draußen. Eine junge Frau kam mit einem Köfferchen die Treppe herunter. Sie hielt es mit festem Griff.

»Und Sie sind?«, fragte Alberto.

»Buon giorno, Mister Vitiello. Wir haben uns doch schon mal gesehen. Wissen Sie nicht mehr?«

Natürlich erinnerte er sich noch. »No, das tue ich nicht.«

»Ich bin die Freundin von Mister Tonnato. Er hat ein Zimmer bei Ihnen.«

»Si. Und weiter?« So leicht würde er es ihr nicht machen. »Reist er bereits ab?«

»Wie? Aber nein. Das ist mein Koffer.«

»Wie ist der in die Villa Buongiorno gekommen?«

»Paolo hat ...«

»Prego? Wer?«

»Mein Freund. Paolo Tonnato. Er hat mir erlaubt, den Koffer in seinem Zimmer unterzustellen.«

»Ich wusste gar nicht, dass er hier der Manager ist.«

Ein bisschen bedauerte er die Signorina. Aber Ausnahmen konnte er keine machen.

Tonnato, von dem lauten Gespräch aufgeschreckt, kam ebenfalls die Treppe runter. »Gibt es ein Problem?«, fragte er.

»Oh ja, wir haben hier einen Koffer, der in meinem Guest House nichts zu suchen hat.«

»Das kann ich erklären. Er gehört meiner Freundin und ...«

»Sie haben mich nicht verstanden. Ich muss wissen, wer in meinem Hotel wohnt und wer nicht.«

»Im Zimmer wohne nur ich. Sie hat ein anderes Hotel.«

»Warum sehe ich die junge Dame dann ständig in meinem Guest House ein- und ausgehen? Passen Sie auf. Es ist ganz einfach. Ich erkläre es Ihnen. Feueralarm? Das sagt Ihnen etwas?«

Die beiden nickten reuig.

»Bricht ein Feuer aus in der Villa Buongiorno, muss ich wissen, wie viele Menschen zu evakuieren sind. Stirbt jemand im Flammenmeer, weil ich die Feuerwehr falsch informiert habe, bin ich verantwortlich. Verstehen Sie das?«

»Ja, aber ...«

»Kein aber. Wenn ich Ihre Freundin noch einmal hier sehe, suchen Sie sich eine neue Bleibe. Ist das klar?«

»Also, ich ...«

»Haben Sie mich verstanden?«, fragte Alberto eine Quint lauter.

»Si, haben wir.«

»Ich interessiere mich nur für Ihre Antwort, Mister Tonnato. Die junge Dame wohnt nicht unter meinem Dach.«

»Ja, ich habe alles verstanden.«

»Molto bene. Einen schönen Tag noch.«

Eine halbe Stunde später fand Maria ihren Gatten auf dem Sofa vor, immer noch grollend. Sie beugte sich zu ihm und küsste ihn auf die Stirn. »Mein Dottore Watson ist wieder da! Wie schön. Habt ihr den Verbrecher verhaftet?«

Alberto nickte müde.

»Ich freue mich auch, dich zu sehen, Maria«, soufflierte sie ihm.

»Diese Signorina war wieder da.«

»Die Freundin von Tonnato? Nettes Mädchen.«

»Du nimmst das viel zu sehr auf die leichte Schulter. Wenn es im Hotel brennt ...«

»... bist du verantwortlich. Ich weiß.«

»Eben. Der Beweis wurde heute erbracht. Sie spazierte mit einem Koffer aus seinem Zimmer.«

»Du hast ihn doch hoffentlich nicht vor die Tür gesetzt?«

»Verdient hätte er es gehabt! No, aber ich habe ihn verwarnt. Wenn die junge Frau aber noch einmal hier aufkreuzt, fliegt er hochkant raus!«

»Dann ist ja alles klar. Willst du wissen, wie es deiner Tochter und deinem Schwiegersohn geht? Ich war gerade bei ihnen.«
»Danila und Sean? Sind sie wohlauf?«
»Ja. Sie grüßen dich.«
»Und die beiden Kleinen?«
»Auch deinen Enkeltöchtern geht es gut. Ich möchte dir etwas sagen.«
»Es ist doch nichts passiert, während ich weg war?«, fragte er ebenso ängstlich wie ausgelassen.
»Aber nein. Ich habe mir nur gedacht, dass du nach der anstrengenden Reise zu erschöpft zum Kochen bist.«
»Maria, versuch bitte zu verstehen: Die Küche ist einer der wenigen Plätze, an denen ich mich entspannen kann. Du schaust so deprimiert?«
»Ich kann zwar mit dem Koch des Hauses nicht konkurrieren, habe aber eine einfache Suppe und Sandwiches vorbereitet.«
»Molto bene! Warum hast du das nicht gleich gesagt?«
»Tja, wer weiß? Du hast also nichts dagegen?«
»Dagegen? Ma, no! Ich werde den Fernseher anschalten und Nachrichten schauen.«
»Si, tu das.« Sie ging in die Küche und etwa zehn Minuten später hörte sie ihren Gatten furchtbar schreien.

MacDonald hatte die Universität angerufen. Doch leider war die zuständige Person nicht gegenwärtig. Also würde er es am nächsten Tag wieder versuchen. In dieser Sache blieb ihm nur das Prinzip Hoffnung. Denn wie sollte er sich sonst mit Karen aussöhnen? Ihr mobiles Telefon war zwar eingeschaltet, aber sie nahm es nicht ab. Und er befürchtete, dass sie nur bei seiner Nummer so verfuhr.
Thomasina Armour trat in die Küche. Sie war barfuß. »Hallo, Mister MacDonald!«, sagte sie quietschvergnügt, als ob sie den Herbergsvater für ihre Belange gewogen machen wollte.
»Geht es Sir Robert gut?«, fragte er unwillkürlich.
Wenn Thomasina über seine Antwort erstaunt war, ließ sie es sich nicht anmerken. »Klar doch. Er ist draußen. Jagt wieder.«

»Hat er Ihnen weitere Kleintiere zur Begutachung gebracht?«
»Äh, was bitte?«
»Mäuse und andere Nager?«
»Nop, heute noch nicht.
»Ist Ihre Frau Mutter auch zugegen?«
»Mutter? Nein, die ist woanders.«
Man konnte nicht sagen, dass sie sehr trennscharf formulierte. Wenigstens blieb ihm der Jargon der Jugend erspart. »Hat sie schon eine neue Anstellung gefunden?«
»Keine Ahnung. Das wird sie Ihnen alles selbst erzählen.«
»Ich dachte, sie sei nicht hier?«
»Nop.«
»Sie meinen, irgendwann in der Zukunft wird sie das tun?«
»Genau. Sie will die nächsten Tage mal vorbeikommen.«
»Ich verstehe. Aber einen festen Termin gibt es noch nicht?«
»Nop. Wenn sie keine Fragen mehr haben, gehe ich wieder auf mein Zimmer. Ich war gerade am Telefonieren mit einer Freundin.«
»Oh, Verzeihung. Natürlich, machen Sie nur. Ich werde den Anrufbeantworter abhören.«
Auf dem Band waren sein Dad und sein Bruder. William klang dringlicher. Also rief er ihn zuerst an. »Hier spricht Angus.«
»Du warst in Pitlochry?«
»Woher weißt du das?«
»Dad hat es mir erzählt. Hör mal, ich brauche deine Hilfe. Es geht um ein Restaurant, in das ich eventuell investieren möchte.«
»Äh, ja?«, antwortete Angus, der nicht verstand. »Wie kann ich dir dabei helfen?«
»Ich wollte dich fragen, ob du das Konzept studieren und eventuell auch den Koch treffen könntest?«
»Sehr gerne. Was will er denn anbieten?«
»Er möchte die schottische Küche auf völlig neue Füße stellen. Können wir die nächsten Tage darüber reden?«

»Natürlich, mein Brüderchen.«
»Hast du deinen neuen Fall gelöst?«
»Ja, der Schuldige hat kapituliert.«
»Gut, dann werde ich die Freunde von Full Food kontaktieren. Die nächste goldene Bratpfanne ist dir gewiss.«
MacDonald lachte. »Nun, dir unter Umständen auch bald. Wo du doch ins Restaurantgewerbe einsteigst.«
Er hatte gerade aufgelegt, als das Telefon wieder klingelte.
»Hier ist Alberto. Schalt mal den Fernseher ein, die Lokalnachrichten. Das glaubst du nicht!«

Es war ein lauer Frühlingsnachmittag und MacDonald saß in seiner Bibliothek, um seinen Artikel über ökologische Gerste in der Whiskyproduktion zu Ende zu bringen. Er musste wieder lachen, als er an den Bericht in den gestrigen Nachrichten dachte. Mister Popow, wie er leibte und lebte, gab einem amüsierten Moderator bereitwillig über seine Jagderlebnisse Auskunft. Im Hintergrund war die Lachsstreppe in Pitlochry zu sehen. Also hatte Alberto doch keine Visionen, wenn es um seine Gäste ging, oder zumindest nicht immer. Der Russe war wie ein Jägersmann gekleidet. Nur der vielfarbige Rucksack passte nicht dazu. Über der Schulter trug er eine Schrotflinte und sein Gesicht hatte er mit Tarnfarben bemalt. »Mein ganzes Glück habe ich Mister Vitiello zu verdanken.«
»Verraten Sie unseren Zuschauern bitte, wer das ist?«, bat der Moderator.
»Besitzer eines Guest Houses in Edinburgh.«
»Und wie heißt dieses Haus?«
»Villa Buongiorno in der Leamington Terrace. Ein Hotel, das ich nur allen Menschen empfehlen kann. Mister Vitiello ist hilfsbereitester Mensch, den ich kenne. Habe ich ihm erzählt, dass gerne ich wilde Tiere sehen möchte und hat er mir die Jagd in den Highlands empfohlen.«
»Eine Jagd worauf, Mister Popow?«
Popow reagierte etwas verwundert. »Haggis.«

MacDonald arbeitete selbst fürs Fernsehen und wusste, dass solche Interviews vorher geprobt wurden. Doch dem Russen war sicher nicht klar, dass man ihn und seine Erlebnisse auf die Schippe nahm.

»Sie beziehen sich auf unser Nationalgericht?«

»So ist es«, antwortete Popow voller Stolz.

»Das haben Sie gejagt?«

»Mit meinem Schrotgewehr. Soll ich Ihnen zeigen, wie funktioniert?«

»Danke, das wird nicht nötig sein. Wir wissen, wie man schießt. Haben Sie denn viele Haggis erlegt?«

»Sehr viele. Gibt es zwei Sorten. Solcher mit Flügeln ist schnell, zu schnell zum Töten. Dann gibt es den in flachem Land. Hat zwei Beine, eines kürzer ...«

»Faszinierend«, sagte der Journalist. Im Hintergrund war Gelächter zu hören. Vermutlich standen Zuschauer in der Nähe.

»... deshalb stolpert oft und ist gut zu erlegen. Sie wollen Beute sehen?«

»Aber ja. Unbedingt.«

»Bitte kommen mit mir.«

Jemand hatte eine Decke in symbolträchtigem Scharlachrot auf dem Boden ausgebreitet. Ungefähr ein Dutzend Haggis lagen darauf. Fast alle waren von der Schrotladung zerfetzt worden und sahen aus wie bei einem *Burns Supper*, nachdem der Gastgeber seine Gäste mit dem Inhalt bewirtet hatte: schlaffe, in sich zusammengesunkene Schafsmägen mit kläglichen Resten ihrer Füllung. An den Seiten hing jeweils ein langer Stengel Staudensellerie. Das sollten wohl die Flügel sein.

»Warum sind zwei davon noch heil, Mister Popow? Haben Sie danebengeschossen?«

»Nein, sind sie eines natürlichen Todes gestorben.«

»Wie meinen Sie das? Doch nicht etwa gegessen worden?«

»Nein. Meine Guides meinen, haben Herzinfall gehabt.«

»Einen Herzinfarkt meinen Sie?«

»So ist, ja.«

»Sie hatten also Jagdhelfer?«

»Mein Herr, Sie können nicht alleine nach Haggis jagen! Ist viel zu gefährlich. Können die Tiere einen doch attackieren!«

»Erstaunlich, so ganz ohne natürliche Waffen. Mister Popow, wir danken Ihnen für dieses Gespräch. Wie man sieht, wird unser schottischer Humor von den ausländischen Besuchern mehr als gewürdigt.«

»Aber, ist es ...«

Hier endete der Bericht. MacDonald vermutete, dass der Russe »ist es doch kein Spaß« gesagt hatte. Alberto würde nun noch mehr hilfsbedürftige Gäste bekommen. Kein Wunder, dass er so aufgeregt gewesen war. Es klingelte an der Haustür und als MacDonald öffnete, stand sein Freund vor ihm.

»Alberto, gerade habe ich an dich gedacht.«

»Hast du es gesehen?«

»Oh ja, und seitdem noch oft darüber gelacht.«

»Siehst du, das habe ich von meiner Freundlichkeit! Ein Alptraum. Bitte lasst mich wach werden! Ich werde mich vor Buchungen nicht retten können! Ein Glück, dass ein Gast gerade etwas Negatives ins Internet stellte.«

»Über dich?«, fragte Angus so weltfremd, wie er es vermochte. »Nicht möglich.«

»Doch, doch! Ich habe gestern einen jungen Landsmann von mir verwarnt. Er sah sein Unrecht zwar ein. Aber schon wenige Stunden später ließ er sich über meinen Kommandoton aus und dass er keinen Aufenthalt auf einem Kanonenboot gebucht hätte. Dabei bin ich nur um die Sicherheit meiner Gäste besorgt! Wo ist Thomasina?«

MacDonald schauderte es wohlig. »Auf ihrem Zimmer, nehme ich an.«

»Wird sie sich noch zeigen?«

»Alberto, woher soll ich das denn wissen? Bevor ich bis drei zählen konnte, sah ich mich in einer Wohngemeinschaft hausen. Ich probe das Zusammenleben noch.«

»Und Karen?

»Nach wie vor nicht erreichbar. Nein, auch die zuständige Person des Uniprojektes habe ich noch nicht gesprochen. Im Moment läuft einfach alles verkehrt.«

»So würde ich das nicht sehen. Immerhin haben wir deinem Freund helfen können. Ist das etwa nichts?«

»Natürlich. Entschuldige bitte. Ich bin nur etwas grantig. Es gibt zu viele Veränderungen. Sir Robert behandelt mich zum Beispiel wie einen Zaungast.« Vor allem aber machte die hübsche junge Frau ihn unruhig!

»Ein starkes Stück. Unser Charles ist im Moment auch etwas eigen.«

»Gehört das bei einem Pfau nicht dazu?«

»Sisi«, erwiderte Alberto nur. Angus' schlechte Laune war fast ansteckend. Als es abermals an der Tür klingelte, war er erleichtert. Eventuell würde der neue Besucher Sonnenschein und gute Worte mitbringen.

MacDonald rollte mit den Augen. »Verstehst du nun, was ich meine? Ein ständiges Kommen und Gehen wie im Studentenwohnheim. Wie soll da ein Mensch arbeiten können?«

Angus öffnete die Tür. »Hallo, Dad, komm rein.«

»Ist die Missie hier?«, fragte Malcolm.

»Ja, wir freuen uns auch gewaltig, dich zu sehen. Vor allem Alberto. Ist es nicht so?«

Vitiello nickte.

»Hallo, Sandalenmann. Alles klar?«

»Ich trage weder Sandalen noch habe ich bei einem Sandalenfilm der Hollywoodfabrik mitgespielt!«

»Mach dir nix draus! Was nicht ist, kann noch werden. Also, ist sie da?«

»Nein, Dad, die Dame wohnt hier nicht mehr. Zumindest Miss Armour senior nicht mehr.«

»Schade, ich wollte sie auf einen Drink einladen.«

»Wenn sie noch auftaucht, sage ich ihr gerne Bescheid.«

Malcolm zeigte mit dem Daumen auf seinen Sohn und fragte Alberto: »Hat er was?«

Plötzlich knallte es im Freien.

»Ist das dein Gewehr, Anguslein?«
»Ich habe keins, Dad!«
»Wie oft habe ich dir schon gesagt, dass du dir eins zulegen sollst!«

Da die MacDonalds beschäftigt waren, ging Alberto den Dingen auf den Grund. Auf der obersten Treppenstufe stand eine große Holzkiste. Gerade, als er sie inspizieren wollte, traten drei schottische Musketiere auf: Angus' Bruder William, Connor Murdoch, Bauunternehmer, und Iain Gilmore, Verleger – drei der vier Mitglieder von Full Food. Murdoch hatte eine goldene Pfanne in der Hand.

»Hallo zusammen«, sagte Gilmore, der in den letzten Monaten eher zu- als abgenommen hatte. »Wem gehört die Kiste?«

Bevor MacDonald antworten konnte, knallte es wieder. Alastair Carnegie erschien, gefolgt von einem zehnköpfigen Männerchor, den er mit großer Verve dirigierte:

»Should auld acquaintance be forgot
And never brought to mind?
Should auld acquaintance be forgot,
And *auld lang syne*!

For auld lang syne, my jo,
For auld lang syne,
We'll tak' a cup o' kindness yet,
For auld lang syne.«

»*Sollt alte Freundschaft untergehen*
Ganz in Vergessenheit?
Sollt alte Freundschaft untergehn
Und lang vergangne Zeit?

Auf lang vergangne Zeit, mein Schatz,
Auf lang vergangne Zeit,
Den Freundschaftsschluck noch nehmen wir
Auf lang vergangne Zeit.«

Carnegie legte Angus die Hände auf die Schultern und sagte: »Nur ein kleines Dankeschön und Ausdruck meiner Gefühle. Die Erfrischung befindet sich in der Kiste.«

»Jetzt kommt Laune auf«, rief MacDonald senior und streckte eine geballte Faust in die Luft.

Sein Sohn war gerührt. »Aber Alastair, das wäre doch nicht nötig gewesen. Was ist denn da drin?«

»Öffne sie bitte. Dann siehst du es ja.«

»Ja, eben«, schloss Malcolm sich an. »Wir sind alle gespannt!«

Angus bückte sich. Der Deckel war schon vorher geöffnet worden, sodass er ihn leicht anheben konnte. Er kämpfte sich durch echtes Stroh und zog, wie nicht anders erwartet, eine Flasche hoch. »Ist er das?«

Carnegie nickte. »Sechs Flaschen unseres Whiskys für die Engel. Es ist das Mindeste, was ich für euch tun konnte.«

Malcom begehrte wieder auf. »Hört, hört. Zufällig habe ich auch mitgeholfen!«

»Und trinken können Sie sowieso immer«, meinte Alberto.

»Ay, *a'v got a drouth on me!*«

Murdoch trat mit der goldenen Bratpfanne auf der Stelle. Für gewöhnlich hatten er und die Freunde des Klubs keine Rivalen. Immerhin ging es darum, Angus eine weitere Auszeichnung für seine Verdienste um authentisches Essen und Trinken zu verleihen! Außerdem: Warum standen so viele Menschen auf der Straße und sahen ihnen zu?

»Liebe Freunde, verehrter Chor«, hob MacDonald an, »ich darf euch alle zu einem kleinen Umtrunk in mein Haus einladen. Folgt mir bitte in die Küche. Alberto, könntest du einige Sitzgelegenheiten aus dem Keller holen?«

Vitiello rannte los und kam mit einem Berg an Klappstühlen, die er vor sich balancierte, zurück. Die Herrenrunde wurde mit vorrückender Uhrzeit und nach der dritten Flasche sehr ausgelassen. Ein bisschen auch, weil Thomasina, vom Gejohle angelockt, sich anschloss. Carnegie wünschte sich, dass man seine Kreation etwas ausgiebiger würdigte. Aber schließlich hatte er Angus die Flaschen geschenkt und möglicherweise blieb ja auch eine unangetastet. So stimmte er mit den anderen gerne in das Lied ein. Weit über die Nachbarschaft hinaus waren die Gentlemen und die Lady zu hören:

»O flower of Scotland
When will we see your like again
That fought and died for
Your wee bit hill and glen
And stood against him
Proud Edward's army
And sent him homeward
Tae think again …«

MacDonald hoffte gerne, dass Karen jetzt nicht erscheinen würde, denn das wäre fast schon eine Tragödie.

»Kopf hoch, Kleiner«, sagte Malcolm, der ihm die Sorge vom Gesicht ablas. »Ein Witz, extra für dich. Sagt die Farmersfrau zu ihrem Mann: Für unseren goldenen Hochzeitstag werde ich ein Huhn schlachten und etwas Schönes für uns kochen. Worauf der Mann meint: Was! Warum soll denn das arme Huhn für etwas büßen, was schon so lange her ist?!«

Rezepte

Highland-Frühstück

Luxusporridge

Pochiertes Ei

Barley Bannocks (Gerstenbrötchen)

Bitterorangenmarmelade

Luxusporridge

Die Menschen auf den Orkneys, den Shetlands und auch in den Highlands wissen es schon lange. Porridge mit Gerste schmeckt noch besser als der mit Hafer. Die Tradition verlangt einen Holzlöffel zum Rühren. Luxuriös ist diese Version wegen der Milch (anstelle Wassers) und der fruchtigen und süßen Beigaben.

Zutaten für eine Portion

300 ml Milch
drei gehäufte TL gemahlene Gerste (Stufe zwei auf einer Getreidemühle mit neun Stufen)
ein halber TL Salz
eine Banane (etwa 200 g), in dünne Scheibchen geschnitten, dann geviertelt
zwei EL Rosinen
zwei EL Mandelkerne, gehackt
ein EL Honig

Und so wird's gemacht

Die Milch vorsichtig erhitzen. Nach und nach die Gerste einrieseln lassen. Mit einem Holzlöffel gut rühren, bis sie sich auflöst. Die Hitze reduzieren, sodass die Milch nur noch leicht blubbert. Gelegentlich umrühren. Nach fünf Minuten Salz, Bananenstückchen, Rosinen und Mandelkerne unterrühren. Deckel auflegen und den Topf vom Feuer ziehen. Fünf bis zehn Minuten stehen lassen, den Honig in Schlangenlinien dekorativ daraufträufeln und servieren.

Pochiertes Ei

Es ist nicht unbedingt eine typische Spezialität der Highlands. Doch zu einem herzhaften Frühstück, wie es in der Region oft serviert wird, passt ein pochiertes Ei denkbar gut.

Zutaten

>   Wasser
>   drei EL Essig
>   ein frisches Ei

Und so wird's gemacht

Das Wasser mit dem Essig in einen Topf mittlerer Größe geben. Es sollte ungefähr zehn Zentimeter hoch stehen. Wasser zum Kochen bringen. Dann die Hitze verringern, bis es nur noch leicht blubbert. Das Ei in einem Schälchen aufschlagen und da, wo es blubbert, vorsichtig ins Wasser gleiten lassen. Nach eineinhalb bis zwei Minuten mit einer perforierten Schöpfkelle herausholen. Unschöne Ränder werden vor dem Servieren abgeschnitten.

Barley Bannocks (Gerstenbrötchen)

Nahrhaft und gut zugleich sind diese schottischen Gerstenbrötchen.

Zutaten

    200 g gemahlene Gerste (Stufe zwei auf einer Getreidemühle mit neun Stufen)
    150 g Weißmehl
    1,5 TL Natron
    ein TL Zimt
    ein halber TL Salz
    125 ml Buttermilch
    ein EL zerlassene Butter

Und so wird's gemacht

Den Backofen auf 180 Grad vorwärmen. Die beiden Mehlsorten mischen, Natron, Zimt und Salz dazugeben. Buttermilch und Butter nach und nach unterrühren. Zu einem glatten Teig mit einem Zentimeter Dicke formen. Bannocks ausstechen und auf ein mit Backpapier ausgekleidetes Backblech legen. Etwa eine Viertelstunde backen.

Bitterorangenmarmelade

Wer schon in Großbritannien gefrühstückt hat, kennt die Marmelade mit dem süß-herben Geschmack. Janet Keiller hat sie bekannt gemacht. Als ihr Ehemann in Dundees Hafen an ein preiswertes Kontingent der Früchte kam, musste sie sich für die Verarbeitung etwas einfallen lassen. Also kochte sie Marmelade. Und im Jahr 1797 gründete sie dann die erste Marmeladenfabrik.

Zutaten

1 kg biologische Bitterorangen
Saft einer Zitrone
2 l Wasser
1 bis 1,5 kg Gelierzucker (je nach gewünschter Konsistenz bzw. Süße)

Und so wird's gemacht

Die Früchte unter warmem Wasser gut abbürsten. Die Zitrone auspressen. Den Saft mit dem Wasser in einen großen Einmachtopf geben. Bei den Orangen den Strunk entfernen, in Scheiben, dann möglichst klein schneiden. Kerne entfernen. Sehr faserige Stücke, die sich nicht richtig schneiden lassen, wegwerfen. Die Orangen in den Topf geben, Deckel auflegen und über Nacht stehen lassen. Am nächsten Tag mit dem Einweichwasser erst stark aufkochen, dann die Hitze reduzieren und alles etwa eine Stunde köcheln, bis die Stücke weich sind. Noch vorhandene Kerne entfernen. Den Gelierzucker in den Topf geben. Alles zum Kochen bringen. Dann die Hitze reduzieren und simmern, bis der Gelierpunkt erreicht ist.

Highland-Menü

Herzhafte Wildsuppe mit Rind

Saftige Lachsfilets und Tattie Scones (Kartoffelplätzchen)

Feiner Käsekuchen

Herzhafte Wildsuppe mit Rind

Das Rindfleisch ergibt geschmacklich einen schönen Kontrast zum Wildaroma. Mit einem guten Fertig-Fond lässt sich diese Feinschmeckersuppe im Nu kreieren. Wer seine Brühe lieber selbst hausmacht, kann auf Reh, Hase, Wildhase etc. zurückgreifen.

Zutaten für zwei Personen

   zwei Zwiebeln
   zwei Lauchstangen (nur das Weiße)
   zwei Karotten
   zwei EL Butter
   200 g Rindfleisch vom Bug (Schulter)
   700 ml Wildfond
   schwarzer Pfeffer
   Salz
   nach Wunsch: ein EL Sherry

Und so wird's gemacht

Zwiebeln, Lauchstangen und Karotten klein schneiden und in der Butter anschwitzen, bis die Zwiebeln glasig sind. Das Fleisch in bissgerechte Stücke schneiden und einige Minuten mitbraten, bis es Farbe annimmt. Den Wildfond dazugeben. Die Suppe mit Pfeffer und Salz würzen, zum Kochen bringen und dann auf niedrige Temperatur stellen. Etwa eine Viertelstunde köcheln. Die Suppe durch ein Sieb gießen, mit Sherry abschmecken und servieren.

Saftige Lachsfilets

Da dieses Gericht mit gerade einmal vier Zutaten auskommt, rät Angus MacDonald, nur das Allerbeste zu nehmen – so zum Beispiel unbedingt Label-Rouge-Lachs, in Deutschland Biolachs.

Zutaten für zwei Personen

zwei Bio-Lachsfilets à 125 g
drei EL Butter
Salz
Pfeffer

Und so wird's gemacht

Grillschlange im Backofen vorwärmen. Die Lachsfilets mit Küchenpapier abtupfen. Die Butter in einer Pfanne schmelzen. Vom Herd ziehen. Den Lachs hineinlegen, salzen und pfeffern, dann umdrehen, damit er überall mit Butter bedeckt ist. Auch auf der anderen Seite salzen und pfeffern. Unter der Grillschlange im Backofen auf jeder Seite fünf bis sechs Minuten grillen. Aus der Pfanne nehmen und die restliche Butter aus der Pfanne darüberträufeln.

Tattie Scones (Kartoffelplätzchen)

Kartoffeln heißen auf Englisch bekanntlich Potatoes. Die Schotten kürzen das ab und sagen Tatties.

Zutaten für zwei Personen

    400 g mehlig kochende Kartoffeln
    drei bis vier EL Milch
    vier EL Butter
    50 g Kartoffelmehl
    ein halber TL Salz
    1,5 TL getrocknetes Basilikum
    ein EL Pflanzenöl

Und so wird's gemacht

Die Kartoffeln mit Schale in Salzwasser kochen. Kurz vor dem Ende der Garzeit die Milch erhitzen. In einer kleinen Pfanne zwei Esslöffel Butter zerlassen. Die Kartoffeln schälen und noch warm durch eine Kartoffelpresse in eine Schüssel drücken. Nacheinander Kartoffelmehl, Milch, Butter, Salz, Basilikum und Öl beigeben und alles gut vermischen. Einen langen Teig (mit etwa fünf Zentimetern Durchmesser) formen. Davon fünf Zentimeter lange Stücke abschneiden, zu Kugeln rollen und flach drücken. In einer Pfanne die restliche Butter zerlassen und die Scones bei mittlerer Hitze von beiden Seiten je fünf bis sechs Minuten leicht braten, bis sie Farbe annehmen.

Feiner Käsekuchen

Auch in den USA mixt man traditionell Streichkäse in den Cheesecake. Da dieser dünner als Quark ist, sollten Sie auf keinen Fall weniger als die angegebene Menge verwenden, und unbedingt auch eine geschlossene Kuchenform (also keine Springform).

Für den Teig

　80 g Zucker
　eine Prise Salz
　150 g zimmerwarme Butter, in kleine Würfel geschnitten
　ein Ei, verrührt
　250 g Weißmehl
　ein TL Backpulver
　bei Bedarf: ein bis zwei EL kaltes Wasser

Für den Belag

　120 g Maismehl
　200 g Zucker
　eine Prise Salz
　ein EL Orangenschale
　drei EL Orangensaft
　875 g Bio-Frischkäse (5 x 175 g), Doppelrahmstufe
　dreieinhalb Eier, verrührt

　Backpapier

Und so wird's gemacht

Zucker und Salz unter die Butter mischen. Das Ei, dann Weißmehl und Backpulver dazugeben, wenn nötig noch kaltes Wasser. Einen Teig kneten und diesen eine halbe Stunde kühlstellen. Währenddessen den Belag vorbereiten. Maismehl, Zucker und Salz in eine große Schüssel geben und gut mischen. Orangenschale, Orangensaft und den Frischkäse unterheben sowie nach und nach die Eier. Abermals gut rühren. Der Belag muss am Ende klumpenfrei sein. Kühlstellen, bis der Teig fertig ist.

Den Backofen auf 160 Grad vorheizen. Eine längliche Kuchen- oder Brotform auf dem Boden und den beiden Längsseiten mit Backpapier auslegen. Dieses sollte oben etwa zwei Zentimeter überstehen. Den Teig ausrollen und auf den Boden der Form legen. Mit einer Gabel mehrfach einstechen. Eine Viertelstunde backen. Aus dem Backofen holen und etwas abkühlen lassen. Die Hitze auf 140 Grad reduzieren. Den Belag gleichmäßig auf dem Teig verteilen und den Kuchen etwa 60 Minuten backen. Nach dem Abkühlen oben auf beiden Seiten mit Hilfe des Backpapiers vorsichtig anheben. Vorsichtig auf eine Form legen und nach Bedarf Stücke abschneiden. Später in einer geschlossenen Form im Kühlschrank aufbewahren.

Whisky-Drinks

Atholl Brose

Het Pint

Hot Toddy

Auld Man's Milk

Atholl Brose

Der Sage nach verwendete Earl of Atholl das kräftige Getränk im Jahr 1475, um dem König einen ungehorsamen Lord namens Iain MacDonald vom Hals zu schaffen: Er ließ Honig, Whisky und Hafermehl in den Brunnen füllen, den MacDonald frequentierte. Als dieser das »Wasser« trank, konnte er in seinem angeheiterten Zustand leicht gefangengenommen werden.

Für zwei Portionen

> fünf EL Hafermehl (Stufe zwei auf einer Getreidemühle mit neun Stufen)
> zwei EL Rosinen
> 100-150 ml Blended Scotch Whisky

In einer Schüssel das Hafermehl mit 150 ml kaltem Wasser verrühren und mindestens eine Stunde stehen lassen. Die Mischung durch ein feines Sieb gießen. Rosinen und Scotch dazugeben. In eine sterilisierte Flasche füllen. Ein, zwei Tage stehen lassen. Vor dem Trinken gut schütteln und die Rosinen abfiltern.

Het Pint

Der berühmte Schriftsteller Walter Scott (»Waverley Novels«) begrüßte mit diesem Drink das neue Jahr. Koriander ergibt einen schöneren Kontrast zu Whisky und Ale als das traditionell verwendete Gewürz Muskat.

Für vier Portionen

    1/2 l mildes Ale (in English Shops erhältlich)
    zwei EL Zucker
    ein halber TL gemahlener Koriander
    zwei Eier
    150 ml Blended Scotch Whisky

In einem Topf das Bier langsam erhitzen, aber nicht kochen. Zucker und Koriander dazugeben. In einer hitzebeständigen Schüssel die Eier verrühren. Das Bier unter ständigem Rühren langsam dazugeben. Zuletzt den Whisky beifügen. Die Mischung in den Topf gießen und stark erhitzen, ohne zu kochen. Dann – ohne dabei weiter zu erhitzen – in einen zweiten Topf schwenken, zurück in den ersten und einige Male so weiter.

Hot Toddy

Ein probates und rezeptfreies Mittel gegen Erkältungen. Zucker und Whisky können nach Belieben erhöht werden. Das Getränk sollte aber auf jeden Fall im Liegen, vorzugsweise im Bett getrunken werden …

Für eine Portion

> 600 ml Wasser
> zwei EL Zucker
> eine Prise gemahlener grüner Pfeffer
> ein EL Grapefruitsaft
> drei EL Blended Scotch Whisky

Das Wasser erhitzen. Die Hälfte davon in einen Becher gießen, damit sich dieser erwärmt, und nach etwa zwei Minuten wegschütten. Die zweite Hälfte heißes Wasser einfüllen, dann Zucker, Pfeffer, Grapefruitsaft und Whisky einrühren.

Auld Man's Milk (Seniorentrunk)

Ein Drink, der auch jungen Männern (und Frauen) zusagt. In den USA nennt man ihn Egg Nog und trinkt ihn bei Weihnachtsfeiern.

Für zwei Portionen

> zwei Eier
> drei EL Zucker
> eine Prise Salz
> 300 ml Hafermilch (oder Milch)
> sechs EL Blended Scotch Whisky
> eine Prise Muskat
> ein halber TL Grapefruitschale

Die Eier trennen. In einer Schüssel die Eigelbe verrühren, den Zucker zugeben und weiterrühren. In einer zweiten Schüssel die Eiweiß mit einer Prise Salz steif schlagen. Milch und Whisky in die Eigelb-Mischung rühren, Muskat und Grapefruitschale beigeben. Die Eiweiß vorsichtig unterheben und die kräfige Milch gleich trinken.

Glossar schottischer und whiskyhafter Begriffe

Angels' Share: In jedem schottischen Whiskyfass verdunsten pro Jahr zwei Prozent des Inhalts, der »Anteil der Engel«. So kam Alastair Carnegie auf den Namen für seinen Whisky.

Auld lang syne: Als Robert Burns das Lied seiner Freundin und Förderin Frances Dunlop sendete, dachte er vermutlich nicht im Traum daran, dass es einmal so beliebt werden würde. Es wird am Ende jeden Burns Suppers und ganz besonders an Hogmanay, Silvester in Schottland, geschmettert.

Auld (Old) Alliance: Vermutlich schon zu Zeiten Karls des Großen wurde der erste Pakt mit Frankreich geschmiedet. Beide hatten denselben Erbfeind, die Engländer.

A'v got a drouth on me!: »Ich bin sehr durstig!« auf Schottisch.

Ay: Schottisch für »ja«.

Beep: volkstümlicher Name für die BBC.

Blended Malt Scotch Whisky: besteht aus mindestens zwei Single Malts verschiedener Destillerien. Früher wurde dieser Whisky als Vatted Malt bezeichnet.

Blended Scotch Whisky: ist eine Mischung von einem oder mehreren Single Malts mit einem oder mehreren Getreidewhiskys (siehe auch das Stichwort Grain Whisky).

Braw: Schottisch für »großartig«.

Bruichladdich: Die Destillerie liegt im Westen der Insel Islay. Wer keine Gelegenheit hat, sie zu besuchen, kann sich mit der Website www.bruichladdich.com trösten. Der Whisky trägt den Kosenamen »Laddie«.

Bunnahabhain: Im Norden Islays wird dieser Scotch produziert. Bunnahabhain, sprich »Bunnahawen« oder »Bunnhejven«, ist Gälisch für »die Mündung des Flusses«.

Burns Supper: Fünf Jahre nach dem Tod des Dichters (im Jahr 1796) wurde in Ayrshire das erste Supper zu seinen Ehren veranstaltet. Das Abendessen, bei dem seine Gedichte rezitiert und Lieder gesungen werden, dauert etwa viereinhalb Stunden. Es kann sehr locker oder sehr formal veranstaltet werden. In jedem Fall hat man viel Spaß und isst Haggis, Tatties and Neeps.

Daena fash me!: Schottisch für »Geh mir nicht auf den Wecker!«.

Disteln: Der Legende nach trat ein feindlicher, nordischer Krieger einst in eine Distel und schrie schmerzgepeinigt auf. Die Schotten, so gewarnt, verteidigten sich erfolgreich – und das Land hatte sein Symbol.

The Famous Grouse: William B. Gloag wählte das Moorschneehuhn in den 1890er Jahren zum Symbol der Firma. Seinen besten Blended Scotch nannte er »The Grouse Brand«, mit Hinblick auf die Herren, die zum Jagen in die Highlands kamen. Nach einer Weile fragten die Kunden immer wieder nach dem berühmten (Famous) Grouse. Und unter diesem Namen ließ er seinen Whisky dann patentieren.

Fegs: Schottisch für »Mensch!«.

Finishing: Von Finishing spricht man, wenn ein Whisky nach der ersten Reifung aus dem Fass genommen wird und in einem anderen Fass weiterreift. Das kann beispielsweise ein Portfass sein, ein Madeirafass, ein Weinfass ... Durch diese Methode wird der Whisky noch komplexer und ausdrucksstärker.

(The) Flower of Scotland: Die »Nationalhymne« Schottlands wurde 1967 von Folksänger Roy Williamson geschrieben. Das Lied bezieht sich auf den Sieg der Schotten gegen die Engländer im Jahr 1314 in Bannockburn. Robert the Bruce führte sie an. Rugbyfans machten sich die Hymne gleich zu eigen. Und 1997 zog die Scottish Football Association nach. Interessanterweise gibt es zu Ehren von Roy Williamson auch ein spezielles Tartan (Karo), das keinem Clan zugeordnet ist.

Glaswegians: So heißen die Einwohner Glasgows.

Glesca (oder auch Glesga): So nennen die Glaswegians ihre Stadt.

Grain Whisky: Diese Sorte Whisky (zum Blenden von Malt Whisky unentbehrlich) wird aus einer beliebigen Sorte Getreide hergestellt. Grain Whisky ist leider ein nicht sehr genauer Begriff, da die Gerste (im Single Malt) ebenfalls zum Getreide gehört.

Greenock: Die Stadt liegt an der Westküste, 25 Meilen (40 Kilometer) westlich von Glasgow.

Grouse: Das Moorhuhn lebt vor allem im Heidemoorland der Deeside-Region und der Borders. Sein Gefieder ist rötlichgelb. Es hat einen langen Hals und einen kurzen Schnabel. Zur Paarungszeit wachsen den Männchen rote Hautlappen über den Augen.

Guid morning: Schottisch für »guten Morgen«.

Help ma bob!: Schottisch für »Himmel hilf!«.

Islay: Die Insel, auf Englisch »Isle of Islay« genannt, liegt westlich des »Festlandes« und gehört zu den Inneren Hebriden. Acht Destillerien mit leicht bis stark getorften Whiskys gibt es dort.

It wis a rare terr: »Es war wirklich unterhaltsam« in Scots.

Jessie: im Schottischen ein verweichlichter Mann.

Label-Rouge-Lachs: Farmlachs aus Schottland; erhielt 1992 als erster Fisch und als erstes nicht französisches Produkt das begehrte Gütesiegel des französischen Landwirtschaftsministeriums.

Macdonald, Amy (geb. 1987): Die famose Sängerin und Texterin von Rock- und Popsongs kommt aus Bishopbriggs, einem Vorort von Glasgow.

Na: Schottisch für »nein«.

Nosinggläser: Um schottischen Whisky zu verkosten, benutzt man spezielle Nosinggläser, die sich nach oben hin verengen. Aus ihnen gelangt der Duft des Whiskys konzentriert an die Nase und verflüchtigt sich nicht auf dem Weg dahin. Es hat Eichstriche, damit man, wenn gewünscht, Wasser exakt hinzugeben kann.

Pikten: Ein römischer Chronist erwähnte sie im Jahr 297 zum ersten Mal. Ansonsten weiß man wenig Genaues über die Stämme, die auf schottischem Gebiet nördlich des Hadrianswalls lebten. Ihre Sprache ähnelte vermutlich eher dem Keltisch der Bretonen: Columba aus Irland benötigte einen Übersetzer, als er mit ihnen sprach. Im neunten Jahrhundert wurden sie schließlich von den Scoten unterworfen.

Scots: zu Deutsch »Schottisch«, ist nicht zu verwechseln mit dem Gälisch in den Highlands und auf den Äußeren Hebriden. Scots stammt wie Englisch von den Dialekten der Angelsachsen ab, die auf den Britischen Inseln zwischen dem 5. und 12. Jahrhundert gesprochen wurden. Schottisch und Nordenglisch bildeten eine gemeinsame Dialektregion. Doch bis zum 14. Jahrhundert integrierte Scots viele Einflüsse des Nordischen, Holländischen und Französischen und war eine eigene Sprache geworden. Zum Englischen verhält es sich ungefähr wie Holländisch zu Deutsch. Trotz jahrhundertelanger englischer Diffamierung, zum Beispiel durch die Abwertung als Dialekt, sprechen heute von circa 5,3 Millionen Schotten etwa 1,5 Millionen Scots. Zum Vergleich: Gälisch sprechen nur noch 58.000 Menschen.

See ye efter: Schottisch für »bis später«.

Single Malt Scotch: Bei diesem Whisky aus einer einzigen Destillerie ist es üblich, viele Fässer eines Jahrgangs zu mischen, mit Zugaben von älteren »Kollegen«. Single Cask Whisky stammt dagegen aus einem einzigen Fass.

Slàinte mhath!: Sprich »slan-sche-va«, »zum Wohl« auf Gälisch (s. auch das Stichwort »Scots«).

Sollt alte Freundschaft untergehen: Die Übersetzung des zitierten Gedichtes stammt von Karl Bartsch und Rudi Camerer. In: »Robert Burns. Liebe und Freiheit, Lieder und Gedichte«, hrsg. von Rudi Camerer in Zusammenarbeit mit Rosemary Selle, Horst Meller und Joachim Utz, Heidelberg 1997.

Usher, Andrew (1826-1898): Erfinder des Blended Scotch Whisky. Der kleine Andrew sah seiner Mutter gerne beim Mixen von Cordials zu. Das sind Getränke, die mit Kräutern und Gewürzen aromatisiert werden und aus der homöopathischen Medizin stammen. In der reinen Form enthalten sie keinen Alkohol.

Wishart, David: In seinem ungewöhnlichen Buch »whisky classified – choosing single malts by flavour« aus dem Jahr 2006 liefert der Autor zwölf stringente Kriterien, um Geruch und Geschmack von Single Malt Scotch zu beurteilen: Körper, süß, rauchig, medizinisch, Tabak, Honig, Würze, Wein, nussig, malzig, fruchtig und blumig.

Wahrheit und Fiktion / Über den Ursprung dieses Buches

Wie schmeckt Whisky, der hundert Jahre lang nicht angerührt wurde? »Das ist eine Frage, die die meisten Schotten hoffen, nie beantworten zu müssen«, heißt es im »Glasgow Herald«, in der Ausgabe vom 05.02.2010. »Die meisten von uns sind froh, wenn sie ihre Whiskyflasche wenigstens für ein Wochenende verkorkt halten können.«

Diese Sorge hatten der Antarktisreisende Ernest Shackleton und sein Team im Jahr 1909 nicht: Sie mussten betrübt nach Hause reisen, weil ihr Versuch, den Südpol auf dem Landweg zu erreichen, gescheitert war. Zurück blieben, neben anderen Dingen, vier Kisten Mackinlay Scotch Whisky. Unter einer der Hütten im Basislager der Männer überstanden sie ein Jahrhundert unbarmherziger Temperaturen. Konservatoren des New Zealand Antarctic Heritage Trust stießen 2007 bei Restaurierungen des Lagers zufällig auf die kostbare Fracht und bargen sie. Weil die Whiskyfirma Whyte and Mackay heute das Label Mackinlay besitzt, lieh man ihr drei Flaschen. Chemiker im firmeneigenen Labor in Invergordon extrahierten Proben und analysierten den zwölfjährigen Whisky, der in den Flaschen wie üblich nicht nachgereift war.

Richard Paterson, versierter Master Blender bei Whyte and Mackay, machte sich anschließend daran, den Whisky, den er als ein Geschenk des Himmels bezeichnete, neu zu erschaffen. Als »Mackinlay's Shackleton Rare Old Highland Malt Whisky – The Discovery« kam sein Werk schließlich auf den Markt, in einer dekorativen Holzkiste und mit einem Alkoholgehalt von 47,3 Prozent.

Dieser Roman ist inspiriert von Geschichte und Entdeckung des legendären Scotch, nachzulesen etwa in Neville Peats Buch »Shackleton's Whisky« (London 2013). Bei den Beschreibungen des Jahrhundertwhiskys habe ich mich an Richard Patersons Opus orientiert. Auch die Details in der Produktion der Edradour-Destillerie sind authentisch. Doch alle Ereignisse und Personen, insbesondere der Master Blender Carnegie, sind frei erfunden, Ähnlichkeiten mit Menschen der Zeit und Zeitgeschichte rein zufällig.

Frank Winter, August 2014

Frank Winter
Das Auge des Feinschmeckers
Schottland-Krimi mit Rezepten
Mord und Nachschlag 12

ISBN 978-3-941895-26-3
Klappenbroschur
286 Seiten
16,90 €

Unglaublich, was für ein abscheuliches Gericht man Angus MacDonald in einem mexikanischen Restaurant in Edinburgh serviert. Der bedeutendste Gastro-Journalist Großbritanniens, gleichermaßen gefürchtet wegen spitzer Feder und feiner Zunge, kann zum ersten Mal eine Fleischsorte nicht erkennen. Nachdem er eine gepfefferte Kritik verfasst hat, fordert ein anonymer Anrufer ihn auf, seine Weisheiten in Zukunft für sich zu behalten. MacDonald lässt sich nicht einschüchtern und wird kurzerhand niedergeschlagen. Er forscht nach, um den Kriminellen das Handwerk zu legen, denn nichts weniger als die kulinarische Kultur seiner Heimatstadt steht auf dem Spiel. Unterstützt wird er von seinem italienischen Freund Alberto Vitiello, einem quirligen Guest House-Betreiber. Die beiden Detektive folgen dem Restaurant-Besitzer Francis Drake bis auf die Äußeren Hebriden. Hinter der kulinarischen Bühne betreibt Drake höchst kuriose Geschäfte. Und wer sich ihm in den Weg stellt, hat um sein Leben zu fürchten ...

Frank Winter
Dicke Luft in der Küche
Schottland-Krimi mit Rezepten
Mord und Nachschlag 15

ISBN 978-3-944369-17-4
Klappenbroschur
317 Seiten
16,90 €

Angus Thinnson MacDonald soll endlich einige Pfunde purzeln lassen: Karen Miller, seine Ärztin und Dame des Herzens in Personalunion, lässt nicht locker! In dieser Angelegenheit ein wenig ratlos, konzentriert er sich gerne auf seinen neuesten Fall. Eine junge Frau und ihre kleine Tochter sind verschwunden. Die Spur führt zu einer Sekte, die ihren Mitgliedern unmenschliche Opfer abverlangt. Furchtlos ermittelt MacDonald und mimt sogar mehrfach den Duke of Edinburgh, besser bekannt als Prinz Philip. Doch was bitte hat der Fall mit der Kulinarik zu tun?, fragt er sich. Eine ganze Menge, stellt sich langsam, aber umso sicherer heraus.
Mit von der Partie ist wieder Alberto Vitiello, italienischer Guest House-Besitzer und im Duo der Dottore Watson. Ständig im Clinch mit seinen Gästen, verdächtigt er sogar einige von ihnen. Feinschmecker MacDonald bleibt allerdings skeptisch. Als die beiden nicht mehr weiterkommen, bucht er einen teuren Kurs bei den Aerophiten, so nennt sich die Sekte, und wagt sich in ihr Zentrum ...